D1724314

Wissen & Wandel

herausgegeben von Prof. Dr. Klaus Jürgen Heimbrock

Band 3

Thomas Deil

Renditehebel Einkauf

SCOPE - Supplier and Components Excellence

Shaker Verlag
Aachen 2005

Bibliografische Information der Deutschen Bibliothek
Die Deutsche Bibliothek verzeichnet diese Publikation in der Deutschen
Nationalbibliografie; detaillierte bibliografische Daten sind im Internet über
http://dnb.ddb.de abrufbar.

Copyright Shaker Verlag 2005
Alle Rechte, auch das des auszugsweisen Nachdruckes, der auszugsweisen
oder vollständigen Wiedergabe, der Speicherung in Datenverarbeitungs-
anlagen und der Übersetzung, vorbehalten.

Printed in Germany.

ISBN 3-8322-4011-X
ISSN 1614-7073

Shaker Verlag GmbH • Postfach 101818 • 52018 Aachen
Telefon: 02407 / 95 96 - 0 • Telefax: 02407 / 95 96 - 9
Internet: www.shaker.de • eMail: info@shaker.de

Eine Einführung des Herausgebers in die Thematik

Unverständlich ist, wie viele Unternehmen den Einkauf immer noch geradezu stiefmütterlich behandeln, obwohl die Beschaffungskosten in vielen Branchen z. B. der Kunststoffindustrie bereits über 80% ausmachen. Denn mit der Zunahme des Materialkostenanteils am Umsatz steigt gleichzeitig in besonderem Maße die strategische Bedeutung der Beschaffung. Das strategische Gewicht der Beschaffung wächst jedoch nicht nur aufgrund des Potenzials einer direkten Ergebnisbeeinflussung durch die Möglichkeiten von Materialkostensenkungen, sondern in gleichem Maße indirekt durch die ihr zuwachsende Aufgabe als Bindeglied zwischen den internen Bedarfsträgern (z. B. der Produktentwicklung) und den externen Anbietern (Lieferanten).

Zur Unterstützung eines erfolgreichen Beschaffungsmanagements werden Methoden und Instrumente notwendig, die dem gesteigerten Anforderungsprofil der Beschaffung gerecht werden. Die Beschaffung wird sich als gleichwertiger Partner der Bereiche Vertrieb, Produktion und Finanzen in der Unternehmenshierarchie etablieren. Daher ist im Einkauf ein gewandeltes Verständnis von Organisation, Führung, Team- und Netzwerkmanagement gefordert.

In diesem Verständnis eines modernen Einkaufs besteht eine Wertschöpfungskette (Supply Chain) aus einer Reihe von Beschaffungstätigkeiten wie Marktanalysen, Lieferanten- und Entwicklungspartnerauswahl, Bedarfsermittlung, Zuliefererentwicklung, Transport und Lagerung, aber auch Informationsgewinnung und -versorgung. Obwohl all diese Tätigkeiten bei jedem einzelnen Unternehmen ziemlich spezifisch sind, haben sie alle einen gemeinsamen Nenner, nämlich eine optimale Inputversorgung des Produktentwicklungs-, Herstellungs- und Vertriebsprozesses. Die zu beschaffenden Kapazitäten, Waren und Dienstleistungen müssen grundsätzlich in der richtigen Menge, zur richtigen Zeit, mit richtiger Qualität und zum optimalen Preis geliefert werden. Für jede Produktionsstufe, bezogen auf die zu beschaffenden Materialien und Dienstleistungen, müssen bestimmte Management- und Beschaffungskonzepte eingesetzt werden, die eine optimale Erfüllung dieser Anforderungen ermöglichen. Das vorliegende Buch von Thomas Deil gibt dem Manager die zeitgemäßen Strategieentwürfe und dem Praktiker in verständlicher Sprache hervorragende

Konzeptansätze, Handlungsalternativen, Instrumentvorschläge und Methoden an die Hand.

Die Optimierung jedes einzelnen Unternehmens in der Versorgungskette bedeutet noch nicht, dass der gesamte Wertschöpfungsprozess von den Rohstofflieferanten bis hin zum Endkunden effizient und in optimaler Weise verläuft. Erst der Einsatz des Supply Chain Managements ermöglicht eine Koordination und optimale Ausrichtung unternehmensinterner und –übergreifender Prozesse der gesamten Lieferkette.

Der Begriff „Supply Chain Management" beinhaltet die integrierte Planung, Simulation, Optimierung und Steuerung der Waren-, Informations- und Geldflüsse entlang der gesamten Wertschöpfungskette vom Kunden bis hin zum Rohstofflieferanten. Supply Chain Management (SCM) ermöglicht den kooperierenden Unternehmen die Gestaltung von transparenten und flexiblen Unternehmensnetzwerken. Durch die Integration aller Partner einer Supply Chain können Angebot und Nachfrage über Unternehmensgrenzen hinweg synchronisiert werden. Prozesse wie Supplier Managed Inventory (SMI) oder Vendor Managed Inventory (VMI) schaffen einen reibungslosen Material- und Informationsfluss zwischen allen beteiligten Partnern.

In Zukunft werden mehr und mehr Supply Chains miteinander im Wettbewerb stehen, was Unternehmen dazu veranlasst, engere Partnerschaften einzugehen. Entlang der Wertschöpfungskette warten viele Rationalisierungspotentiale, die in der Kette involvierte Unternehmen zu Kostenreduktion und Ergebnisverbesserung führen. Das Motto lautet: *Gemeinsam im Netzwerk erfolgreich sein!*

Eine durchgängige Vernetzung der Wertschöpfungspartner wird zum entscheidenden Wettbewerbsfaktor.

Es sind zwei Überlegungen des modernen Beschaffungsmanagements zu nennen, die eine Beschaffungsstrategie im Wesentlichen prägen:

Welche Rolle spielt die Beschaffung intern im Bezug auf andere Funktionsbereiche im Unternehmen? Wird sie zum passiven Sachbearbeiter und Fachspezialist im Unternehmen, oder übernimmt sie eine Moderatorfunktion und wird sie zu einem interaktiven Spielmacher? Welche Rolle spielt die Beschaffung extern im Verhältnis zu den Lieferanten? Werden die Problemlösungsansätze in diesem Bereich eher von Opportunismus oder Partnerschaft beeinflusst?

Die Bedeutung kooperativer Zusammenarbeit in der Wertschöpfungskette nimmt seit Mitte der achtziger Jahre in der Wirtschaft progressiv zu. Es werden Allianzen geschlossen und Netzwerke aufgebaut. Diese Begriffe werden in der Praxis oftmals synonym verwendet. In der betriebswirtschaftlichen Literatur werden sie in folgender Weise definiert:

Allianzen sind im allgemeinen enge, unter Umständen langfristige Vereinbarungen zwischen zwei oder mehr Partnern, in denen Ressourcen, Wissen und Fähigkeiten zwischen Partnern geteilt oder gemeinsam eingebracht werden mit der Zielsetzung, die Wettbewerbsposition jedes Partners zu verbessern.

Netzwerke sind auf die Realisierung von Wettbewerbsvorteilen zielende Organisationsformen ökonomischer Aktivitäten, die sich durch komplex- reziproke, eher kooperative und relativ stabile Beziehungen zwischen rechtlich selbständigen, wirtschaftlich jedoch zumeist abhängigen Unternehmungen auszeichnen.

Auf der Basis unterschiedlicher Stärken/ Schwächenprofile von Unternehmen lassen sich zwei Grundtypen von Kooperationen (bzw. Allianzen) differenzieren:

X-Allianz - Bei dieser Form der Kooperation werden einzelne Aktivitäten der Wertschöpfungskette zwischen den Partnern aufgeteilt. Die Unternehmen konzentrieren sich jeweils auf die Ausübung der Aktivitäten, in denen ihre Stärke besteht (Kernkompetenzen).

Y-Allianzen - Hier werden mehrere Aktivitäten gemeinsam durchgeführt. In diesem Fall wird der Wettbewerbsvorteil durch die Bündelung von Stärken (oder gleichartigen Kompetenzen) erzielt.

Nach der Stellung der Partner in der Wertschöpfungskette werden folgende Kooperationsformen unterschieden:

Horizontale Kooperation, die eine Verbindung der Unternehmen darstellt, die der gleichen Branche und Wirtschaftsstufe angehören. Hier können sogar Unternehmen, die selbst miteinander im Wettbewerb stehen, miteinander kommunizieren. Es handelt sich dabei um Y-Allianzen. Diesem Modell liegt die Erfahrung zugrunde, dass dynamische Unternehmensgruppen in bestimmten Branchen ihre Wettbewerbsfähigkeit durch intensive zwischenbetriebliche Arbeitsteilung und Kooperation erhöhen können. Insbesondere in Regionen, in denen aufgrund handwerklich-industrieller Traditionen eine 'kritische' Masse von Unternehmen derselben Branche vorhanden ist, entstehen so Synergieeffekte, die vor allem für KMU von großer Bedeutung sind und die typischen Nachteile der kleinbetrieblichen Produktion (geringe Produktivität, geringe Innovationsfähigkeit) reduzieren.

Vertikale Kooperationen verbindet mehrere Unternehmen, die den aufeinander folgenden Wertschöpfungsstufen angehören. Unternehmen kooperieren dabei entlang der Wertschöpfungskette, um sich auf eigene spezifische Kernkompetenzen konzentrieren zu können. Es sind typische X-Allianzen.

Laterale Kooperationen sind von horizontalen und vertikalen abzugrenzen. Dabei gehören die kooperierenden Partner weder der gleichen Wirtschaftsstufe an, noch sind sie in Stufen des gleichen Wertschöpfungsprozesses integriert. Diese Kooperationsart wird vorwiegend zum Zwecke der Risikoverteilung und aus finanzierungspolitischen Gründen durchgeführt.

Je nach Länge der Zusammenarbeit können kurz-, mittel- und langfristige Kooperationen unterschieden werden. Partnerschaften mit kurzfristigem Charakter sind oft im E-Commerce zu finden. Dabei werden im Rahmen der elektronischen Marktplätze (E-Market) gewöhnlich kurzfristige horizontale Einkaufsbündnisse geschlossen.

Langfristige Beziehungen sind eher bei vertikalen Kooperationen zu finden, wobei die beteiligten Unternehmen bereit sind auf Dauer eigene Teilkompetenzen auf den Partner zu verlagern. Diese können im Folgenden für die Beschaffung konkretisiert werden:

Supply Chain Management und Abnehmer-Zulieferer-Kooperationen sind primär vertikal ausgerichtete Kooperationskonzepte und damit als Beschaffungsnetzwerke gekennzeichnet.

Einkaufskooperationen setzen dagegen auf eine horizontale Zusammenarbeit durch gemeinsame Beschaffung und stellen somit Beschaffungsallianzen dar.

Seit einigen Jahren erkennen Unternehmen die strategische Bedeutung ihrer Lieferanten und versuchen, die Lieferantenressourcen effektiver zu nutzen. Dabei machen sie jedoch meist die Erfahrung, dass zur effektiven Integration der Prozesse neue Ansätze bei der Beschaffung erforderlich sind. Eine solche Veränderung der Beschaffungsstruktur und -kultur, mit einem Höchstmaß an gegenseitiger Information in den einkaufenden Unternehmen und über die Firmengrenzen hinweg mit Lieferanten, erfordert innovative hocheffiziente Managementinstrumente zur Bewältigung des Kommunikationsablaufes. SCOPE - der von Thomas Deil initiierte und im vorliegenden Buch beschriebene Beratungs- und Handlungsansatz bietet dem Leser eine wirkungsvolle Tool-Box, mit der vertikale Beschaffungsnetzwerke zum Erfolg geführt werden.

Vertikale Netzwerke im Beschaffungsmanagement bieten hervorragende Möglichkeiten zu Erfolgssteigerung und Kostensenkung:

Ermittlung des Nachfragetrends - Die zu Beschaffungszwecken vernetzten Unternehmen informieren sich gegenseitig über die geplante Beschaffung. Das Unternehmen trifft so die Entscheidung, ob es sich der temporären Kooperation anschließt.

Effiziente Erschließung von Zulieferquellen - Jedes teilnehmende Unternehmen bringt seine qualifiziertesten Lieferanten in das Supply Network mit ein, sodass ein bestmöglicher Lieferantenpool generiert wird.

Strukturierte Beschaffung und Verarbeitung von Informationen - Quantitative und qualitative Lieferanteninformationen werden zur Ermittlung des optimalen Preis-/Leistungsverhältnisses einbezogen. Im Rahmen eines Collective Buying steigt hier der Wert der Informationen mit der Teilnehmerzahl.

Koordination gemeinsamer Lieferantenprozesse – Lieferantenprozesse wie Rüstzeiten, Produktion und Logistik können mit durchgängiger Koordinierung des Beschaffungsvorganges optimiert werden.

Strategisches Controlling der Lieferantenbeziehung - vor dem Hintergrund eines sich immer wieder verändernden Lieferantenumfelds können vorausschauend neue Erfolgspotenziale erarbeitet werden.

Konstruktives Feedback-System

Da das Supply Chain Management ein Instrument zur Steuerung des gesamten Logistiknetzes bzw. der vertikalen Unternehmenskooperation ist, liegt der wichtigste Erfolgsfaktor in der Tatsache begründet, dass auch die Kunden der Kunden und die Lieferanten der Lieferanten strategisch und operativ mit eingezogen und in ihrer Gesamtheit gesteuert werden. Ein vertikales Beschaffungsnetzwerk entsteht dabei aufgrund der auf IuK-Technologien basierenden Beziehungen zwischen mehreren Unternehmen. Doch nicht alleine der technologisch-rationale Aspekt führt zum Erfolg. Vielmehr ist es der emotionale, die betreffenden Personen tangierende Aspekt, der eine Hersteller-Lieferantenpartnerschaft zum gemeinsamen Erfolg führt. Die Erfahrungen aus Organisations- und Teamentwicklungsprojekten, die in der Vergangenheit vielen

Unternehmen intern geholfen haben, können übertragen werden auf crossfunktionale Teams und unternehmensübergreifende Strukturen. Den beteiligten Menschen muss ebenso Beachtung gezollt werden, wie den exzellenten Instrumenten und Verfahren von Lieferantensteuerung und Kooperationsgestaltung!

Den entscheidenden Impuls für die Auslösung des unternehmensübergreifenden Beschaffungsprozesses gibt der Endkunde am Gipfel der „Wertschöpfungspyramide" (s. folgende Abb.). Dabei fließen Informations- und Finanzströme in eine der Lieferkette entgegengesetzten Richtung. Vor allem vom optimalen und störungsfreien Informationsfluss in und zwischen den Unternehmen hängt die Effizienz und als Folge Funktions- und Wettbewerbsfähigkeit der gesamten Supply Chain ab. Infolgedessen liegt der Schwerpunkt aller Tätigkeiten bei der Gestaltung und Optimierung eines vertikalen Beschaffungsnetzwerkes in den Bemühungen, eine unternehmensübergreifende Informationstransparenz zu erreichen.

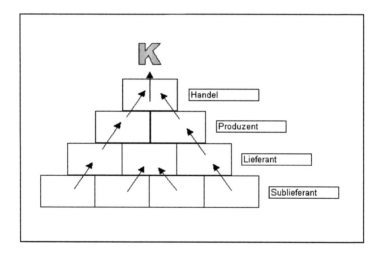

Abbildung: „Wertschöpfungspyramide"

Die offene Information ist der entscheidende Erfolgsfaktor. Sie spiegelt sich im Kompetenzpartnermanagement, im *Management kompetenter Partner.*

Der Begriffsinhalt der Kompetenzpartnerschaft baut auf Aussagen zu

- unternehmerischen Kompetenzen, insb. Kernkompetenzen,

- Partnerschaften im unternehmerischen Kontext und

- Unternehmenszusammenschlüssen auf.

Unter Partnerschaft im Unternehmenskontext soll hier ein *offenes* und *vertrauensvolles* Handeln verstanden werden.

Offen im Sinne von: für alle Netzwerkpartner großzügig alle notwendigen Informationen bereitstellen und zugänglich halten, interaktiv und intensiv mit allen Netzwerkpartnern kommunizieren,

und *vertrauensvoll* im Sinne von: Strategien gemeinschaftlich erarbeiteten, Problemstellungen im Tagesgeschäft kooperativ abstimmen bzw. sich durch den verabredeten Rahmen „aufeinander verlassen können".

Vorbereitet werden muss auf eine Hersteller-Lieferanten-Partnerschaft nicht nur der Partner mit seinen Mitarbeitern – besondere Aufmerksamkeit gebührt den eigenen Mitarbeitern. Ängste, Widerstände und Handlungen, die der Zielsetzung zu wider laufen, sind in diesen Umgestaltungs- und Entwicklungsprozessen an der Tagesordnung.

Erforderlich sind Sensibilisierung und Information. Das Einbeziehen der Betroffenen, wie wir es in betrieblichen Organisationsentwicklungsprojekten und in partizipativem Reengineering (als weiterentwickeltes Business Reengineering) kennen gelernt haben, ist hier notwendig – vor allem, weil in Netzwerkentwicklungsprozessen die Funktions- und Disziplinarmacht eine bei weitem geringere Bedeutung hat.

Trotz der Definitionsvielfalt und Konzeptionsbreite von Organisationsentwicklung, Reengineering oder Change Management lassen sich aus den unterschiedlichen Literaturbeiträgen zumindest in der Theorie hinsichtlich der Zielsetzung der Veränderungsprozesse einheitliche Charakteristika erkennen. Der Prozess ist gerichtet auf die Verbesserung des Problemlösungspotentials und der Innovationsfähigkeit eines Gesamtsystems (Unternehmen oder Netzwerk) sowie die Ausweitung von Chancen zur individuellen Entfaltung aller Systemmitglieder, also auf das simultane Erreichen von Zielen der Führung einerseits und Zielen ihrer Mitglieder andererseits. Diese Ziele können insgesamt zu zwei Zielbündeln zusammengefasst werden: Für die Führung geht es um die Steigerung der Leistungsfähigkeit (Effizienzaspekt) und für die beteiligten Mitarbeiter um eine Verbesserung der Qualität des Arbeitslebens (Aspekt der Humanität). Die Ziele von Veränderungsprozessen sind also zum einen die Optimierung der Leistungsfähigkeit von Unternehmen oder Netzwerken und zum anderen verbesserte Möglichkeiten zu Persönlichkeitsentfaltung und die Steigerung der Arbeitsfreude. Von Veränderungsprozess zu Veränderungsprozess mag die Intensität der Zielverteilung unterschiedlich sein, festzustellen ist aber, dass der Prozess den erwarteten Erfolg nur erreicht, wenn auch Mitarbeiterwünsche Berücksichtigung finden.

Derartige Veränderungen kann ein Unternehmen oder eine Kooperation zwischen mehreren Unternehmen aber nur bewältigen, wenn es im Rahmen eines Lern- und Sensibilisierungsprozesses gelingt, auch die Einstellungen und das Verhalten der Organisationsmitglieder zu stabilisieren und weiter zu entwickeln.

Das Verhalten der Mitarbeiter hängt von der subjektiven Wahrnehmung der Veränderung ab, der Interpretation der Folgen für die eigene Person und der Beurteilung eigener Reaktionsmöglichkeiten. Eine Steuerung dieser psychischen Vorgänge und daraus resultierenden Verhaltensweisen ist von außen zwar in bestimmten Grenzen möglich, setzt aber einerseits ein vertieftes Verständnis der psychischen und sozialen Prozesse voraus, andererseits ist ein paralleles Vorgehen in allen betroffenen Regionen der Organisation erforderlich. Wie sich heute, nach einigen Jahren der Erfahrung herausstellt, erfordert dieser Prozess viel Zeit und Kapazität, ebenso eine Aufgeschlossenheit der Organisationsmitglieder für die psychologische Methodik. Operative Hektik läuft dem Veränderungsziel zu wider. Der Aufbau von Entwicklungspartnerschaften und Kompetenznetzen unterliegt strategischen Zielen der Unternehmensentwicklung. Und Strategien erfordern Zeit – insbesondere wenn die aktive Bereitschaft der Mitarbeiter gefordert ist, den strategischen Prozess zu unterstützen.

Fehlende Sensibilisierung der Beteiligten sowie zu geringe Einbeziehung der betroffenen Mitarbeiter mindert die Qualität des Gestaltungsprozesses sowohl in der Planung als auch in der Umsetzung. Insbesondere während der Umsetzungsphase sind Widerstände und fehlende Kooperation der Betroffenen zu erwarten. Da dynamische Teamkonzepte zwischen Funktionsbereichen oder sogar zwischen Hersteller- und Lieferantenunternehmen auch veränderte Verhaltensweisen der Mitarbeiter voraussetzen, entstehen Ängste und Unsicherheiten, die durch unzureichende Information noch verstärkt werden können.

Das Phänomen des Widerstands wird sowohl bei beruflichen als auch privaten Veränderungen beobachtet. Zum einen fühlt sich der Mensch bedroht, da die Aufhebung des Status quo nach erstem Anschein seinem natürlichen Streben nach Sicherheit im Leben und der Planbarkeit seiner Zukunft zuwiderläuft. Zum anderen ist eine Veränderung für den Menschen nur schwer (be-)greifbar, da Erfahrungen und Bilder aus der Vergangenheit ihm nur zum Teil helfen können, sich diese Zukunft vorzustellen.

So ist im betrieblichen Veränderungsprozess oftmals zu erkennen, dass Führungskräfte und Mitarbeiter zu Beginn mit Skepsis oder gar mit massiver Ablehnung auf die Veränderungsabsicht des Top-Managements reagieren. Sie möchten nur zu gerne am Bekannten und Liebgewonnenen festhalten - ja sogar lieber an oft kritisierten Mängeln festhalten, (weil sie diese kennen) als sich auf etwas Neues einlassen.

Die Ziele des Managements - falls sie bei Prozessbeginn überhaupt transparent gemacht werden (können) - bleiben für die Betroffenen oft vorerst abstrakt und appellieren lediglich an ein dem Mitarbeiter unterstelltes Vorstellungsvermögen. Die daraus resultierende Reaktion wird dann natürlich durch einen hohen Grad an Verunsicherung geprägt. Diese wird jedoch vom Mitarbeiter oftmals nur indirekt zum Ausdruck gebracht. Sie ist für das Management lediglich durch Beobachtungen bestimmter Signale erkennbar:

- Widerstand (aktiv und passiv, z.B. Fehlzeiten, „Dienst nach Vorschrift")

- Gesteigerte, jedoch ungerichtete Energie (Hektik, Überreaktion, Blindleistung)

- Labilität und Fluchtverhalten (Zukunftsangst, Fluktuation, Hilferufe)

- Erhöhtes Konfliktpotenzial (Streit, "Machtspiele", Manipulation)

- Unklare Rollendefinition (Ruf nach Regeln und Stellenbeschreibungen, Verantwortungszuschreibungen, Entscheidungsunfähigkeit)

Unternehmen, die es verstehen, auf diese Signale zu achten und die zunächst ablehnenden Reaktionen der Mitarbeiter nicht nur als natürlich betrachten, sondern diese geradezu erwartet haben, werden die Phasen des Veränderungsprozesses erfolgreicher bewältigen als andere.

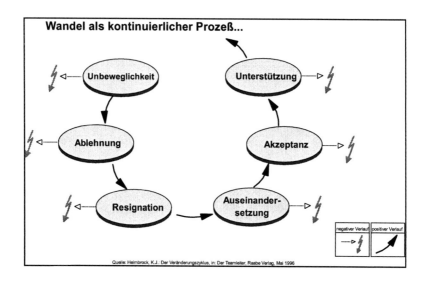

Wandel als kontinuierlicher Prozeß...

Quelle: Heimbrock, K.J.: Der Veränderungszyklus, in: Der Teamleiter, Raabe Verlag, Mai 1996

Abbildung: Der Veränderungszyklus

Jede signifikante Änderung im Arbeitsleben - ob geplant oder überraschend - wird bestimmte psychologische Reaktionen hervorrufen. Diese können sowohl den einzelnen Mitarbeiter als auch das Sozialgefüge des Unternehmens oder des Netzwerks als Ganzes betreffen.

Sie lassen sich in wechselnde aktive und passive Phasen eines Veränderungszyklus unterteilen. Dabei muss weder jede Zyklus-Phase zwingend durchlaufen werden, noch ist die Identität der menschlichen Reaktionen von Phase zu Phase gleich. Zu unterscheiden ist zwischen Verläufen hin zu positiven oder negativen Resultaten.

Auch ein vom positiven Ergebnis geprägter Verlauf impliziert Rückfälle und das Springen zwischen den Phasen, hervorgerufen durch Gerüchte, Umfeldveränderungen, Informationsdefizite, missglückte Aktionen, etc.

Im Wesentlichen lassen sich jedoch sechs Grundmuster menschlichen Verhaltens bei positivem Phasenverlauf abbilden:

Phase 1: In der ersten Passivphase ist der Mitarbeiter zu einer Auseinandersetzung mit der Veränderung noch nicht in der Lage. Er ist überwältigt und sprachlos. Sein Verhalten ist von Unbeweglichkeit geprägt.

Phase 2: Nachdem der Mitarbeiter den ersten Schock überwunden hat, gerät er in die erste Aktivphase. Er hat sich mit der Veränderung noch nicht befasst und lehnt sie vorerst kategorisch ab. Grund dafür ist die Angst, Vertrautes zu verlieren. Gerade wenn das alte System noch in gewissem Maße erfolgreich war, fehlt oft die Einsicht zur Veränderung. Der Mitarbeiter fügt sich nur widerstrebend, bleibt soweit wie möglich bei seiner bisherigen Arbeitsorganisation und reagiert, darauf angesprochen, wütend und aggressiv. Die Phase ist geprägt durch eine starke Ablehnung.

Phase 3: Im Anschluss folgt die Phase der Resignation. Der Mitarbeiter hat erkannt, dass er mit seiner Ablehnung die Veränderung nur wenig beeinflussen kann. Er fühlt sich den neuen Anforderungen noch nicht gewachsen. Die neue Struktur ist in dieser Phase selten Gesprächsthema. Der Mitarbeiter erscheint introvertiert und depressiv.

Phase 4: Da der Mitarbeiter erkennt, dass die Veränderung nicht aufzuhalten ist und in Zukunft ein Bestandteil seiner Arbeitswelt sein wird, beginnt nun die Phase der aktiven Auseinandersetzung. Es wird diskutiert und abgewogen. Die Arbeitskraft möchte nun zumindest an den Veränderungen teilhaben, wenn sie sie schon nicht verhindern kann. Dabei kommt jedoch ein gewisses Maß an Skepsis zum Tragen.

Phase 5: In der darauf folgenden Passivphase, der Akzeptanz, zieht sich der Mitarbeiter wieder etwas in sich zurück und überdenkt die Veränderung und seine Einstellung dazu. Nachdem er sich eine Weile aktiv mit dem Thema auseinandergesetzt hat, erkennt er meist die Gründe für die Veränderung. Der Arbeitnehmer zeigt Einsicht für die Entscheidung seiner Vorgesetzten und findet oft selbst Argumente, die für die Veränderung sprechen.

<u>Phase 6:</u> Die abschließende Phase ist geprägt durch eine intensive aktive Unterstützung. Der Mitarbeiter kann sich nun mit der Veränderung identifizieren und setzt sich voll dafür ein. Er nutzt seine Kreativität, um die neuen Prozesse weiter zu verbessern und versucht seine Kollegen ebenfalls zu aktivieren.

Zu jeder Zeit, in jeder Phase, und von den Promotoren des Veränderungsprozesses nur schwer zu beeinflussen besteht die Gefahr, dass Mitarbeiter aus dem Veränderungsprozess "aussteigen" oder zum "offenen Widerstand aufrufen".

Solche Veränderungen können dem Mitarbeiter neue und ungewohnte Verhaltensweisen abverlangen. Hat der Mitarbeiter die Veränderung akzeptiert und will er sie auch aktiv unterstützen, fehlt ihm oftmals das adäquate Verhaltensrepertoire, das Gewollte auch in die Tat umzusetzen. In dieser Phase des persönlichen Veränderungsstrebens werden i.d.R. neue Verhaltensalternativen ausprobiert, die allerdings nicht immer gleich zum gewünschten Ergebnis führen. So entstehen häufig Irritationen in der interdisziplinären Zusammenarbeit. Auch ganze Organisationen experimentieren in der Veränderungsphase mit neuen Verhaltens-, Umgangs- oder Vorgehensweisen, die oft nach dem Versuch- und Irrtum-Prinzip ablaufen.

Wichtig ist in jedem Fall, diesen psychologischen Prozess mit unterstützenden und den Phasenverlauf fördernden Maßnahmen zu begleiten. Signale für Widerstand müssen aufgenommen werden, Resignation darf nicht als Zustimmung gedeutet werden (weil ja keiner mehr dagegen redet) und Akzeptanz alleine reicht oft nicht aus!

Zur Unterstützung interner Führungskräfte waren in der Vergangenheit in Veränderungsprozessen oftmals enorme Kapazitäten externer Berater erforderlich. Grundsätzlich ließen sich

- die primär auf Analyse, Gestaltung und Renovierung von Strukturen ausgerichteten Berater und

- die verhaltenswissenschaftlich orientierten Berater, die hauptsächlich soziale Prozesse beeinflussten,

unterscheiden.

Drei Modelle der externen Beratung konnten in Umorganisations-prozessen unterschieden werden:

- das Einkaufsmodell

- das Arzt-Patienten-Modell

- das Prozess-Beratungsmodell

In traditionellen Unternehmen wurden lange Zeit das Einkaufs- und das Arzt-Patienten-Modell favorisiert.

Im Einkaufsmodell hat die Führung des Unternehmens genaue Vorstellungen, aus welchen Gründen und in welcher Weise die Umorganisation vonstatten gehen soll. Die Tätigkeit des Beraters ist rein ausführender Natur. Bei diesem Modell wird der Erfolg hauptsächlich abhängen von:

- der richtigen Diagnose, die das Management getroffen hat,

- der richtigen Einschätzung der Qualifikation des externen Bera-ters durch das Management,

- dem richtigen Erkennen der Konsequenzen der vom Berater vorgeschlagenen Lösung.

Der Aufgabenbereich des externen Beraters ist im Arzt-Patienten-Modell um einiges umfangreicher als im Einkaufsmodell. Er hat ei-ne mehr oder weniger umfassende Diagnose des Ist-Zustandes zu erstellen und, um bei medizinischen Ausdrücken zu bleiben, oft ei-ne Therapie auszuarbeiten.

Der Auftraggeber lässt sich eine Veränderungsstrategie erarbeiten. Das Consulting-Unternehmen erstellt in einer oft mehrmonatigen Studie eine Expertise, um sie schließlich der Firmenleitung zu prä-sentieren.

Der Erfolg dieses Modells hängt davon ab, ob

- es dem Berater möglich ist, die relevanten Informationen über und aus dem System zu bekommen,

- er die echten Ursachen organisatorischer Probleme erkennt,

- er in der Lage ist, eine geeignete Therapie zu erarbeiten und die

- Systemmitglieder die Diagnose akzeptieren bzw. die Therapie-Vorschläge annehmen.

In dynamischen Veränderungsprozessen soll der Schwerpunkt der externen Unterstützung jedoch nicht in der Analyse und im Anbieten theoretisch sauberer Vorschläge liegen, sondern das Prozess-Beratungsmodell ist geprägt durch das Involvieren aller betroffenen Stellen in allen Phasen des Change Management-Prozesses. Der Berater ist zwar ein hervorragender Fachmann, nicht aber für alle Funktionsbereiche (dies ist eine Überforderung und damit ein Grund, warum in der Vergangenheit oftmals so viele Berater notwendig waren), sondern er muss vor allem wissen, wie er die Leitungsgremien und Arbeitsgruppen in den Organisationsprozess einbezieht, wie er sie dazu bringt, ihre eigenen Probleme selbst zu erkennen und zu lösen und dabei zu lernen, künftige neue Probleme selbst aufzugreifen und zu behandeln. Der Berater hat die Prozessverantwortung! Die inhaltliche Verantwortung darf sich kein Unternehmer vom Berater nehmen lassen.

Der Prozessbegleiter neuer Prägung wird bewusst nicht mehr als allwissender Experte rekrutiert. Seine Qualitäten zeigen sich nicht mehr in den traditionellen Rollen der „Bevormunder", „Lehrer" oder „Verwalter von Prozessen"! Insbesondere seine Methoden- und Sozialkompetenzen stehen neben seinem breit angelegten Fachwissen zu Beschaffungsmanagement und Kompetenzpartnerbildung im Vordergrund. Der Veränderungsmanager muss in der Lage sein, unterschiedliche Interessen zu bündeln, zu koordinieren oder auch zwischen den Interessen zu vermitteln, um den Weg der Zielerreichung zu ebnen. Die Problematik unterschiedlicher Interessen hat sich durch verstärkte Spezialisierung auch außerhalb der Produktionsbereiche intensiviert. Die Koordinierung und Führung dieser Experten erfordert eine besondere soziale Kompetenz, verknüpft mit einer ausgeprägten Zielstrebigkeit. Der Prozessbegleiter muss in diesem Sinne eine "Komplexverantwortung" übernehmen.

Das hier vorliegende von Thomas Deil verfasste Buch zeigt in vorbildlicher Weise, wie sein modernes Beratungskonzept wissenschaftlich fundiert und praxisgerecht die Erfordernisse effizienter Kunden-Lieferanten-Beziehungen mit den psychologischen Gegebenheiten der Beschaffungsmärkte einerseits und der Psychologie der Betroffenen andererseits verbindet.

Während in der Vergangenheit die Vorstellung herrschte, dass die Fäden des Veränderungsprozesses nur der neutrale Externe in den Händen halten sollte (da man ja davon ausging, dass er den Prozess am stärksten beeinflusst), kann unter gewandeltem Selbstverständnis von Auftraggebern und Beratern auch der Unternehmens- bzw. Netzwerk-Interne die Rolle der Prozessbegleitung mit gleichem Erfolg ausfüllen. Doch diese interne Beratungs- und Prozessbegleitungs-Kapazität muss in vielen Unternehmen erst aufgebaut werden. Das Ziel der verantwortungsvollen Beratung liegt darin, sich im Veränderungsprozess für den Auftraggeber überflüssig zu machen – nicht, wie oft in der Vergangenheit üblich eine Abhängigkeit aufzubauen. So wird der Veränderungsprozess (als Nebeneffekt) zu einem Personal- und Managemententwicklungsprozess.

Klaus Jürgen Heimbrock

Rheine, im April 2005

Vorwort

Das vorliegende Buch resultiert aus vielen Gesprächen mit meinen Mitarbeitern, Kollegen und Vorgesetzten aus meinen bisherigen Tätigkeitsfeldern. Wichtige Anregungen erhielt ich im Rahmen meiner Gastvorträge an der Hochschule, durch Workshopteilnehmer, bei Inhouse-Veranstaltungen und durch Führungskräfte mittelständischer Unternehmern in der Planungsphase meiner Selbstständigkeit.

Ein ganz wesentlicher Punkt war in diesen Diskussionen einerseits das intensive Interesse am Thema Einkaufsmanagement, andererseits die Skepsis, ob dieses Gebiet tatsächlich die erforderliche kreative Schwungmasse beinhaltet, ein Unternehmen nachhaltig profitabler zu gestalten. Dieses Buch zeigt Möglichkeiten, *wie* es funktioniert.

Es ist überraschend, wie selten die Möglichkeiten eines professionellen Einkaufs konsequent genutzt werden, sei es bei der Vorbereitung auf ein Kreditrating, dem Kauf eines Unternehmens oder während der Bewältigung einer Unternehmenskrise. Ebenso überraschend ist, wie wenig über zeitgemäße Einkaufsmethoden im und außerhalb des Einkaufs im Unternehmen bekannt ist. Alle nachfolgend beschriebenen Instrumente und Abläufe haben sich bereits in der Praxis bewährt, werden aber nur selten für das eigene Unternehmen adaptiert. Ein wesentlicher Aspekt der beschriebenen Prozesse ist die *Crossfunktionalität*, der funktionsübergreifenden Zusammenarbeit im Unternehmen, die „Einkauf" zu einer Kernaufgabe für das Unternehmen in seiner Gesamtheit macht. Daher richtet sich „Scope" an Unternehmer, Projektleiter, Entwickler, Fertigungs- und Qualitätsingenieure, Vertriebsmitarbeiter – *und* an Einkäufer.

Die in unterschiedlichen Unternehmen angewendeten Methoden zur Verbesserung der Einbindung von Lieferanten und zur Kostensenkung brachten nach kurzer Einführungszeit erstaunliche Erfolge. Allerdings setzt dies voraus, die hierfür wesentlichen Hebel dem individuellen Unternehmen anzupassen, die Unternehmens- und Branchensituation und bestehende Machtverhältnisse zwischen Kunden und Lieferanten zu verstehen und zu berücksichtigen. Die folgende Beschreibung der Methoden und Prozesse stellt *kein* „Kochrezept" dar, sondern wird nur unter Berücksichtigung der Unternehmensspezifika und durch professionelle fachliche Begleitung zum Erfolg führen – wie bei jedem nachhaltigen Veränderungsprozess.

Dieses Buch soll Ihnen *Anregungen* für Ihr eigenes Unternehmen geben. Aus diesem Grund habe ich ein auf den ersten Blick trockenes Thema anschaulich und praxisgerecht beschrieben und auf Formellastigkeit verzichtet. Bei der Erläuterung der Sourcing-Methoden und Tools skizzieren gut nachvollziehbare Graphiken die Wirkungsweise und Praxisbeispiele die konkrete Anwendung.

Die Kernprozesse Forward Sourcing/ Advanced Purchasing, Global Sourcing sowie der Sourcing Committee-Ablauf wurden von Dr. José Ignacio López entwickelt. Andere Themengebiete dieses Buches waren ebenfalls Inhalt meiner bisherigen Berufsstationen, so z. B. Bündelung (Siemens AG, Hella KG) und Mitarbeit in Reorganisationsprojekten (Hella KG und Siemens ICM). Kostensenkungsmaßnahmen waren insbesondere Bestandteile meiner Tätigkeit bei Siemens VDO Automotive AG Diesel Systems und Siemens ICM. Die unterschiedlichen Projekte wurden von Beratungsgesellschaften begleitet, u. a. von McKinsey & Company, Siemens Management Consulting, GEBRA/ Aachen, TWS/ München und PA Consulting. Die Erfahrungen aus den verschiedenen Projekten sind in dieses Buch eingeflossen.

Besonders bedanken möchte ich mich bei Herrn Holger Bergner, der das Buch kritisch begleitete und korrigierte. Ebenso danke ich meiner Frau Sigrid, meinen Kindern Hendrik und Thorn für deren Unterstützung und Geduld sowie den Herren Dipl.-Wirtsch.-Ing. Michael Hass, Peter Fobel, Harald Willuweit, Prof. Dr. Klaus Jürgen Heimbrock und Prof. em. Günter Hüller für interessante Diskussionen, ihre konstruktiven Kritikpunkte und eine Vielzahl von Anregungen.

Für Fragen oder Hinweise stehe ich unter meiner Mailadresse deil@deil-consulting.de gern zur Verfügung.

Viel Spaß beim Lesen!

Thomas Deil

Oldenburg, im April 2005

Inhaltsverzeichnis

Abkürzungsverzeichnis:

AG	Aktiengesellschaft
AP	Advanced Purchasing
ABS	Acrylnitril/ Butadien/ Styrol-Polymer
B2B	Business-to-Business
BPP	Best Price Principle
CM	Commodity Manager, Commodity Management
DAX	Blue Chip-Index der Deutschen Börse
DDP	Delivered Duty paid
DI	Degree of Implementation
DIN ISO	Deutsches Institut für Normung / International Standardization Organization
DTC	Design to Cost
EDV	Elektronische Datenverarbeitung
EOL	End of Life
EOP	End of Production
ERP	Enterprise Resources Planning
EUR	Euro
F&E	Forschung und Entwicklung
FH	Fachhochschule
FS	Forward Sourcing
g	Gramm
GPL	Global Procurement and Logistics
GS	Global Sourcing
GWG	Geringwertige Wirtschaftsgüter
kg	Kilogramm
KMU	Klein- und mittelgroße Unternehmen
LOI	Letter of Intent
LCD	Liquid Crystal Display
PC	Personal Computer
PPM	Parts per Million
R&D	Research and Development

RFQ	Request for Quotation
ROF	Rolling Order Forecast
SC	Sourcing Committee
SCM	Supply Chain Management
SMI	Supplier managed Inventory
SOP	Start of Production
TS	Technische Spezifikation
USP	Unique Selling Proposition
VMI	Vendor managed Inventory

Einleitung

In den neunziger Jahren wurden fast alle Bereiche und Funktionen in der verarbeitenden Industrie einem radikalen Wandel unterzogen. Unter den Vorzeichen der *Reengineering-Welle* und des *Shareholder Values* wurden unterschiedlichste Umstrukturierungsprojekte in den Organisationen der Großkonzerne als auch der KMU's (Klein- und mittelgroße Unternehmen) durchgeführt. Mit der Fokussierung auf Unternehmensprozesse und der Berücksichtigung moderner Informationstechnologien hat sich die Unternehmenslandschaft in den vergangenen zehn Jahren einem fundamentalen Wandel unterzogen. Ob in der Fertigung, der Forschung und Entwicklung, im Controlling oder Vertrieb - kein Stein blieb auf dem anderen. Nur im Bereich des strategischen Einkaufs scheint die Zeit stehen geblieben zu sein. Lieferanten- und Materialgruppenmanagement, clevere Verhandlungstools oder die frühzeitige Einbindung von Lieferanten in den Produktentstehungsprozess sind weitestgehend Wunschdenken in der deutschen Unternehmenslandschaft. Dabei liegen doch gerade im Bereich der Materialkosten erhebliche Potentiale zur Verbesserung der eigenen Wettbewerbsfähigkeit, oder anders ausgedrückt, in Worten von Managementlegende Peter Drucker:

„Nowhere in business is there greater benefitting from... interdependence than between customer firms and their suppliers. This is the largest remaining frontier for gaining competitive advantage - and nowhere has such a frontier been more neglected." [1]

Dieses hier von mir vorgelegte Buch soll dazu beitragen, dass die strategische Einkaufsfunktion aus dem Schatten heraus in eine selbstständige, selbstbewusste Unternehmensfunktion überführt wird, die wesentlich zur Stärkung der Profitabilität und der Steigerung der Wettbewerbsfähigkeit in einer globalen Konkurrenzsituation beiträgt. Neben den Kernprozessen und -methoden soll vor allem vermittelt werden, dass die Erreichung von scheinbar unerreichbaren Zielen durchaus möglich ist. Dieses Potential liegt jedoch in der überragenden Mehrzahl der Unternehmen mehr oder weniger brach. Kenntnisse über die nachhaltige Reduzierung von Materialkosten sind schlicht nicht vorhanden oder auch nicht erwünscht, weil bestehende Strukturen in Frage gestellt würden.

---

[1] Timothy M. Laseter: Balanced Sourcing; Jossey-Bass Publishers, San Francisco 1998

Es gibt in der jüngeren Industriegeschichte nur zwei Beispiele, in denen die Funktion Einkauf öffentlich thematisiert wurde: bei der Restrukturierung des Einkaufs in den neunziger Jahren bei General Motors und der Volkswagen AG, in beiden Fällen von José Ignacio López durchgeführt. Es spricht für sich, dass beide Restrukturierungen bis heute kontrovers und hochemotional diskutiert werden, zeigt sich doch an diesen Beispielen, dass die Funktion Einkauf ein durchaus spannende Themen ist, das mehr zum Unternehmenserfolg beitragen kann, als es uns viele angestaubte Lehrbücher der Materialwirtschaft vermitteln, die bis heute den Einkauf als Untermenge der Logistik einordnen und als dispositive Aufgabe missverstehen.

Strategischer Einkauf, das bedeutet die praktische Nutzung von Psychologie, Spieltheorie, Volks- und Betriebswirtschaft, moderner Organisationslehre und fundiertem technischen Wissen – und dies nicht als theoretische oder akademische Fingerübung, sondern als konkret anwendbares Methodenwissen, das den Unternehmenserfolg sowohl kurzfristig als auch nachhaltig verbessert, sehr zum Missfallen Ihrer Wettbewerber. Die aktive Bereitschaft zur Erweiterung des eigenen Wirkungskreises oder Betätigungsfeldes (englisch: scope) ist die wesentliche Investition: es wird sich lohnen!

1 Materialkosten und Einkauf – Stiefkinder der Unternehmensorganisation

Im Folgenden wird näher beleuchtet, dass sowohl in Konzernunternehmen als auch im Mittelstand vielfältige Möglichkeiten zur Nutzung des Einkaufshebels schlummern. Leider werden diese selbst in existenzbedrohenden Krisensituationen vernachlässigt.

1.1 Die Einkaufsfunktion im Unternehmen – eine kurze Standortbestimmung

Gibt es zum Thema Einkauf überhaupt noch Nennenswertes zu berichten? Sind nicht alle Hebel zur Reduzierung der Materialkosten im industriellen Bereich bekannt und in voller Anwendung? Ein Blick in die Wirtschaftspresse zeigt, dass auch heute Handlungsbedarf bei der Ausgestaltung strategischer Einkaufsprozesse und -methoden besteht:

„Rheinischer Patient" (Spiegel 43 / 2003): Das Nachrichtenmagazin sieht eine wesentliche Ursache der derzeitigen Kostenprobleme von Ford of Europe im Einkaufssystem: „Danach erhalten die Einkäufer nur dann einen Bonus, wenn sie ein Teil billiger als im Vorjahr erwerben. Der Einkäufer hat gar kein Interesse, dem Zulieferer von Anfang an einen niedrigen Preis abzuringen, weil dann sein Spielraum für das nächste Jahr zu gering und damit sein Bonus in Gefahr wäre."

„Sony siebt Zulieferer drastisch aus" (Financial Times Deutschland vom 07. 10. 2003): Im Rahmen eines Restrukturierungsprogrammes beabsichtigt das Unternehmen, die Teilevielfalt von derzeit 840.000 auf 100.000 zu reduzieren, einhergehend mit einer drastischen Bereinigung des Lieferantenportfolios von 4.700 auf 1.000, um wieder profitabel zu werden.

„Roter Oktober in Stuttgart" (Spiegel 44 / 2003): In einem Bericht, der die Schwierigkeiten bei der Integration von Mitsubishi Motors in die DaimlerChrysler AG beschreibt, wird ebenfalls der strategische Einkauf thematisiert: Mitsubishi Motors hat zwei Anteilseigner, DaimlerChrysler und den Mutterkonzern Mitsubishi. „Der ist mit seinen vielen Töchtern zugleich Zulieferer von Mitsubishi Motors bei Elektronik, Kunststoff und anderen Teilen. Das erschwere es, die Einkaufspreise zu senken, weil dadurch bei den anderen Konzernfirmen die Gewinne sinken."

Drei unterschiedliche Konzerne, die offensichtlich eines gemeinsam haben: unzureichend austarierte Sourcingprozesse, die die Wettbewerbsfähigkeit oder gar die Überlebensfähigkeit bedrohen. Fand man bisher gemeinsames Verständnis darüber, dass bei KMU's Defizite im strategischen Einkauf durch geringes Einkaufsvolumen bzw. Bündelungsvolumen quasi naturgegeben sind, so scheinen auch global ausgerichtete Großkonzerne aus ganz unterschiedlichen Gründen heraus ihre Schwierigkeiten mit dem Management ihrer Materialkosten zu haben.

Abgesehen davon, dass KMU's sehr wohl in der Lage sind, trotz geringerer Einkaufsvolumina effektive Sourcingprozesse aufzubauen bzw. diese gerade *wegen* geringer Marktmacht benötigen, stellt sich die Frage, welche Prozesse und Methoden eine erfolgreich integrierte, strategische Einkaufsfunktion ausmachen. Dies ist insofern von Bedeutung, als dass die Optimierung der Einkaufsfunktion den größten Einfluss auf die Gesamtkosten des Unternehmens hat.

Die Materialkosten stellen in der verarbeitenden Industrie einen Anteil an den Gesamtkosten von 50 – 80% dar. Es lohnt sich also, die Lieferantenstruktur, die Einkaufsorganisation und deren Einbindung in die Kernprozesse zu durchleuchten und zu überdenken.

Unabhängig von der Größe des Unternehmens haben sich erfahrungsgemäß fünf wesentliche, erfolgsbestimmende Faktoren herauskristallisiert, die in ihrem Zusammenspiel jedes Unternehmen in seiner Kostensituation signifikant verbessern und helfen, die oben geschilderten Beispiele einer einseitigen Ausrichtung der Einkaufsziele, ausufernder Teile- und Lieferantenvielfalt und Zielkonflikten zwischen Eigenfertigung und Fremdbezug zu vermeiden und in geldwerte Wettbewerbsvorteile umzukehren. Bevor diese Erfolgsfaktoren und deren Zusammenspiel vorgestellt werden, ist es jedoch nützlich, die Ausgangssituation etwas näher zu betrachten.

Die Notwendigkeit, die Aktionäre mit immer neuen, kurzfristigen Erfolgsmeldungen zum Kaufen oder Halten zu bewegen oder der Zwang bei Personengesellschaften, die Banken als Kreditgeber zu motivieren, erfordert von den Unternehmen alle Anstrengungen, immer neue, innovative Produkte mit immer höherem Kundennutzen in immer schnellerer Zeit zu vermarkten. In diesem Vermarktungskarussell haben sich moderne Produktionsmethoden und Informationstechnologien als Antriebsmotoren bewährt, die jedoch stets mit hohen Investitionen, Neben- und Folgekosten einhergehen. Die Einkaufsfunktion, welche wesentlich über die Materialkosten, die je nach Branche und Unternehmensstruktur bis zu achtzig Prozent der Gesamtkosten darstellen, bestimmen sollte, spielt hierbei häufig eine immer noch untergeordnete Rolle. Die Gründe hierfür liegen in schlechten Ausgangsvoraussetzungen, wie z. B.:

- einer starken, gewachsenen Zusammenarbeit der bestehenden Zulieferanten mit der Entwicklung, der Fertigung, der Logistik und der Geschäftsführung/ dem Vorstand

- der Einkaufsabteilung als Sackbahnhof für personelle Abschiebungen

- einer historisch gewachsenen Dominanz der Bereiche Entwicklung, Fertigung, Qualitätssicherung, Controlling, Vertrieb oder Logistik

- „unabänderlicher Abhängigkeit" von bestehenden Lieferanten

- fehlender Zielsetzungen der Einkaufsorganisation

- dem Fehlen einer strategischen Einkaufsabteilung und der Konzentration auf Produktanläufe sowie der Jagd nach Fehlteilen

- einer Technik- und Ingenieursdominanz, die das *Produkt*denken in den Vordergrund stellt und das *Prozess*denken vernachlässigt

- fehlenden Kenntnissen oder Desinteresse über den am Markt zu erzielenden Preis für das eigene Produkt

Diese Liste ließe sich beliebig fortsetzen, stellt jedoch auch unvollständig einen Querschnitt deutschen Unternehmensdenkens über die Einkaufsfunktion zu Beginn des 21. Jahrhunderts dar. Es ist erstaunlich, dass selbst Firmen, die unter massiven finanziellen Problemen leiden, ihre Lieferanten nicht in die Verbesserung der Kostensituation einbeziehen. Schließlich seien Kostenstrukturen nicht beeinflussbar, so die irrige Annahme.

Ursachen für diese bescheidene Ausgangssituation liegen in unserer westlich verankerten, klassischen Ingenieursdenkweise, die voraussetzt, dass eine Verbesserung der Produktqualität nur und ausschließlich durch *höhere Kosten* und ein *Mehr an Aufwand* erzielt werden kann. Allein die Idee, Kostensenkungen im Materialbereich anzustreben, wird im eigenen Unternehmen unmittelbar als unsittlicher Antrag mit dem Verweis zurück gewiesen, dass der hohe Anspruch an das zu verkaufende Produkt keine qualitativen Abstriche erlaubt, was laut landläufiger Meinung mit Kostensenkungen automatisch einhergeht. Die Assoziation, dass niedrige Materialkosten untrennbar an schlechte Produktqualität gekoppelt sind, hält sich hartnäckig und verhindert die Umsetzung wertvoller Ideen zur Verbesserung der eigenen Kostenposition - ohne Qualitätsabstriche. Hieraus resultiert auch eine häufig ausgeprägte Abneigung gegenüber Lieferanten aus so genannten Billiglohnländern, weil aus diesen Regionen per se nur minderwertige Güter bezogen werden können – ein Irrtum, der mit einer gehörigen Portion Arroganz gekoppelt ist.

Stattdessen gibt es genügend Beispiele in der Zusammenarbeit zwischen Kunden und Zulieferanten, die zeigen, dass hohe Qualität und ausgeprägtes technologisches Wissen *nicht automatisch* zu hohen Kosten führen. Nachfolgendes, in Abb. 1 dargestelltes, schematisches Portfolio zeigt den Ansatz.

Hohe Qualität, technologische Führerschaft und niedrige Komponentenkosten stehen nicht in Widerspruch

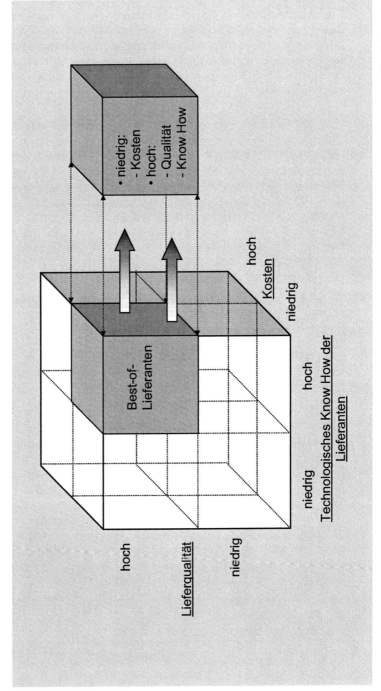

Abbildung 1

Die aus dem markierten „Best-of-Quadranten" herausgezogenen Zulieferanten des bestehenden Lieferantenportfolios gilt es zu identifizieren, zu halten und aufzubauen. Es ist die strategische Aufgabe des Einkaufs, weitere Lieferanten am Weltmarkt zu finden und zu nutzen, die hinsichtlich Kosten, Qualität und Technologie führend sind.

Leider existiert heute in den meisten Unternehmen keine aktive Lieferantenentwicklung, sondern ein Beharren auf der Meinung, dass Materialkosten nicht beeinflussbar sind. Bestandteil einer solchen Einstellung ist ein ausgeprägtes *Zuschlagskalkulationsdenken*. Hierbei wird vorausgesetzt, dass zur Erstellung eines Produktes oder einer Dienstleistung ein bestimmtes Kostengefüge besteht, in dem Löhne, Material und Fertigungskosten aufaddiert werden und in ihrer Summe unreflektiert als mathematisch „richtig" angesehen werden. Diese Sichtweise verhindert eine aktive *Beeinflussung* der Materialkosten und dient als Argumentation im eigenen Unternehmen, dass alle Aktivitäten, Kosten durch Lieferanten- oder Materialmanagement zu senken, zum Scheitern verurteilt sind.

Warum sollte vor diesem Hintergrund, der materialseitig keine Gestaltungsfreiräume bietet, der Einkauf eine tragende Rolle spielen? Klar ist jedoch auch, dass das bisherige Abwägungsdenken zwischen niedrigen Kosten und niedriger Qualität, dem Beharren auf dem Status quo und der Verteidigung von Lieferantenargumenten innerhalb der eigenen Organisation auch nicht den Weg zum Erfolg und mehr Profitabilität ebnen.

1.2 Materialkosten entscheiden über den Unternehmenserfolg

Die Idee, innerhalb von zwei Jahren den Unternehmensumsatz zu verdoppeln, wird von den Mitarbeitern eines Unternehmens, das sich nicht in einer absoluten Wachstumsbranche befindet, mit hoher Wahrscheinlichkeit als utopisch angesehen. Angenommen, dass ein solches Unternehmen einen Materialkostenanteil von fünfzig Prozent am Umsatz hat und der Gewinn fünf Prozent des Umsatzes beträgt, bedeutet eine Senkung der Materialkosten um zehn Prozent eine Verdoppelung der Umsatzrendite.

Auf der Absatzseite müsste jedoch der Umsatz verdoppelt werden, um denselben Effekt zu erzielen (Abb. 2).

Eine Verdoppelung des Umsatzes zur Verbesserung der Gewinnsituation ist kaum umsetzbar

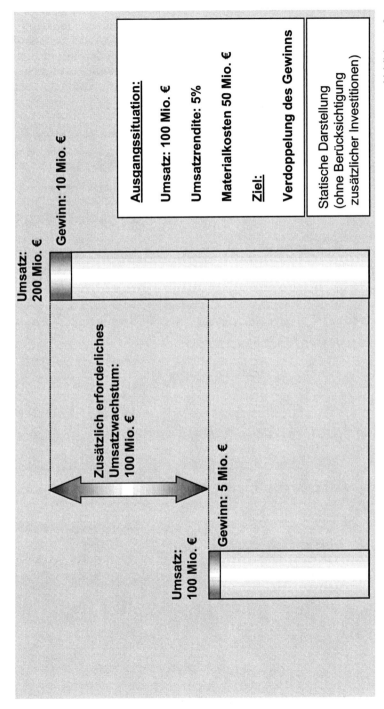

Umsatz: 200 Mio. €

Gewinn: 10 Mio. €

Zusätzlich erforderliches Umsatzwachstum: 100 Mio. €

Umsatz: 100 Mio. €

Gewinn: 5 Mio. €

Ausgangssituation:

Umsatz: 100 Mio. €

Umsatzrendite: 5%

Materialkosten 50 Mio. €

Ziel:

Verdoppelung des Gewinns

Statische Darstellung
(ohne Berücksichtigung
zusätzlicher Investitionen)

Abbildung 2

Um einen solchen Erfolg zu erzielen, müssen Marketing und Vertrieb ihren Umsatz verdoppeln, was jedoch nicht ohne kostspielige Akquisition von Neukunden, Erweiterung des Vertriebsnetzes oder intensive Ausweitung der Marketingaktivitäten möglich ist. Eine Steigerung des Umsatzes von hundert auf zweihundert Mio. € ist in einem stagnierenden Markt innerhalb von zwei Jahren kaum erreichbar.

Eine Reduzierung der Materialkosten um zehn Prozent hingegen entspricht *ebenfalls* einer Verdoppelung des Gewinns von fünf auf zehn Mio. € (Abb. 3).

Eine Senkung der Materialkosten um 10% entspricht einer Verdoppelung der Umsatzrendite

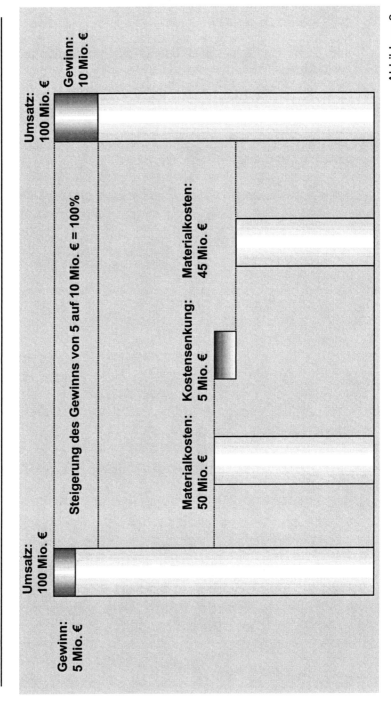

Gewinn:
5 Mio. €

Umsatz:
100 Mio. €

Materialkosten:
50 Mio. €

Kostensenkung:
5 Mio. €

Materialkosten:
45 Mio. €

Steigerung des Gewinns von 5 auf 10 Mio. € = 100%

Umsatz:
100 Mio. €

Gewinn:
10 Mio. €

Abbildung 3

Die Senkung der Materialkosten um zehn Prozent ist innerhalb einer solchen Zeitspanne jedoch absolut erreichbar, vorausgesetzt, man ist in Kenntnis der dafür erforderlichen Methoden zur Umsetzung. Eine konsequente Kostensenkungsinitiative ist darüber hinaus auch bei Aktionären, Banken und Kunden ein nachvollziehbarer Beleg, die Zeichen der Zeit erkannt zu haben und die Sicherung der Wettbewerbsfähigkeit in den Vordergrund der Aktivitäten zu stellen. Die Verbesserung der Materialkosten und die Stärkung des strategischen Einkaufs verbessern also die Position des Unternehmens in seiner Gesamtheit.

Im direkten Vergleich stellt sich der Einkaufs- versus Umsatzeffekt wie in Abb. 4 gezeigt dar.

Eine Umsatzverdopplung hat den gleichen Effekt auf den Gewinn wie eine zehnprozentige Materialkostensenkung

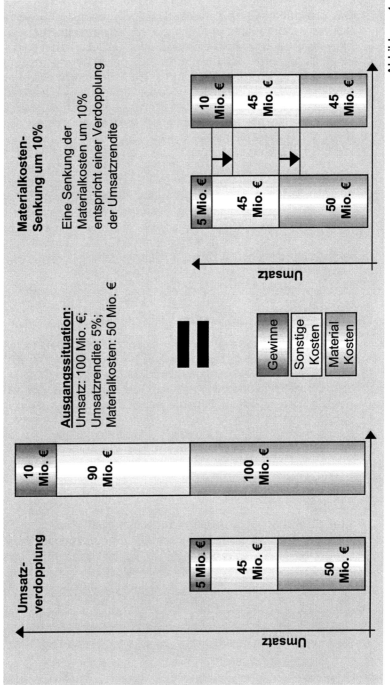

Abbildung 4

Das oben aufgeführte Zahlenbeispiel zeigt mit sehr konservativen Zahlen, welche Macht und Einfluss vom Block „Material" ausgeht. Im Automobil- und Zulieferbereich liegt der Anteil an Kaufteilen in einer Größenordnung zwischen fünfzig und siebzig Prozent des Umsatzes, im Elektronikbereich bei bis zu fünfundachtzig Prozent. Ein konsequentes, wettbewerbsorientiertes Materialdenken steigert aber auch die Leistung der Wertschöpfung im eigenen Haus, vorausgesetzt, die Inhousefertigung wird dem externen Wettbewerb durch die Lieferanten ausgesetzt. Ein solcher Ansatz, der sowohl die Zukaufteile als auch die Eigenfertigung umfasst, erzielt einen wesentlich größeren Effekt. Ein erfolgreicher Einkauf hat also nicht primär die Preise im Focus, sondern die nachhaltige Verbesserung der gesamten "Unternehmensfitness". Als *Orientierungswert* lässt sich ableiten: Ein Euro Materialkostensenkung entspricht hinsichtlich des Ergebnisbeitrages einer Umsatzsteigerung von zwanzig Euro bzw. jede Kostenreduzierung ist zwanzigmal effektiver als eine gleich hohe Umsatzsteigerung. Dieses Potential gilt es zu heben.

1.3 Einkauf braucht ein Ziel

Eine Einkaufsabteilung, die im eigenen Unternehmen nur ein Schattendasein führt, beschäftigt sich in der Regel mit der Jagd nach Fehlteilen und koordiniert interne Anfragen aus Technik, Fertigung und Kreditorenbuchhaltung. Oder anders ausgedrückt: der Einkauf ist eine Informationsdrehscheibe, die immer dann in Anspruch genommen wird, wenn es operativen Abstimmungsbedarf zwischen dem eigenen Unternehmen und dem Lieferanten gibt. In einem solchen Umfeld verkommt der Einkäufer zu einem Beschwerdekoordinator, der subalterne Dienstgänge im Auftrag der Nachbarabteilungen verrichtet. Nun ist es leider so, dass ein solches Einkaufsprofil vom Rest der Unternehmensfunktionen gern gesehen wird: unliebsame Tätigkeiten werden einfach an den Einkauf delegiert, so dass sich Entwicklung und Fertigung auf die wichtigen Entscheidungen mit den Lieferanten konzentrieren können, ohne dass der Einkauf hierbei Einfluss nimmt. So gesehen reduziert sich dass Profil des Einkäufers auf das eines Bestellabwicklers, der bereits vorher festgelegte Entscheidungen durch die Nachbarabteilungen entgegennimmt und unreflektiert verwaltet. Es erfordert ein hohes Maß an Eigenmotivation, sich am eigenen Schopf aus diesem Sumpf zu ziehen und stattdessen einen messbaren Wertschöpfungsbeitrag zu leisten.

In der Wirtschaft, in der Politik oder im Sport: in allen Bereichen benötigt man Ziele, um überzeugend von sich zu behaupten, erfolgreich zu sein. Ob bei der Vorstellung einer neuen Fahrzeuggeneration, einer Landtagswahl oder einer Olympiade - hinter allen hierzu notwendigen Aktivitäten steckt ein klares Ziel: Gewinnsteigerung und Eroberung zusätzlicher Marktanteile, die Erschließung neuer Wählerpotentiale und die Eroberung bzw. Sicherung von Schlüsselpositionen oder der Gewinn einer Goldmedaille bzw. das Aufstellen neuer Rekorde. Alle diese Ziele haben gemeinsam, dass sie ambitioniert und messbar sind, ob in der Gewinn- und Verlustrechnung, dem Wahlergebnis oder mit der Stoppuhr. Dies gilt auch für den Materialbereich und die Einkaufsabteilung: nur mit hohen, messbaren und beeinflussbaren Zielen kann aus einer historisch gewachsenen, eher anlauf- bzw. fehlteileorientierten Einkaufsabteilung eine „Cash Cow" werden, die den Mitarbeitern ganz nebenbei ein neues Selbstwertgefühl gibt, da der Einkauf nun die zentrale Rolle des Treibers zur Senkung der Materialkosten übernimmt. Die Schwierigkeit liegt jedoch darin, dass wie bei jedem Veränderungsprozess Reibungsverluste, Akzeptanzprobleme oder Ablehnung auch aus den eigenen Reihen auftreten. Es ist nur natürlich, dass ein Einkäufer oder eine Einkäuferin nach erfolgreicher Klärung eines Materialengpasses am Ende des Tages mit dem Gefühl nach Hause geht, einen wertvollen Beitrag für das Unternehmen geleistet zu haben, der von den Kollegen auch geschätzt wird. Dies hat jedoch nichts mit der strategischen Einkaufsfunktion zu tun, die darauf ausgerichtet ist, das Know How der weltweit besten Lieferanten aktiv einzubringen, um z. B. folgende Ziele zu erreichen:

- Reduzierung der Preise für das aktuelle Einkaufsvolumen um 15%

- Unterschreitung der Zielpreise für Komponenten neu zu entwickelnder Produkte um 10%

- Steigerung der Anlieferqualität von Kaufteilen auf 99,9%

- Reduzierung der Investitionskosten um 10% unterhalb des Budgets

- Reduzierung der Stückkosten um 10% durch Einbindung der besten Lieferanten im Investitionsbereich

Diese Beispiele sollen verdeutlichen, dass der Aufbau einer schlagkräftigen Einkaufsabteilung, die Integration der Qualitätssicherung im Einkauf, die Reduzierung der Anzahl der Lieferanten oder die Anzahl an Anfragen letztendlich nur Mittel zum Zweck sind und Ziele für den Einkauf einen direkten Effekt für die Steigerung der Wettbewerbsfähigkeit des eigenen Unternehmens darstellen müssen. Entscheidend ist, dass diese Ziele so anspruchsvoll in ihrer Art und Höhe formuliert werden, dass die Nutzung der bereits ausgetretenen Pfade oder nur ein Mehr an Arbeitszeit nicht ausreichen, um diese zu erreichen.

1.4 Veränderungen müssen von oben einfließen

Es liegt auf der Hand, dass die nachhaltige Beeinflussung des Faktors Material nur durch einen crossfunktionalen Ansatz, durch die Einbeziehung der Bereiche Entwicklung, Logistik, Qualitätssicherung, Fertigung, Controlling und Vertrieb und unter Betrachtung der gesamten Wertschöpfungskette erfolgversprechend ist. Anders als die klassische Rolle eines *operativen* Werkseinkaufes, der Ansprechpartner für Lieferantenprobleme jeglicher Art ist, übernimmt der Einkauf nun die Rolle des Treibers zur Senkung der Materialkosten, also der Steuerung und frühzeitigen Einbindung der Lieferanten, der Verfolgung von Design-to-Cost-Maßnahmen und der Nutzung des globalen Lieferantenwettbewerbes. Als *Treiber* hat der Einkauf jedoch *nicht* die Funktion, sämtliche hierfür erforderlichen Aktivitäten selbst durchzuführen, sondern koordiniert und forciert die erforderlichen Schritte innerhalb von crossfunktionalen Teams bis zum erfolgreichen Abschluss.

Eine solche Ausrichtung wird fehlschlagen, wenn eine nachhaltige Veränderung vom Vorstand oder der Geschäftsführung nicht aktiv mitgetragen wird. Diese Voraussetzung klingt scheinbar trivial, ist aber *der* entscheidende Faktor für eine erfolgreiche Neuausrichtung der Einkaufsfunktion. Mit anderen Worten: alle gut gemeinten Kostensenkungsinitiativen laufen ins Leere, wenn die erforderliche „Top Management Awareness" fehlt. Veränderungen bringen Skepsis, Gegenreaktionen oder schlicht Ablehnung mit sich. Liebgewordene Abläufe werden geändert, Einfluss und Entscheidungskompetenzen neu verteilt. Es ist eine Tatsache, dass gerade der Umgang mit Lieferanten und die daran gekoppelten Entscheidungen insbesondere in der verarbeitenden Industrie bei einer Reorganisation zu extremen Reaktionen und Konflikten zwischen den verschiedenen Bereichen führen. Es geht um viel Geld, historisch gewachsene Lieferantenbeziehungen, Besitzstandswahrung, das vorher geschilderte Abwägungsdenken oder im negativsten Fall um die Wahrnehmung persönlicher, monetärer Vorteile.

Es gibt einen einfachen Indikator, der den Einfluss der „offiziellen" Einkaufsabteilung auf das zu beziehende Material und Dienstleistungen offenlegt: der Anteil des Einkaufsvolumens, der von der Einkaufsabteilung aktiv betreut wird. Ob Produktionsmaterial, verlängerte Werkbänke, Dienstleistungen, Energie usw. – nicht selten laufen diese Bereiche völlig am Einkauf vorbei und werden von der Fertigung, der Instandsetzung oder allen anderen Abteilungen, wahrgenommen. Häufig haben solche „Mavericks", also Personen oder Abteilungen, die außerhalb der regulären Abläufe oder Entscheidungsinstanzen einkaufen, längst die Oberhand gewonnen. Ist der Anteil einkaufsfremder Beschaffungsaktivitäten hoch, so ist wahrscheinlich, dass das vom Einkauf zu verantwortende Einkaufsvolumen eher *administrativ abgewickelt* als unternehmerisch gestaltet wird. Basisaufgaben des Einkaufs umfassen Tätigkeiten wie die Durchführung von Anfragen, Angebotsauswertungen, Auftragsvergaben etc., die sehr häufig unter Ausschluss der Einkaufsabteilung und stattdessen durch Fertigungs- und Entwicklungsingenieure wahrgenommen werden.

Die Unternehmensleitung sollte sich jedoch bewusst sein, dass die Anforderungen an ein strategisches Materialmanagement in den vergangenen Jahren erheblich gewachsen sind:

- Trend zu zunehmender Modularisierung und steigender technischer Komplexität

- Drastisch reduzierte Entwicklungszeiten und Produktlebenszyklen

- Reduzierung der eigenen Wertschöpfung und Konzentration auf Kernkompetenzen

- Erschwerte Fremdfinanzierungsbedingungen (Basel II)

- Ständig steigender Erfolgsdruck durch die Erwartungshaltung von Aktionären, Analysten und der Pressemedien

- Extreme Marktschwankungen und Unvorhersehbarkeit von Branchenentwicklungen (z. B. im Handymarkt sowie bei den mobilen und Festnetzen, die im Jahr 2001 quasi über Nacht vollkommen einbrachen).

Es wäre unrealistisch anzunehmen, dass diese dramatisch veränderten Rahmenbedingungen ausschließlich die Produktentwicklung und -vermarktung betreffen sollten und der Materialbereich ausgeklammert werden könnte. Es ist höchste Zeit, dass der Einkauf zur Lösung der anstehenden Herausforderungen eine Schlüsselrolle übernimmt und dies von den Vorständen und Geschäftsführern der Dax-Konzerne bis hin zu den KMU's als Chefsache aufgegriffen wird.

2 Kernprozesse des Einkaufs

Die nachfolgend beschriebenen Hebel stellen für sich isoliert keine substantielle Verbesserung dar und können bestenfalls einen kurzzeitigen Erfolg, jedenfalls keinesfalls nachhaltigen Fortschritt zur Verringerung der Materialkosten leisten. In ihrer Gesamtheit und Verknüpfung innerhalb der Aufbau- und Ablauforganisation stellen sie jedoch für jedes Unternehmen einen Quantensprung dar:

- Target Costing: vom Markt abgeleitete Kostenziele

- Early Involvement/ Deproliferation: frühzeitige Lieferantenein-bindung mit einhergehender Vermeidung bzw. Entflechtung der Teilevielfalt

- Global Sourcing: Einbringung der besten Lieferanten des Welt-marktes

- Make or Buy: Einbindung der Eigenfertigung in die Lieferanten-auswahl

- Sourcing Committee: einstimmige, crossfunktionale Lieferan-tenauswahl im Gremium

Bei allen drei im Kapitel 1 aufgeführten Beispielen ist in den ver-schiedenen Presseartikeln erkennbar, dass die Balance der Ein-kaufsprozesse durcheinander geraten ist:

Bei Ford of Europe ist es die einseitige Ausrichtung auf Preisredu-zierungen für das laufende Serienmaterial, was eine Vernachlässi-gung der Kostengestaltung von Neuentwicklungen vermuten lässt und damit die Wettbewerbsfähigkeit neu zu entwickelnder Fahr-zeuge gefährdet. Die Kernprozesse „Target Costing" und „Early In-volvement" geraten in den Hintergrund. Sowohl die marktgerechte Kostenableitung für die Materialkosten eines neu zu entwickelnden Fahrzeuges als auch die frühzeitige Einbindung von Lieferanten in der Frühphase der Produktentwicklung zur Erreichung hoch gesteckter Kostenziele kommen zu kurz.

Sony steuert einer Entwicklung gegen, bei der in der Vergangen-heit die Vielfalt der Teile und Lieferanten ausferten. Die Zunahme der Komplexität der Komponentenentwicklung in der Produktent-stehungsphase und der Steuerungsaufwand sowohl der Teile als auch der Lieferanten können die Kosten in ungeahnte Höhen steigern (zumal diese Komplexitätskosten auch nur unzureichend controlled werden können und entsprechende Früherkennungsmechanismen nicht gegeben sind). Es ist offensichtlich, dass bei einer Reduzierung der Teilevielfalt um mehr als achtzig Prozent in der Vergangenheit das Thema "Deproliferation", also die Entflechtung der Teile- und Lieferantenkomplexität nicht wirklich im Zentrum der Aktivitäten stand.

Das Dilemma von Mitsubishi Motors besteht einkaufsseitig darin, dass es bei der Lieferantenauswahl zu Interessenkollisionen zwischen externen und konzerninternen Anbietern kommt und mit hoher Wahrscheinlichkeit kein Ablauf existiert, der die Auswahl mit klaren Spielregeln begleitet. Die Grundregeln der Wettbewerbsfähigkeit, die dem Kernprozess „Global Sourcing" zugrunde liegen, also der Berücksichtigung der weltbesten Lieferanten, als auch des "Make or Buy", des Wettbewerbsprinzips zwischen Fremd- oder Eigenbezug, scheinen in diesem Beispiel verzerrt zu sein.

Die beschriebenen Probleme hinsichtlich Teilevielfalt, Eigen- oder Fremdbezug, und der Lieferantenauswahl lassen sich durch Nutzung eines crossfunktionalen Vergabeprozesses, dem sogenannten "Sourcing Committee", vermeiden.

Die Möglichkeiten eines solchen integrierten Sourcing-Ablaufes sollen vor dem Hintergrund, die Gesamtkostensituation und Profitabilität Ihres Unternehmens zu verbessern, beleuchtet werden.

2.1 Die Zukunft heute sichern: Neuteile

Die Reorganisation des Einkaufs lässt sich durch ein bloßes Umsetzen von Kästchen im Organigramm kaum erfolgreich gestalten. Das Anwenden einzelner Fertigkeiten wie Verhandlungsgeschick oder tiefes technisches Produktwissen wird allein ebenfalls keine wirklichen Wettbewerbsvorteile bringen. Die Realität zeigt, dass der Aufbau von Zweitlieferanten, zum Beispiel aus Osteuropa, ein zeitraubendes und vergebliches Unterfangen ist, wenn ein einfacher, effektiver und umfassender Sourcingprozess zur Auswahl neuer Lieferanten und zur Qualifizierung neuer und bestehender Teile fehlt. Trotz DIN ISO 9000, TS 16949 und vielfältigster Zertifizierungsprogramme ist jedoch ausgerechnet dieser Ablauf kaum abgedeckt, obwohl der Anfrage- und Auswahlprozess von Lieferanten wesentliche Weichen hinsichtlich Kostengestaltung und Qualität stellt. Ohne fundiertes Methodenwissen über Kostenkalkulation oder Beschaffungsmarktkenntnisse sind Einkaufsentscheidungen nicht sinnvoll zu tätigen. Aus diesem Grund bildet der nachfolgend beschriebene Sourcingprozess das Rückgrat der Neuausrichtung der Materialaktivitäten. Er gibt den eingebundenen Einkäufern die Möglichkeit, zielgerichtet Entscheidungen voranzutreiben, die anderen Abteilungen einzubinden und die Materialkosten wirklich aktiv zu beeinflussen. Die Nutzung des Lieferantenwissens zur Lösung komplexer Problemstellungen, zur Kostenreduzierung und der Aufbau eines wirklich globalen Wettbewerbs sind nun möglich. Der Advanced Purchasing-Prozess, in unterschiedlichen Varianten im Automobil- und Zulieferbereich präsent und den individuellen Abläufen angepasst, bietet jedem Unternehmen die Chance, ambitionierte Kostensenkungen in der Produktentstehung zu erzielen (Abb. 5).

Der Advanced Purchasing-Prozess ist frühestmöglicher Bestandteil der Entwicklungsphase

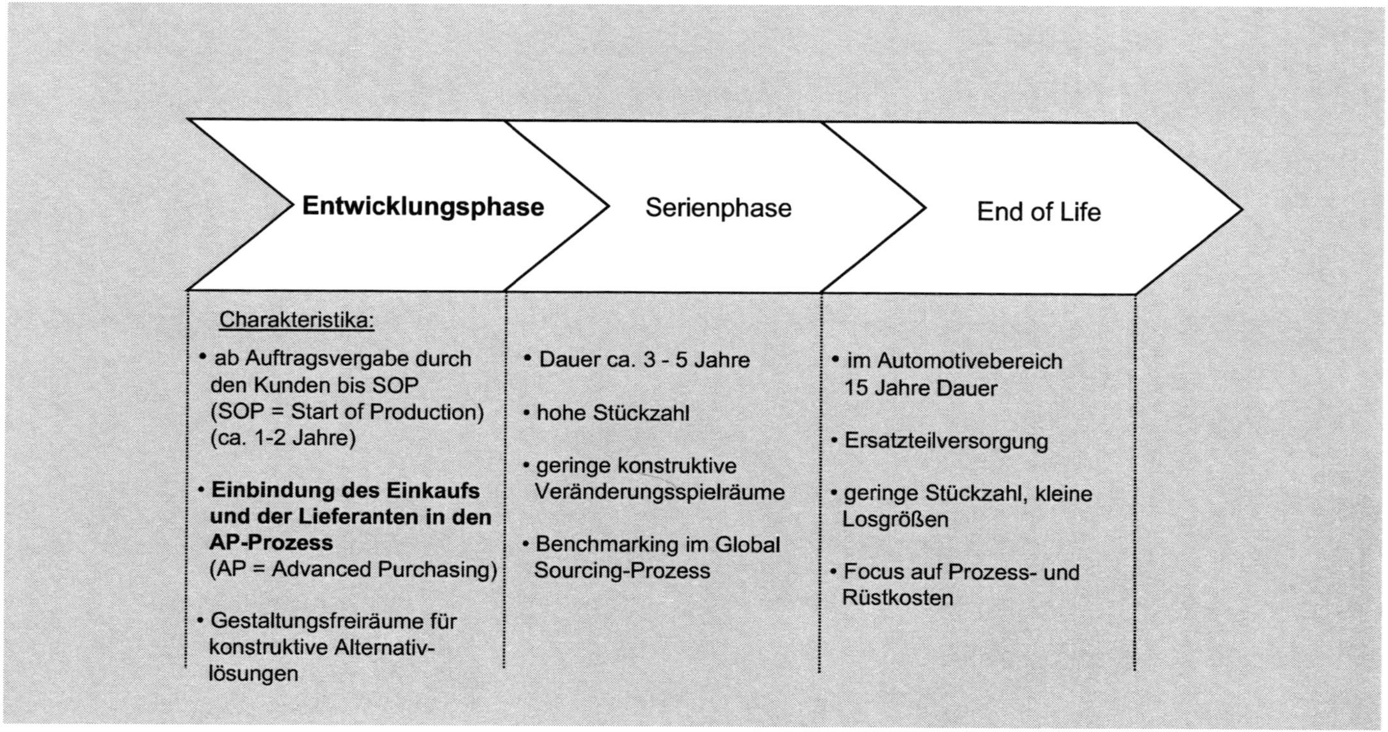

Entwicklungsphase	Serienphase	End of Life

Charakteristika:

- ab Auftragsvergabe durch den Kunden bis SOP (SOP = Start of Production) (ca. 1-2 Jahre)

- **Einbindung des Einkaufs und der Lieferanten in den AP-Prozess** (AP = Advanced Purchasing)

- Gestaltungsfreiräume für konstruktive Alternativlösungen

- Dauer ca. 3 - 5 Jahre

- hohe Stückzahl

- geringe konstruktive Veränderungsspielräume

- Benchmarking im Global Sourcing-Prozess

- im Automotivebereich 15 Jahre Dauer

- Ersatzteilversorgung

- geringe Stückzahl, kleine Losgrößen

- Focus auf Prozess- und Rüstkosten

Abbildung 5

Der Advanced Purchasing-Prozess (= Forward Sourcing Prozess), also der Ablauf der frühestmöglichen Lieferantenauswahl in der Produktentwicklungsphase, gibt dem Projektteam die Möglichkeit, sich Materialkostenziele zu setzen und diese auch mittels unterschiedlicher konzeptioneller Hebel zu erreichen bzw. zu unterschreiten:

- Festlegung der funktionellen Anforderungen an das zu entwickelnde Kaufteil oder System, das sich in einem frühen Entwicklungsstadium befindet

- Die Einbeziehung des weltweiten Wettbewerbs in den Anfrage- und Auswahlprozess

- Ableitung der Zielkosten für das Kaufteil ausgehend vom Marktwert des kompletten Produktes

- Die konsequente Nutzung des technischen Know Hows der angefragten Lieferanten zur frühzeitigen Kostensenkung durch intelligente technische Lösungen

- Crossfunktionale, verbindliche Lieferantenauswahl in einem sehr frühen Stadium

- Einbeziehung der Eigenfertigung durch Benchmarking mit externen Lieferanten.

Der Einwand, dass ein solcher Ablauf nur für Großkonzerne mit globaler Struktur erfolgreich einsetzbar ist, ist nur auf den ersten Blick haltbar. Auch ohne globale Einkaufsstruktur können durch Kooperationen oder Nutzung entsprechender Dienstleister weltweite Anfragen oder Auditierungen vorgenommen werden. Der Aufbau eines professionellen Produktentstehungsprozesses und die dazu erforderlichen Projektstrukturen sind für jedes Unternehmen der verarbeitenden Industrie ohnehin ein Muss, jedoch findet dies in der Mehrzahl ohne Einbindung des Einkaufs statt. Die Chance, eine frühe Einbindung des Einkaufs und der Lieferanten zu erreichen, besteht darin, den Advanced Purchasing-Prozess zu adaptieren und entlang den individuellen Erfordernissen des eigenen Unternehmens anzuwenden (Abb. 6).

SCOPE - Supplier and Components Excellence

Der Advanced Purchasing-Prozess wird in der Konzeptphase der Produktentstehung durchgeführt

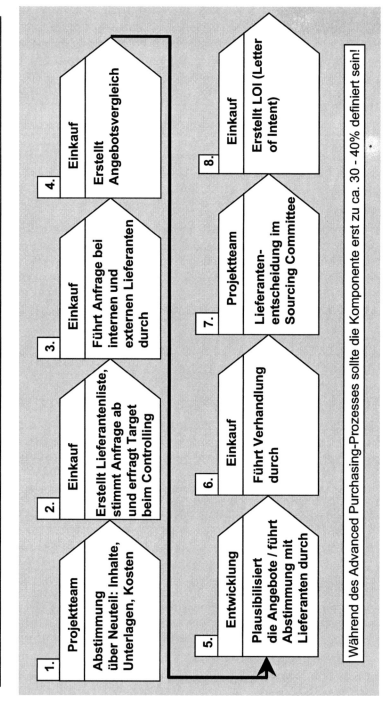

1. Projektteam
Abstimmung über Neuteil: Inhalte, Unterlagen, Kosten

2. Einkauf
Erstellt Lieferantenliste, stimmt Anfrage ab und erfragt Target beim Controlling

3. Einkauf
Führt Anfrage bei internen und externen Lieferanten durch

4. Einkauf
Erstellt Angebotsvergleich

5. Entwicklung
Plausibilisiert die Angebote / führt Abstimmung mit Lieferanten durch

6. Einkauf
Führt Verhandlung durch

7. Projektteam
Lieferanten-entscheidung im Sourcing Committee

8. Einkauf
Erstellt LOI (Letter of Intent)

Während des Advanced Purchasing-Prozesses sollte die Komponente erst zu ca. 30 - 40% definiert sein!

Abbildung 6

1

Zu Beginn des Ablaufs steht die Abstimmung der durchzuführenden Anfragen und Vergaben in Form einer ersten, vorläufigen Stückliste, nachdem sich das Projektteam, bestehend aus namentlich benannten Vertretern der Funktionen Entwicklung, Fertigung, Qualität, Logistik, Controlling, Vertrieb und Einkauf zusammengefunden hat. Aus diesen Funktionen wird ein Projektleiter, in der Regel der Entwickler, bestimmt, der nach Erhalt des Kundenauftrages oder nach Projektfreigabe durch den Vorstand zum sogenannten Projekt- Kick Off einlädt. Wir befinden uns zu diesem Zeitpunkt in einem Stadium, in dem die Summe der Materialkosten, abgeleitet vom Kundenpreis, bereits im groben Rahmen definiert ist und über das zu entwickelnde Produkt ein Lastenheft bzw. Konzeptzeichnungen für Kaufteile existieren. Ausgehend von diesen Angaben und der zu erzielenden Projektrendite legt das Projektteam die ersten relevanten Materialannahmen fest, basierend auf:

- **einer vorläufigen Stückliste**, ausgehend von Erfahrungswerten vorheriger Produkte und einer Abschätzung des Umfanges der projektspezifischen Komponenten und Gleichteile

- **Projektmeilensteinen** (Start of Production = SOP, Termin für werkzeugfallende Teile, Freigabe- und Mustertermine, Sourcing Committee-Termin und Erstellung der Anfrageunterlagen für den Einkauf)

- **Abschätzung der Produktkalkulation**, gegliedert nach Fertigungs-, Personal-, Material-, Gemein- und sonstigen Kosten

- **Projektrahmendaten** wie Laufzeit, Stückzahl über die Jahre verteilt, Kundenpreis, Werkzeug- und Musterdaten etc.

Diese Informationen werden vom verantwortlichen Entwickler an den verantwortlichen Advanced Purchasing Buyer in Form eines "New Parts Information Sheet" weitergegeben. Dieses Formular ist als Anhang 1 beigefügt.

Häufigste Hürden sind zu diesem Zeitpunkt, dass im Projektteam der Einkauf nicht vertreten ist und sich das Team nicht auf die kommerziellen Rahmendaten, sprich die Projektrendite verständigt. Technik und Termine stehen im Vordergrund und aufgrund des Unwillens, kostenrelevante Annahmen unter Untersicherheit zu treffen, wird die frühzeitige Einbindung des Einkaufs umgangen.

So können die verschiedenen Komponenten oder Teile ohne die Einbindung des Einkäufers oder der Lieferanten fertig konstruiert werden – was später zu dem Problem führt, die erwartete Produktrendite nicht zu erreichen. Ein Einkäufer wird im Projektteam zu diesem Zeitpunkt häufig als Störfaktor angesehen, da er erfragt, was erst noch innerhalb der Produktentstehungsphase erarbeitet werden muss:

- Gibt es mögliche **Gleichteile**, welche sind **projektspezifisch**?

- Er erfragt *retrograd* vom SOP ausgehend die **Meilensteine**, um mit der Entwicklung zu vereinbaren, wann er *frühestmöglich* Anfrageunterlagen erhält (die *nicht* fertig konstruiert, sondern noch hinsichtlich ihrer Konzeption beeinflussbar sind)

- Er erfragt vorläufige **Targets** als Kostenvorgabe für die zu entwickelnden Kaufteile beim Controller, die anschließend im Projektteam für das gesamte Team als verbindlich vereinbart werden

Ein Einkäufer, der sich mit den unterschiedlichen, für das Projekt erforderlichen Komponenten, Teilen und Systemen befasst, verbringt als Projektmitglied den größten Teil seiner Arbeitszeit im Entwicklungsbereich und sollte daher dort auch räumlich angesiedelt sein. Er ist der sogenannte Advanced Purchasing Buyer, der im Einkauf die Projektfäden für das Material zusammen hält, denn nur durch eine frühe Einbindung der Einkaufsfunktion bzw. des Einkäufers können auch der oder die Lieferanten zum frühestmöglichen Zeitpunkt in den Entwicklungsprozess eingebunden werden, ohne dass der Grundgedanke des Wettbewerbs in dieser Phase bereits ausgeschaltet wird.

In der überwiegenden Zahl der Fälle erfolgt diese Einbindung jedoch autark durch die Entwicklung. Das bedeutet das Gegenteil von Early Involvement oder Simultaneous Engineering, nämlich den Ausschluss von Wettbewerb und präjudizierte Vorentscheidungen hinsichtlich Material und/ oder Lieferant. Hier entsteht nun ein Paradigmenwechsel: dieser läutet eine Abkehr von der bisherigen Art der Einbindung des Entwicklungslieferanten ein, die bisher quasi auf Zuruf durch die Entwicklung erfolgte und zukünftig im Projektteam, federführend durch den Einkauf ausgesteuert wird.

Neu im Prozessschritt 1 sind folgende Punkte:

- Die Auswahl des Entwicklungs- und Serienlieferanten wird nun im Projektteam und unter Einbeziehung des Einkaufs angestoßen

- Der Einkauf erhält frühestmöglich die relevanten und verfügbaren Projekt- und Komponentendaten

- Ausgehend vom SOP wird retrograd vereinbart, wann der Einkauf die Anfrage und den Zeitpunkt der Lieferantenauswahl im Sourcing Committee frühestmöglich initiiert

- Die Auswahl des Lieferanten wird in einem festen Ablauf und nicht von einer einzigen Funktion oder Person durchgeführt.

2

Nachdem die für eine Anfrage erforderlichen Unterlagen mit den erforderlichen Rahmendaten vom Advanced Purchasing Buyer, kurz AP, zusammengestellt wurden, erfolgt eine in der Regel unterschätzte, aber absolut erfolgsentscheidende Tätigkeit: die Zusammenstellung der Bidders List, also der Übersicht der anzufragenden Lieferanten. Weil es sich um einen wettbewerbsorientierten Auswahlprozess zum frühestmöglichen Zeitpunkt handelt, ist ein wesentlicher Bestandteil die Einbeziehung und Anfrage *aller* in Frage kommenden bestehenden und potentiellen Lieferanten. In der Regel werden niemals zu viele, jedoch fast immer zu wenige Lieferanten in Anfragen einbezogen. In Materialgebieten der Mechanik beschränkt man sich häufig ohne weitere Recherche auf Lieferanten im lokalen Umkreis. Bei entwicklungsintensiven Halbleiterprodukten beschränkt man sich freiwillig auf die bestehenden Lieferanten, weil die Erfahrungen aus der bisherigen Zusammenarbeit sowie bestehende Software auf einen einzelnen Lieferanten ausgerichtet sind. Im Bereich der Rohstoffe und Halbfabrikate, bei denen eher oligopolistische Anbieterstrukturen zu finden sind, wird häufig die einzige verfügbare Alternative im Wettbewerbsfeld ignoriert, weil langwierige Produkt- und Kundenfreigaben das Unterfangen von vornherein aussichtslos erscheinen lassen. All diese vorhandenen Hürden sowie die große Zahl an Schutzbehauptungen, die einzig und allein der Wahrung des Status quo in der Lieferantenstruktur dienen, über Bord zu werfen und darüber hinaus weitere potentielle, aber zum jetzigen Zeitpunkt vielleicht noch unbekannte Lieferanten zu recherchieren und in konkrete Anfragen mit einzubinden, ist eine klassische Einkaufsaufgabe. Erschreckend ist, wieviel Wissen in verschiedensten Einkaufsabteilungen brachliegt und welches Maß an Energie verschwendet wird, um zu erklären, warum die Anfrage neuer Lieferanten *nicht* möglich ist. KO- Argumente werden unreflektiert von den Nachbarabteilungen übernommen; zu viele Negativerlebnisse wie z. B. erfolglose Freigaben durch mangelnde Zusammenarbeit mit den Kollegen aus Qualität, Fertigung und Entwicklung sorgen über kurz oder lang für Frustration oder schlimmer, Resignation im Einkauf. Häufig ist dort auch derjenige Einkäufer anzutreffen, der sein Materialgebiet seit zehn Jahren oder länger betreut und dem jeder Funke an Kreativität für die Neugestaltung seines Verantwortungsbereiches verloren ging bzw. der jeden Neuansatz als persönlichen Angriff wertet.

Spätestens zu diesem Zeitpunkt stellt sich heraus, dass nicht die Entwicklungsabteilung neue Wege gehen muss, sondern die Einkaufsfunktion in Vorleistung gehen und mit überzeugenden Argumenten und einem wettbewerbsorientierten Lieferantenpanel das Rad in Bewegung setzen sollte. Neben den vorhandenen Lieferanten können international operierende Großunternehmen auf ein umfassendes Einkaufsnetzwerk zugreifen, das bei der Recherche nach neuen Lieferanten helfen kann. Weil dies bei mittelständischen Unternehmen häufig nicht der Fall ist, wird an diesem Punkt das Gegenargument laut, dass ein globales Beschaffungsmarketing nur bei Großkonzernen machbar ist. Leider wird dabei eine Riesenchance vertan, da gerade der Mittelstand aufgrund eingeschränkter Nachfragemacht darauf angewiesen ist, den Wettbewerbshebel auf der Beschaffungsseite möglichst umfassend einzusetzen. Einkaufskooperationen, die einen Austausch über unterschiedlichste Lieferanten ermöglichen oder die Nutzung eines weltweiten Einkaufs- und Qualifizierungsdienstleisters wie z. B. GPL (Siemens Global Procurement and Logistics) stellen insbesondere für kleinere und mittlere Unternehmen eine Möglichkeit dar, die Einkaufsstrukturen globaler Konzerne zu nutzen, ohne diese selbst aufbauen zu müssen. Global Sourcing ist auch und gerade für den Mittelstand ein real nutzbares Instrument!

Die eigentliche Anfrage wird nicht vom AP, sondern vom verantwortlichen Einkäufer für die betroffene Materialgruppe, dem sogenannten Commodity Manager (CM) durchgeführt. Er oder sie stimmt mit dem AP die Anfrage (das Anfrage-/ Angebotsformular ist als Anhang 2 beigefügt) und die anzufragenden Lieferanten ab und ist verantwortlich für die Lieferantenstrategie seines Materialgebietes. Grob gesagt ist der AP für die projektspezifischen, materialgruppenübergreifenden Aufgaben verantwortlich und der Commodity Manager für die Einbringung seiner Lieferantenstrategie für das betroffene Bauteil und die Durchführung der Anfrage sowie die spätere Verhandlung. Warum diese Schnittstelle innerhalb des Einkaufs erforderlich ist, wird bei der späteren Beschreibung in Kapitel 5.2 erläutert.

Eine weitere Änderung gegenüber bisherigen Abläufen ist die Einbeziehung der Eigen- oder Inhousefertigung, bei der die Frage „Eigen- oder Fremdbezug?" bisher über unterschiedlichste Entscheidungswege beantwortet wurde, jedoch nie oder selten unter Beteiligung des Einkaufs. Innerhalb des AP-Prozesses erhält von nun an der Fertigungs- oder Fertigungssegmentleiter ein Anfragepaket für die Komponenten, die seinen Bereich betreffen, vom verantwortlichen Einkäufer. Der jeweilige Fertigungsbereich, der selten als Profit-, häufiger jedoch als Costcenter betrieben wird, gibt nun ein Angebot wie ein externer Anbieter innerhalb der festgelegten Frist auf Vollkostenbasis ab. Innerhalb dieser frühen Phase ist somit sichergestellt, dass das gesamte Materialspektrum (sowohl Fremdbezug als auch eigene Wertschöpfungsumfänge) bei der Anfrage berücksichtigt wird und sich die Eigenfertigung dem Wettbewerb stellt.

Parallel zur Versendung der Anfrage stimmt der AP das Kostentarget für die anzufragende Komponente unter der Federführung des Controllers ab. Dieses interne Target leitet sich vom Kundenpreis für das Gesamtprodukt ab, von dem ein bestimmter Kostenblock für das Material in seiner Gesamtheit und die individuellen Komponenten heruntergebrochen wird. Dass das Target vor Versendung der verschiedenen Anfragen verbindlich im Projektteam erstellt und verabschiedet wird, verhindert, dass nicht erst nach Erhalt der Angebote eine Kostenvorgabe erstellt wird. Nicht die Angebote der Lieferanten bestimmen die Kostenvorgabe für das Kaufteil, sondern einzig und allein das vom Kundenpreis abgeleitete Kostentarget.

Neu in Prozessschritt 2 sind folgende Punkte:

- Die bestehende Lieferantenstruktur durch konsequente Anfrage neuer Anbieter in Frage zu stellen

- Die Eigenfertigung wird angefragt und stellt sich wie ein externer Lieferant dem Wettbewerb

- Das Projektteam leitet für alle Kaufteile ein verbindliches Kostentarget ab, das sowohl für das Projektteam als auch für jedes einzelne Mitglied gültig ist und nicht überschritten werden darf.

Die eigentliche Durchführung der Anfrage kann auf zweierlei Art und Weise durchgeführt werden: entweder fragt der verantwortliche Einkäufer die verschiedenen Lieferanten direkt an, oder er greift, wenn vorhanden, auf die bestehende Einkaufsorganisation zurück und lässt über die verschiedenen Einkaufsbüros bzw. einen externen Dienstleister anfragen. Unabhängig davon, ob es sich beim Produktionsmaterial um Rohmaterialien, mechanische Komponenten, Elektromechanik oder Elektronik handelt: eine professionelle Anfrage beinhaltet bestehende und potentielle Lieferanten aus Europa, Asien und Amerika. Über Vorbehalte unterschiedlichster Couleur war bereits im vorherigen Prozessschritt die Rede – nun ist es Aufgabe des Einkaufs, von allen vorher recherchierten Lieferanten auch tatsächlich ein verwendbares Angebot zu erhalten. Ein häufig auftretender Fehler ist, dass Anfragen bei bisher unbekannten Lieferanten an „Sehr geehrte Damen und Herren" verschickt werden und dadurch verloren gehen bzw. mit niedrigster Priorität behandelt werden. Es liegt am Einkäufer, sich mit diesen Lieferanten in Verbindung zu setzen, um die Ernsthaftigkeit der Anfrage zu unterstreichen. Ein Gespräch mit der Geschäftsführung oder zumindest mit der Vertriebsleitung der Lieferanten, gekoppelt mit einer Einladung zur Durchsprache des fertigen Angebots ist kein Luxus, sondern absolut notwendig. Schließlich soll dem bzw. den Lieferanten glaubhaft vermittelt werden, dass das Angebot keiner Alibiveranstaltung dient oder als „Dummy-Angebot" nur dem Drücken des Preises des bisherigen Lieferanten dienen soll. Darüber hinaus muss sich der Einkäufer vergewissern, dass alle für die Anfrage relevanten Daten hinsichtlich Terminen und Stückzahlen in der Anfrage enthalten und die vom Lieferanten anzugebenden Informationen in einem standardisierten Formblatt anzugeben sind. Dieser formalistische Punkt ist insofern von Bedeutung, als dass die Angebote erst dann miteinander vergleichbar sind, wenn neben den technischen Angebotsinhalten auch die kommerziellen Angaben zu Stückpreisen, eventuellen Werkzeugkosten, jährlichen Preisreduzierungen, Musterkosten etc. *einem* Stand entsprechen. Das Klären von unterschiedlichsten Zahlungs- und Lieferbedingungen, Verklausulierungen oder Einschränkungen wie die Nennung von Richtpreisangeboten erschweren die spätere Angebotsauswertung, erfordern langwierige Rückfragen oder machen sie unmöglich.

Ein Angebot ist kein Wunschzettel des Lieferanten, denn dieser wird verständlicherweise jede Möglichkeit nutzen, sich vom Wettbewerb zu differenzieren, sich einer Vergleichbarkeit zu entziehen und eventuelle Risiken auf den Kunden abzuwälzen. Immerhin: wir befinden uns in der Konzeptphase, wohlwissend, dass die Komponente oder das System nur zu dreißig oder vierzig Prozent definiert ist. Die Standardisierung der Anfrage in dieser Phase zu berücksichtigen und durchzusetzen, erfordert eine gewisse Disziplin bei den anzufragenden Lieferanten und vor allem im eigenen Hause. Ein attraktives Angebot, das nach dem Abgabetermin eintrifft, abzulehnen, erfordert ein hohes Maß an Konfliktbereitschaft. Anders gesagt: warum sollte der Lieferant nicht in der Lage sein, ein attraktives Angebot innerhalb der kommunizierten Frist einzuhalten? Die hier vermittelte Konsequenz wird sich langfristig auszahlen, weil die Einhaltung festgelegter Regeln den Umfang nicht wertschöpfender Tätigkeiten wie z. B. das Mahnwesen drastisch reduziert. Eine Abweichung zur Standardanfrage ist allerdings in einem Punkt ausdrücklich erwünscht: die Ausarbeitung von Alternativangeboten, in die Lieferanten parallel zum Standardangebot ihre Ideen einbringen können, um das Produkt kostengünstiger zu gestalten, sei es konzeptionell oder durch den Einsatz günstigerer Materialien, den Entfall von Komponenten und und und... Entscheidend ist, dass diese Angaben separat gemacht und nicht mit der Standardanfrage vermischt werden. Für die spätere Targeterreichung entsteht auf diese Weise ein Ideenfundus, auf den das Projektteam in den folgenden Prozessschritten dankbar zugreifen wird (die Erreichung des Kostentargets gilt für jedes Mitglied im Projektteam!).

Folgende Inhalte sind Bestandteil der Anfrage und werden dem Lieferanten mitgeteilt:

- Teilezeichnung oder Konzeptskizze, evtl. vorläufiges Lastenheft, technische Normen etc.

- Anzahl und Zeitpunkt der benötigten A-, B- und C-Muster

- Freigabetermin für die angefragte Komponente

- Start of Production

- unverbindliche Stückzahl pro Jahr mit einer Schwankungsbreite von z. B. +/- 15%, Laufzeit in Jahren und Verbauort(e) für das Teil.

Folgende Inhalte bestimmen das Angebot des Lieferanten:

- Stückpreis ab Werk und frei Haus in Landeswährung

- Produktionsstandort

- Werkzeugkosten und -auslegung, evtl. Prototypen- und Prototypenwerkzeugkosten

- jährliche, prozentuale Preisreduzierung

- Angabe des Materials, des Materialpreises in €/ kg und des Einsatzgewichtes.

Nochmals: die Forderung, dass das Angebot auf dem zugesandten Anfrageformular (Anhang 2) ausgefüllt wird und keine weiteren Kosten oder Einschränkungen separat ausgewiesen werden, ist für die Vergleichbarkeit der Angebote und der erfolgreichen Vergabe im späteren Sourcing Committee von wesentlicher Bedeutung. Die Abfrage detaillierter Kostenangaben erfolgt ebenfalls als Teil der Anfrage und ist exemplarisch als Anhang 3 beigefügt. Methoden der Kostenanalyse werden in Kapitel 4.9 erläutert.

Neu in Prozessschritt 3 sind folgende Punkte:

- Es werden möglichst viele, kompetente Lieferanten angefragt. Das Ausklammern von Lieferanten im Vorfeld durch die Einschätzung des Projektteams sollte vermieden werden. Absagen werden dem Lieferanten überlassen und nicht intern präjudiziert.

- Vorgabe eines klaren Anfrageschemas, um eine vollständige Vergleichbarkeit der Angebote sicherzustellen

- Aktives Herangehen an potentielle Lieferanten während der Anfrage und Aufbau eines persönlichen, direkten Kontaktes mit deren Geschäftsführung

- Einforderung des zugesandten Anfrageformulars als Angebot

- Ausdrückliche Aufforderung, technische Alternativangebote mit Kostenvorteilen anzubieten

4

Nach Ablauf des Abgabetermins („Due Date") erfolgt durch den Einkäufer die Auswertung der eingegangenen Angebote und der Abgleich, welche der angefragten Lieferanten abgesagt bzw. gar nicht geantwortet haben. Nun erfolgt die Recherche durch den Einkäufer und Klärung mit den Lieferanten, warum eine Absage oder keine Resonanz erfolgte. Nur wenn hierfür plausible Gründe vorliegen, kann dies im Sourcing Committee akzeptiert werden. Diese ungewöhnliche Akribie erscheint auf den ersten Blick seltsam, liegt es doch eigentlich am Vertrieb des Lieferanten, zu entscheiden, ob und was er anbietet. Unter dem Leitmotiv des maximalen Wettbewerbs ist sie jedoch aus verschiedenen Gründen erforderlich: zum einen gibt es viele Lieferanten, die der Anfrage eines neuen, potentiellen Kunden durch eine einzelne, neue Anfrage keine Bedeutung beimessen, jedoch durchaus wettbewerbsfähig sind und entsprechende Vorteile bieten, wenn Sie "Lunte gerochen" haben und die Möglichkeit erkennen, tatsächlich im Bieterkreis berücksichtigt zu werden. Desweiteren kommt es nicht selten vor, dass Mitarbeiter aus Entwicklung oder Fertigung von neuen Lieferanten kontaktiert werden und telefonisch im Gespräch mitteilen, dass es ja eh keinen Sinn macht, anzubieten, da das Angebot keine Chance hätte. Dies sind Schutzmechanismen der eigenen Organisation, um die Haus- und Hoflieferanten zu schützen, mit denen man in der Vergangenheit immer „vertrauensvoll" zusammen arbeitete. Die Bidderslist (Anhang 4.1) ist also der Grundstein zum Aufbau eines strategischen Lieferantenportfolios (Abb. 7).

Die Bidderslist zeigt den Anfragestatus und bildet die Basis des wettbewerbsorientierten Vergabeprozesses

Bidderslist

Projekt:	Scheinwerfer BC	SOP:	Apr 06
Teile-Bezeichnung:	ABS-Gehäuse	Laufzeit/Jahre:	5
Teile-Nr.:	XXX 765 03	Jahresbedarf:	400.000
Zeichnungsstand:	17.11.2004	Anzahl Prototypen:	250

Lieferant	Land	Angebot erhalten	Abgelehnt	keine Antwort
Müller	D	O		
Meyer	D	O		
Schmidt	D		X	
Olé	E	O		
Smith	USA	O		
Pierrot	F	O		
Kim	KOR	O		
Jaeggi	CH	O		
Kobe	J			X
Brno	CZ	O		

Abbildung 7

Nach Erstellung der Bidderslist, dreigeteilt nach Lieferanten, die regulär ihr Angebot abgaben, denjenigen, die begründet abgesagt haben und denjenigen, die nicht geantwortet haben (ein verantwortungsvoller Einkäufer wertet letzteres als Niederlage, weil er den Lieferanten nicht von der Attraktivität des eigenen Unternehmens überzeugen konnte) beginnt die Sichtung der Angebote auf Inhalt und Vollständigkeit:

- Gibt es Zusatzkommentare, die Abnahmepflichten, Stückzahlgarantien oder das Werkzeugeigentum einschränken?

- Existieren von den Standardzahlungsbedingungen abweichende Angaben?

- Werden die angefragten Projektmeilensteine bestätigt?

- Sind alle Preis- und Kostenangaben vollständig?

- Werden darüber hinaus weitere Kostenarten wie Entwicklungsaufwendungen oder sonstige Einmalbeträge geltend gemacht?

- Werden die Einkaufs- und Qualitätsbedingungen des Kunden akzeptiert oder schränkt sie der Lieferant ein bzw. zieht die eigenen Verkaufsbedingungen heran?

Die Bidderlist, der Angebotsvergleich und die auf den Projektrahmendaten gestützte Laufzeitbetrachtung beinhalten die wesentlichen, für die Vergabe relevanten Daten, die in nachfolgendem Beispiel dargestellt sind und die Gesprächsgrundlage für die inhaltliche Abstimmung mit dem Projektteam, insbesondere dem Entwicklungsverantwortlichen bilden: aus der abgebildeten Bidderslist lässt sich für das Projektteam mit einem Höchstmaß an Transparenz ablesen, welche Lieferanten aus welchen Regionen angefragt wurden und wer von ihnen ein Angebot abgegeben hat, absagte oder keine Antwort gab.

Der Angebotsvergleich (Anhang 4.2) zeigt ein klares Bild der unterschiedlichen Preise, der Werkzeugkosten und eventuellen Prototypen-, Muster- und Materialkosten. Darüber hinaus ist auf den ersten Blick zu erkennen, welcher der Anbieter das interne Target für die Komponente und die Invest-/ Werkzeugkosten unter- oder überschritten hat. Ebenso sind die angebotenen Prototypenwerkzeugkosten im Vergleich enthalten (Abb. 8).

Der Angebotsvergleich spiegelt den Wettbewerb mit dem Kostentarget

Angebotsvergleich

Projekt:	Scheinwerfer BC	SOP:	Apr 06
Teile-Bezeichnung:	ABS-Gehäuse	Laufzeit/Jahre:	5
Teile-Nr.:	XXX 765 03	Jahresbedarf:	400.000
Zeichnungsstand:	17.11.2004	Anzahl Prototypen:	250

		Target/€	
		1,50	200.000

Lieferant	Land	Teilepreis €	Invest €	Einsparung € p.a.	Tooling Wrkzg./€	Tooling Muster €/Stck.	Material €/kg	Material Gewicht kg	Material-kosten/Stck. €
Müller	D	1,75	256.000	-100.000	20.000	12	2,50	0,33	0,84
Meyer	D	1,80	230.000	-120.000	10.000	25	2,45	0,35	0,86
Olé	E	1,65	220.000	-60.000	0	24	2,50	0,40	1,00
Smith	USA	1,90	310.000	-160.000	15.000	34	2,70	0,32	0,86
Pierrot	F	1,64	276.000	-56.000	10.000	12	2,30	0,39	0,90
Kim	KOR	1,20	80.000	120.000	5.000	15	2,20	0,30	0,66
Jaeggi	CH	2,00	260.000	-200.000	15.000	42	2,70	0,32	0,86
Brno	CZ	1,23	75.000	108.000	10.000	11	2,40	0,31	0,74

Abbildung 8

Alle im Angebotsvergleich angegebenen Kosten und Preisangaben sind *auszahlungswirksam*. Was jedoch fehlt und aus Gründen der Übersicht auf einem separaten Blatt dargestellt wird, ist eine Laufzeitbetrachtung. Hierbei werden alle im Angebotsvergleich dargestellten Preise inclusive der angebotenen, jährlichen Preisreduzierungen in Verbindung mit der benötigten Stückzahl über die Laufzeit berücksichtigt. Neben dem Kostentarget bietet die Laufzeitbetrachtung (Anhang 4.3 und Abb. 9) einen Vergleich über den Lebenszyklus des Kaufteils und beantwortet die Frage:

„Wieviel Geld muss ich ausgeben, wenn ich am heutigen Tag alle auszahlungswirksamen Kosten der gesamten Laufzeit in Summe bezahlen würde?"

Die Barwertbetrachtung bezieht alle auszahlungswirksamen Kosten auf einen Zeitpunkt und stellt so Vergleichbarkeit her

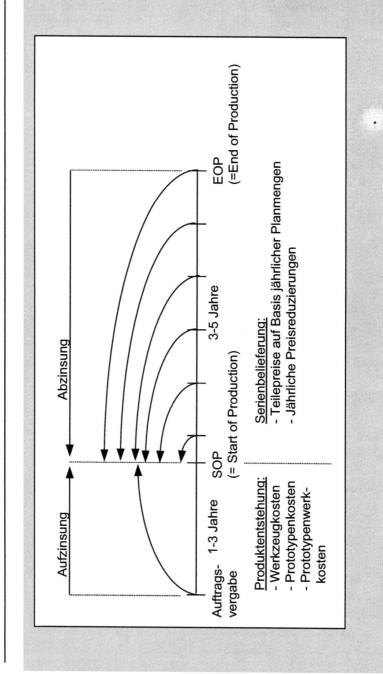

Aufzinsung

Abzinsung

Auftrags- 1-3 Jahre
vergabe

SOP
(= Start of Production)

3-5 Jahre

EOP
(=End of Production)

Produktentstehung:
- Werkzeugkosten
- Prototypenkosten
- Prototypenwerk-
  kosten

Serienbelieferung:
- Teilepreise auf Basis jährlicher Planmengen
- Jährliche Preisreduzierungen

Abbildung 9

Um eine Vergleichbarkeit über die Laufzeit des Teiles herstellen zu können, ist eine bloße Umsatzberechnung nicht ausreichend. Weil entscheidend ist, zu welchem Zeitpunkt mögliche Reduzierungen bei dem Teilepreis greifen, muss der Faktor Zeit in Form einer Abzinsung eingebracht werden, um eine tatsächliche Vergleichbarkeit der Kosten über die gesamte Laufzeit zu gewährleisten (Abb. 10).

Die Laufzeitbetrachtung spiegelt die auszahlungswirksamen Kosten über die Lebenszeit des angefragten Teils

Laufzeitvereinbarung

Projekt:	Scheinwerfer BC	SOP:	Apr 06
Teile-Bezeichnung:	ABS-Gehäuse	Laufzeit/Jahre:	5
Teile-Nr.:	XXX 765 03	Jahresbedarf:	400.000
Zeichnungsstand:	17.11.2004	Anzahl Prototypen:	250

Lieferant		1. Jahr	2. Jahr	3. Jahr	4. Jahr	5. Jahr	6. Jahr	7. Jahr	Gesamtumsatz inkl. Invest und Muster/€	Kapitalwert* €
Müller	Reduzierung%	-	2,00%	0,00%	0,00%	0,00%	0,00%	0,00%	3.723.000	3.166.097
	Preis/€	1,75	1,72	1,72	1,72	1,72				
Meyer	Reduzierung%	-	0,00%	0,00%	0,00%	0,00%	0,00%	0,00%	3.846.250	3.265.213
	Preis/€	1,80	1,80	1,80	1,80	1,80				
Olé	Reduzierung%	-	0,00%	5,00%	5,00%	5,00%	0,00%	0,00%	3.334.518	2.844.348
	Preis/€	1,65	1,65	1,57	1,49	1,41				
Smith	Reduzierung%	-	0,00%	0,00%	0,00%	0,00%	0,00%	0,00%	4.133.500	3.516.019
	Preis/€	1,90	1,90	1,90	1,90	1,90				
Pierrot	Reduzierung%	-	0,00%	0,00%	0,00%	0,00%	0,00%	0,00%	3.569.000	3.035.952
	Preis/€	1,64	1,64	1,64	1,64	1,64				
Kim	Reduzierung%	-	0,00%	0,00%	0,00%	0,00%	0,00%	0,00%	2.488.750	2.105.661
	Preis/€	1,20	1,20	1,20	1,20	1,20				
Jaeggi	Reduzierung%	-	0,00%	0,00%	0,00%	0,00%	0,00%	0,00%	4.285.500	3.639.231
	Preis/€	2,00	2,00	2,00	2,00	2,00				
Brno	Reduzierung%	-	0,00%	0,00%	0,00%	0,00%	0,00%	0,00%	2.547.750	2.155.266
	Preis/€	1,23	1,23	1,23	1,23	1,23				

*Kalkulationszinssatz | 6,00%

Abbildung 10

Mit der Erstellung der Bidderslist, des Angebotsvergleiches und der Laufzeitbetrachtung ist eine solide Basis geschaffen, um eine inhaltliche Abstimmung der Angebote im Projektteam vorzunehmen. Zu diesem Zeitpunkt wurde noch nichts verhandelt, aber es wird erkennbar, dass mit einem differenzierten Angebotsvergleich viele Stellhebel vorhanden sind, um argumentativ an unterschiedlichsten Kostenschrauben zu drehen:

- Preisliche Wettbewerbsfähigkeit innerhalb des Anbieterfeldes

- Welche Anbieter haben die Kostentargets erreicht und welche nicht?

- Wie stehen die Wettbewerber im Laufzeitvergleich zueinander?

Der Angebotsvergleich gibt dem Einkäufer die Möglichkeit, die *drei* wesentlichen preispolitischen Grundfragen mit dem Lieferanten zu erörtern:

- Was sind meine Kosten (ausgehend vom Teilepreis, Materialkostenangaben, Werkzeug- und Prototypenpreise)?

- Was sind die Preise des Wettbewerbs (Angebotsspiegel)?

- Was ist der Kunde bereit zu zahlen (Targeterreichung)?

Die drei Elemente der Angebotsauswertung (Bidderslist, Angebotsvergleich und Laufzeitbetrachtung) bieten eine präzise Standortbestimmung und eine Kontrollmöglichkeit innerhalb des Projektteams, ob die wirklich interessanten Lieferanten auch einkaufsseitig berücksichtigt wurden und erleichtern wesentlich den nächsten Prozessschritt:

5

Im Rahmen der Angebotsplausibilisierung gilt es nun, eine inhaltliche Vergleichbarkeit der Angebote herzustellen, um tatsächlich Äpfel mit Äpfeln anstatt mit Birnen zu vergleichen. Für diesen Teilprozess hat die Entwicklungsabteilung die Treiberrolle, um abzugleichen, ob das Angebot auch der Anfrage sowie den technischen Anforderungen und Spezifikationen entspricht. Fragen hinsichtlich der technischen Konzeption, der ausgewählten Materialien etc. werden vom verantwortlichen Entwickler geprüft und gegebenenfalls mit den Lieferanten besprochen und geklärt. Aber nicht nur die teilespezifischen Fragen sind von Belang, genau so wichtig für das erfolgreiche Gelingen des Projektes ist es festzustellen, welche der bestehenden und vor allem der potentiellen Lieferanten den erforderlichen Entwicklungsservice und das notwendige Entwicklungs- Know How besitzen. Haben die Lieferanten Erfahrung in vergleichbaren Projekten? Welche Referenzen haben diese Firmen? Diese und weitere Frage sind abzufragen und im Gespräch zwischen Lieferanten und Projektteam abzuklären.

Für die Vertreter der Logistik und der Qualitätssicherung stellen sich ebenfalls Fragen, die der Klärung bedürfen: wurde das angefragte Logistikkonzept verstanden und im Angebot berücksichtigt? Welche Qualitätsausweise haben die Lieferanten (Zertifikate, Auditergebnisse bestehender Kunden, Qualitätssysteme etc.) bzw. ist die Durchführung eines Prozessaudits vor der Vergabe erforderlich?

An dieser Stelle kommen aus Entwicklung, Logistik und Qualitätssicherung in der Regel erste Einwände, dass die vorhandenen Ressourcen nicht ausreichen und solch intensive Recherchen und Gespräche mit den Lieferanten nicht machbar sind. Aufgrund des erstellten Angebotsvergleiches können jedoch Priorisierungen vorgenommen werden, um nicht bei preislich uninteressanten oder Angeboten, die inhaltlich schlicht unzureichend sind, wertvolle Ressourcen zu vergeuden. Für diejenigen Lieferanten, die über entsprechende Referenzen verfügen, preislich interessant sind und einer Plausibilitätsprüfung standhalten, ist eine solche „Tiefenbohrung" jedoch absolut erforderlich. Es ist die Aufgabe des Advanced Purchasing Buyers, eine solche Abstimmung innerhalb des Projektteam auszusteuern und voranzubringen.

Ein weiterer Aspekt innerhalb der Plausibilisierungsphase ist die inhaltliche Prüfung von technischen Alternativangeboten. Konzeptionelle Vorschläge der Lieferanten, die zur Kostensenkung führen, alternative Materialien oder der Entfall von Komponenten werden gemeinsam mit der Entwicklung und dem Lieferanten auf Realisierbarkeit hin geprüft und - falls die Vorschläge umsetzbar sind - in den Angebotsvergleich übernommen. Eine ernsthafte Auseinandersetzung mit den Vorschlägen findet innerhalb des Projektteams dann statt, wenn der Wettbewerbsvergleich *über* dem zu erreichenden Target liegt und alle relevanten Lieferanten tatsächlich in der Ausschreibung berücksichtigt wurden. Dies ist der Zeitpunkt, mit intelligenten, konstruktiven Überlegungen und durch aktive Nutzung der Lieferantenideen die Kostenvorgabe zu erreichen oder zu unterschreiten.

Hauptinhalte der Plausibilisierung bestehen:

- neben dem inhaltlichen Abgleich der Angebote in der Prüfung der kostenreduzierten Alternativangebote als weitere Möglichkeit, das Kostentarget zu unterschreiten

- darin, das Lieferanten-Know How zu einem frühen Zeitpunkt (nämlich vor der Vergabe und innerhalb der Entwicklungsphase) in die Produktentstehung zu integrieren.

Erst gegen Ende des Lieferantenauswahlprozesses erfolgt als drittletzter Teilprozess die eigentliche Verhandlung, denn erst zu diesem Zeitpunkt sind:

- die Angebote ausgewertet und hinsichtlich Kosten, Qualität, Technik und Service innerhalb des Projektteams auf einen vergleichbaren Stand gebracht, sowie

- Vorschläge der Lieferanten zur Kostensenkung berücksichtigt worden.

Nun wird innerhalb des Projektteams ein *externes* Verhandlungstarget mit dem Advanced Purchasing Buyer vereinbart. Dieses kann nur *unterhalb* des internen Costtarget liegen, im schlechtesten Fall identisch mit ihm sein, da die Erreichung eine verbindliche Spielregel des Target Costings ist. Mit diesem Verhandlungstarget geht nicht der AP (er verhandelt nicht, sondern steuert die Projektbelange aus), sondern der Commodity Manager, der das Verhandlungsmandat besitzt, auf die bestehenden und potentiellen Lieferanten zu, um im ersten Schritt telefonisch mit dem Verweis auf die Vergabeentscheidung im Sourcing Committee zu einem mit Datum und Uhrzeit fix datierten Antworttermin das geforderte Target mitzuteilen.

Die Lieferanten erhalten z. B. 48 Stunden Zeit, um ein überarbeitetes Angebot abzugeben. Bei zehn oder zwanzig möglichen Lieferanten lässt sich mit einem vertretbaren Zeitaufwand nur durch eine telefonische Rundrufaktion die Spreu vom Weizen trennen. Bei zwei bis fünf Anbietern (eigentlich viel zu wenig, ist jedoch fallabhängig) ist erfahrungsgemäß eine erste Verhandlung auch im direkten Gespräch möglich.

Unabhängig von der Anzahl der Bieter ist bei der Verhandlung folgende Argumentation zielführend:

- Nennung eines konkreten Sourcing Committee-Termines, der zu einer verbindlichen Entscheidung für einen oder mehrere Lieferanten führt

- Nennung eines eindeutigen Targets mit dem Hinweis, dass dieser Wert, abhängig von den Reaktionen der Wettbewerber und dem weiteren Verhandlungsverlauf, nach unten variabel ist

- Hinweise auf mögliche Ansatzpunkte zur Verbesserung des Angebotes hinsichtlich Teilepreis, Logistik-, Werkzeug-, Prototypen(werkzeug)kosten und Laufzeitpreisen (dies ist nun aufgrund des vorhandenen Angebotsvergleiches möglich)

Erkennbar ist, dass die o. a. Punkte eher Hinweise, aber noch keine Verhandlung im eigentlichen Sinne darstellen. Es ist auch nicht sinnvoll, gleich zu Beginn „sein Pulver zu verschießen", weil sich durch neue Angebote und das bevorstehende Sourcing Committee neue Konstellationen und Situationen ergeben können, die es dann situativ zu nutzen gilt.

Der Lieferant hingegen findet sich nach der Durchführung der Anfrage und der technischen Plausibilisierung nun in einer Phase, in der er selbst viele Informationen über das Projekt und die zu entscheidende Komponente besitzt. Er begibt sich mehr und mehr in seine Rolle als möglicher Entwicklungs- und Serienlieferant und versucht, neben den Anforderungen an Technik, Qualität und Logistik das vorgegebene Target zu erreichen *und* wettbewerbsfähig gegenüber seinen Konkurrenten zu sein. Sowohl bestehende als auch neue Lieferanten werden diese wettbewerbsorientierte Vorgehensweise als sinnvoll und transparent ansehen. Nun beginnt das „hard buying".

Normalerweise sollten für zwei bis fünf Verhandlungsrunden ca. zwei Wochen zwischen der ersten Verhandlung und der Entscheidung im Sourcing Committee veranschlagt werden. Ist dies zeitlich nicht möglich, können auch realistischerweise in wenigen Tagen mit einer Vielzahl an Lieferanten mehrere Verhandlungsrunden am Telefon durchgeführt werden. Verbindlichkeit und Konsequenz in der bevorstehenden Entscheidung im Sourcing Committee vorausgesetzt, werden von den Lieferanten nach Nennung der Targets und aktualisierten Wettbewerbsvergleiche innerhalb von 24

Stunden neue, überarbeitete Angebote eingefordert. Interessierte Lieferanten werden sich ernsthaft bemühen und die Abgabetermine auch einhalten. Desweiteren hat die Ausübung eines starken Zeitdrucks unter Nutzung des Wettbewerbshebels den Vorteil, dass der Lieferant sich sukzessive vom starren Raster seiner Kalkulation löst und sich zusehends mit der Frage konfrontiert sieht: „Was ist es mir wert, den Auftrag zu erhalten?" Dies ist das Gegenteil des zu Beginn geschilderten Zuschlagskalkulationsgedankens, nämlich die konsequente Umsetzung des Marketinggedankens im strategischen Einkauf.

Am Ende des Verhandlungsprozesses steht ein vollständig aktualisierter Angebotsvergleich, der im nächsten Prozessschritt als Vorlage für den Vergabevorschlag dient.

7

Das Sourcing Committee ist *das* zentrale Gremium für den wichtigsten lieferantenbezogenen Prozess, nämlich der Lieferantenauswahl. Im Gegensatz zu konventionellen Lieferantenentscheidungen, bei denen in der Regel *eine* Unternehmensfunktion, also z. B. Entwicklung oder Einkauf, eine isolierte, nach kurzer Zeit nicht mehr rückverfolgbare Entscheidung für oder gegen einen bestimmten Lieferanten trifft, bietet das Sourcing Committee eine Plattform für strategische, teilebezogene Materialentscheidungen, die die Bestandteile Target Costing, Global Sourcing, Wertanalyse und Make or Buy integriert und langfristig tragfähig macht, weil alle verantwortlichen Abteilungen und Personen ein Entscheidungs- und Vetorecht besitzen.

Im Gegensatz zu diffus getätigten Lieferantenentscheidungen, bei denen z. B. die Fertigungsleitung allein entscheidet, welche Komponenten extern platziert werden (in der Regel werden aus Sicht der Fertigung nur Kapazitätsspitzen und bekannt unattraktive Teile ausgelagert), stellt das Sourcing Committee einen neuen Ansatz dar (Abb. 11).

SCOPE - Supplier and Components Excellence

Das Sourcing Committee ist ein crossfunktionales Gremium für verbindliche Lieferantenentscheidungen

Jedes Teammitglied hat klar umrissene Verantwortlichkeiten und die Kostenverantwortung

Einkauf:
Einbringung der relevanten Lieferanten; Lieferantenvorschlag

Fertigung:
Fertigungsmachbarkeit "Design to Manufacturability"

Qualität:
Anforderungen an Lieferanten und Komponenten

Controlling:
Targeterreichung und Materialkostenstatus

Entwicklung:
Produktinhalte und -gestaltung

Logistik:
Anlieferkonzept

Abbildung 11

Das Projektteam entscheidet einstimmig (*nicht* mehrheitlich) auf Basis der bisher durchgeführten Anfrage und Angebotsklärung, welcher Lieferant sowohl für die Entwicklung *als auch* für die spätere Serienbelieferung über die Laufzeit der Komponente inclusive der erforderlichen Ersatzteilversorgung ausgewählt werden. Im Automobilbereich sind für die drei Produktlebenszyklusphasen, der Entwicklungs-, Serien- und Ersatzteilphase insgesamt rund zwanzig Jahre zu veranschlagen (allein die Versorgungssicherheit für Ersatzteile beträgt fünfzehn Jahre). Wir sprechen also von wirklich strategischen, langfristigen Entscheidungen, die in einem solchen Gremium gefällt werden. Für die Ausgestaltung des Sourcing Committee gibt es zwei grundlegende Ansätze:

Zum einen besteht die Möglichkeit, ein institutionalisiertes Sourcing Committee zu festen Terminen (z. B. im Wochen- oder Zweiwochenrhythmus) mit den Leitern der verschiedenen Unternehmensfunktionen anzuberaumen. Dies setzt voraus, dass über einen langfristigen Zeitraum auch ausreichend Sourcing-Entscheidungen anstehen, damit der Ablauf mangels Schwungmasse nicht in sich zusammenbricht. Eine zweite Voraussetzung ist, dass die erforderlichen Vergabezeitpunkte mit dem Tagungsrhythmus des Sourcing Committees synchronisiert werden. Ansonsten besteht das Risiko, dass das Gremium aufgrund des Entscheidungszeitdruckes umgangen wird und die Akzeptanz mehr und mehr verloren geht.

Ein solches, ritualisiertes Sourcing Committee wird in denjenigen Unternehmen sinnvoll eingesetzt, bei denen eine kontinuierlich große Anzahl an Lieferanten- und Komponentenentscheidungen gegeben ist und in denen durch das recht starre Korsett sichergestellt wird, dass alle relevanten Sourcingentscheidungen den Advanced Purchasing-Prozess durchlaufen.

Eine andere Möglichkeit der Gestaltung von Sourcing Committees eignet sich tendenziell eher für dezentral organisierte Unternehmen mit ausgeprägter Projektstruktur. Im Zulieferbereich ist in der Regel die Terminschiene mit dem Zeitpunkt der Auftragsvergabe durch den Kunden so eng gesetzt, dass professionelle Vergabeentscheidungen nur mit einem Höchstmaß an Flexibilität realisiert werden können. Aus diesem Grund hat es sich bewährt, die Verantwortung für die Lieferantenauswahl direkt auf das Projektteam zu übertragen. Dort sitzen diejenigen Personen, die nicht nur über das erforderliche Fachwissen ihres Bereiches verfügen, sondern auch die Konsequenzen ihrer Entscheidungen direkt tragen. Das Sourcing Committee kommt in der Projektteamstruktur entsprechend den vorgegebenen Projektmeilensteinen Fall für Fall zusammen und verabschiedet den Lieferanten für das Teil bzw. das System aufgrund des Vergabevorschlages (Recommendation Sheet siehe auch Anhang 4.4 und Abb. 12) des Advanced Purchasing Buyers:

Der Vergabevorschlag ist das Resultat aller Anfrageaktivitäten und die Entscheidungsbasis im Sourcing Committee

Vergabevorschlag

Projekt:	Scheinwerfer BC	SOP:	Apr 06
Teile-Bezeichnung:	ABS-Gehäuse	Laufzeit/Jahre:	5
Teile-Nr.:	XXX 765 03	Jahresbedarf:	400.000
Zeichnungsstand:	17.11.2004	Anzahl Prototypen:	250

Target/€		Ziel/€	
1,50		200.000	

Lieferant	Teilepreis €	Einsparung €	Einsparung %	Umsatz € p. a.	Invest €	Einsparung €	Einsparung %	Lieferzeit KW	Rating Q
Bmo	1,20	0,30	20	480.000	120.000	80.000	40	23	A-

Projektleiter:

Logistik:

Einkauf:

Entwicklung:

Controlling:

Qualitätssicherung:

Vertrieb:

Verantwortlich:

Termin:

Ergänzungen:

Maßnahmen:

Abbildung 12

Zur Durchführung der Lieferantenentscheidung legt der Advanced Purchasing Buyer dem Projektteam/ Sourcing Committee die letztmalig aktualisierten Vergabeunterlagen vor:

- Bidderslist

- Angebotsvergleich

- Laufzeitbetrachtung

- Vergabevorschlag

Anhand der präsentierten Zahlen und Fakten entsteht nun eine *Abwägungsdiskussion*, in der alle Beteiligten die Pros und Contras der Entscheidungskriterien aus Entwicklung, Fertigung, Qualität, Logistik, Controlling, Einkauf und ggf. Vertrieb einbringen. Spannend wird es dann, wenn zwischen einem bewährten Lieferanten und einem neuen, aber günstigeren Lieferanten entschieden werden muss: „Lieferant Meyer ist zwar nicht sonderlich günstig, aber innerhalb von sechs Stunden ist ein kompetenter Mitarbeiter dieser Firma bei uns vor Ort, wenn wir ein entwicklungsseitiges Problem haben."

Zum einen ist der Vertreter der Entwicklung aufgefordert, schlüssig darzustellen, warum diese kurze Reaktionszeit den Entwicklungsservice betreffend einen Kostenvorteil von z. B. 500.000 € aufwiegen sollte, zum anderen ist es an dem Projektteam, mit dem günstigeren Wettbewerber im Vorfeld zu klären, ob nicht derselbe Service auch von ihm gewährleistet werden kann. An diesem Beispiel wird deutlich, dass KO-Argumente und die unreflektierte Nutzung der bisherigen Lieferantenstruktur ohne Berücksichtigung und Prüfung neuer, potentieller Lieferanten der Vergangenheit angehören. Das Projektteam ist durch ein unsichtbares Band verbunden, nämlich der Verpflichtung der Targeterreichung bzw. -unterschreitung zur Sicherstellung eines profitablen Endproduktes. Die Einbringung der qualitativen Aspekte des Qualitätsvertreters im Sourcing Committee ohne Rücksicht auf die Kosten wird daher nicht zum Ziel führen; das gleiche gilt für den Entwicklungsingenieur, der seinen favorisierten, bekannten und geschätzten Lieferanten ohne Rücksicht auf den Beschaffungsmarkt und Kosten einbezieht.

Dem Advanced Purchasing Buyer kommt die anspruchsvolle Aufgabe zu, die verschiedenen Teammitglieder so einzubinden, dass deren Anforderungen aus den unterschiedlichen Funktionen adäquat berücksichtigt werden und sowohl der Vergabevorschlag von allen Beteiligten mitgetragen werden kann als auch die Anforderung an das Kostentarget erfüllt wird. Ist dies der Fall, dokumentiert jedes Teammitglied die einstimmige Entscheidung mit seiner Unterschrift. Damit entfällt jede nachträgliche Debatte und Schuldbezichtigung beim Auftreten von Problemen.

Dieser Prozess erscheint auf den ersten Blick sehr zeitaufwendig, aber wohl jeder kennt aus eigener Erfahrung die Diskussionen nachträglicher Schuldbezichtigung, die wirklich wertlos sind. Befinden sich jedoch die Beteiligten in der Situation, eine verbindliche Lieferantenentscheidung unter Unsicherheit zu fällen (die Komponente/ das System ist schließlich weder entwickelt oder qualitätsseitig freigegeben, noch hat das Projektteam mit allen angefragten Lieferanten tatsächlich Erfahrungen sammeln können), wird die Entscheidung im Vorfeld wesentlich präziser vorbereitet und durchgeführt.

Das Endprodukt des Sourcing Committees im Advanced Purchasing-Prozess ist eine Lieferantenentscheidung über die Entwicklungsphase und Laufzeit der Komponente, die dem Lieferanten im Anschluss schriftlich mitgeteilt wird.

8

Um der Verbindlichkeit der internen Lieferantenauswahl auch entsprechend Ausdruck zu verleihen, erstellt der Advanced Purchasing Buyer im Anschluss an das Sourcing Committee eine Absichtserklärung, den sogenannten Letter of Intent (LOI), und schickt diesen an den Lieferanten. Dieser LOI beinhaltet die wesentlichen Projektrahmenbedingungen, bezieht sich auf die durchgeführte Anfrage, das letztgültige, verhandelte Angebot und gibt dessen Inhalte wieder:

Letter of Intent

Product Name:	ABS Housing
Part Number:	A30862-X1002-B277-04-7659
Drawing Date:	17.11.2004
Our inquiry from:	19.11.2004
Your offer from:	16.12.2004

Dear Mr. X,

we have chosen your company as a development partner and supplier of the above mentioned product on basis of our internal and crossfunctional selection. The following conditions are considered:

Price: according to your offer, your company guarantees annual price reductions of at least 5% of the prices at SOP every 12 months over product lifetime:

Part name	Price (€) / pc.			
	SOP	SOP +12months	SOP +24 months	SOP + 36 months
ABS Housing	1,20	-5%	-5%	-5%

Terms and conditions:

Payment terms:	90 days net
Delivery terms:	DDP for Europe
	DDU for Rest of World
Tool costs:	10.000 €
Costs for prototypes:	250 systems free of charge

Additional prototypes will be charged with series prices.

As a basis for the decision, the following project milestones are considered:

(1) First samples: 05.11.2005

(2) Series samples: 19.12.2005

(3) Start of production (SOP):   02.04.2006

The above mentioned prices are related to the inquired, estimated annual volume as follows:

Fiscal year 05/ 06	200.000 units
Fiscal year 06/ 07	400.000 units
Fiscal year 07/ 08	400.000 units
Fiscal year 09/ 10	400.000 units

Your company will guarantee the stable supply of spare parts for a period of fifteen years after the end of the last series production, based on the latest valid series price.

We have considered your company with a share of 100% of the above mentioned volumes, assumed you will fulfill the demands with regard to quality, development service and fulfillment of the project milestones. We reserve the right to renegotiate terms and conditions according to occuring market changes.

Please get in touch moreover with the following contact partners directly:

R&D:	Mr. Y	Phone:	+43 (0) XXX 45175
		E mail:	
Quality:	Mr. Z	Phone:	+49 (0) XXX 62463
		E mail:	
Purchasing:	Mr. X	Phone:	+49 (0) XXX 51260
		E mail:	

Changes in the products which deviate from above stated inquiry documents and lead to price changes will be only considered if your company informs in writing the responsible Advanced Purchasing Buyer of our division within 5 working days after knowledge. In this case the named contact partners of Purchasing, R&D, Quality and Logistics will determine the further steps. Your company strictly agrees to avoid expense rises actively and also to

support and to initiate all required steps which lead to expense reductions in the product.

Thank you for your cooperation during the negotiation procedure.
Please sign the enclosed contracts and confirm the LOI with your
signature until 19. 01.2005.

Sincerely Yours,

i.V. XXXX   i.V. XXX
Vice President Purchasing   Director Purchasing

Confirmed:

....
Date   Signature   Supplier

Folgende inhaltlichen Schwerpunkte dokumentieren die interne Verpflichtung des Sourcing Committees und die qualitativen, entwicklungs- und kostenseitigen Verantwortlichkeiten des Lieferanten:

kundenseitig:

- Information, dass der angeschriebene Lieferant für die Entwicklungsphase und Laufzeit ausgewählt wurde, vorausgesetzt, er hält die angegebenen Projektparameter hinsichtlich Kosten, Qualität, Technik, Service und Terminen ein

- Vergabe eines prozentualen Lieferanteils, basierend auf den angefragten Stückzahlen (dies ist keine Abnahmegarantie!)

lieferantenseitig:

- Einen verbindlichen, definierten Preis über Laufzeit

- Verbindliche Tooling- und Musterpreise sowie Zahlungs- und Lieferbedingungen

- Klare Einhaltung der Projektrahmendaten

- Die Pflicht, kostenrelevante Änderungen innerhalb von fünf Arbeitstagen beim verantwortlichen Einkäufer (AP) schriftlich anzuzeigen (essentiell für das spätere Änderungsmanagement)

- Verpflichtung der Ersatzteilversorgung über fünfzehn Jahre nach End of Production (EOP) zum letztgültigen Serienpreis

Der LOI bindet Kunden und Lieferanten in einem klar definierten Rahmen an das Projekt und enthält *keine* Abnahmegarantie für das angefragte Volumen. Dies ist wesentlich, um eine Durchgängigkeit möglicher Mengenschwankungen von der Kundenseite bis zum eigenen Lieferanten (in diesem Fall der Zulieferant für das Gehäuse) zu gewährleisten. Aus diesem Grund werden auch keine Staffelpreise vereinbart, sondern Preise, die sich unabhängig von der tatsächlichen Stückzahlentwicklung an Jahresscheiben orientieren.

Der LOI wurde bewusst in englischer Sprache verfasst, da bei einer Vielzahl von Entscheidungen Lieferanten aus dem englischsprachigen Raum bzw. aus Asien berücksichtigt werden. Aus demselben Grund werden auch die Anfrageunterlagen in englischer Sprache verfasst. Deutschsprachige Lieferanten beschweren sich hierüber in regelmäßigen Abständen, aber es ist ein klares Signal nach außen, dass die Anfrage internationalen Charakter hat.

Ein weiterer, entscheidender Punkt ist die *Wettbewerbsklausel*, um der Dynamik des Marktes Rechnung zu tragen: es ist Aufgabe des Einkaufs, eventuelle Veränderungen im Beschaffungsmarkt aktiv zu nutzen. Dies können neue Anbieter, die das Produkt günstiger anbieten, oder Veränderungen am Rohstoffmarkt sein, die zu Preisänderungen führen. Um den Wettbewerbsaspekt stets aufrecht zu erhalten, ist der nominierte Lieferant über die Laufzeit der Komponente angehalten, sich auch tatsächlich wettbewerbskonform zu verhalten. Es wäre fatal für das eigene Unternehmen, diese Klausel, die jeder seriöse Lieferant akzeptiert, auszublenden und sich damit aus den Veränderungen des Beschaffungsmarktes zu verabschieden.

Der Advanced Purchasing-Prozess vereint somit unterschiedliche, teils *scheinbar* gegensätzliche Ziele innerhalb des Projektteams hinsichtlich, Kosten, Technik, Qualität und Service und realisiert die Verknüpfung aller wesentlichen Hebel zur crossfunktionalen Beeinflussung der Materialkosten:

- Konsequente Wettbewerbsorientierung

- Nutzung des globalen Beschaffungsmarktes

- Frühestmögliche Lieferanteneinbindung

- Konsequente Orientierung an der Projektrendite

- Gleichberechtigte Berücksichtigung der Kriterien Kosten, Qualität, Technik, Service und Zeit

- Verbindlichkeit und Konsequenz in der Entscheidung für den Entwicklungs- und Serienlieferanten

- Gleichstellung von Inhousefertigung und externen Lieferanten vom Anbeginn der Anfrage

2.2 Wettbewerb ist der Schlüssel: Serienteile

Der Advanced Purchasing-Prozess bildet die Einbindung der Lieferanten in den Produktentstehungsprozess ab, d. h. das Kaufteil ist in seinen Eigenschaften erst zu einem bestimmten Anteil konstruktiv definiert. Anders bei den aktuell eingesetzten Serienteilen: für diese Komponenten und Systeme existieren bereits festgelegte Lieferanten und eindeutig festgelegte Spezifikationen, die sich in den laufenden Produkten bereits bewähren.

Nur: ist das bestehende Kaufteileportfolio unter den bestehenden Voraussetzungen bei den derzeitigen Lieferanten tatsächlich optimal platziert? Und wenn dies zu einem früheren Zeitpunkt tatsächlich der Fall war: gilt dies heute immer noch? In der Mehrzahl der Unternehmen beschränkt sich der Einkauf auf das Ritual der *Jahrespreisverhandlung*, um mit bestehenden Lieferanten über Kosten und Preise in einem zeitlich festgezurrten Rahmen zu "diskutieren". Man tauscht gemeinsam aus, wie schwierig der Markt für den Kunden ist und der Kostendruck stetig zunimmt, auf der Lieferantenseite wird dargelegt, wie schlecht sich die Kostensituation durch Lohnsteigerungen und Materialkostenerhöhungen darstellt. Dass dieser Weg nicht effektiv und im Grunde Zeitverschwendung ist, liegt auf der Hand. Es scheint jedoch nach wie vor so zu sein, dass Einkäufer und Vertriebsleute der alten Schule einen hohen Anteil ihrer Daseinsberechtigung aus diesem Procedere ableiten.

Wesentlich erfolgversprechender ist der in Anlehnung an den Advanced Purchasing-Ablauf gestaltete Global Sourcing-Prozess. Sind es beim AP-Prozess Neuteile, über die entschieden werden soll, ist es im Global Sourcing- (GS-)Prozess das aktuell laufende Produktionsmaterial, über welches am Ende des Ablaufes hinsichtlich des bestehenden oder neuen Lieferanten entschieden wird (Abb. 13).

SCOPE - Supplier and Components Excellence

Der Global Sourcing-Prozess wird in der Serie als kontinuierliches Benchmarking vom Einkauf durchgeführt

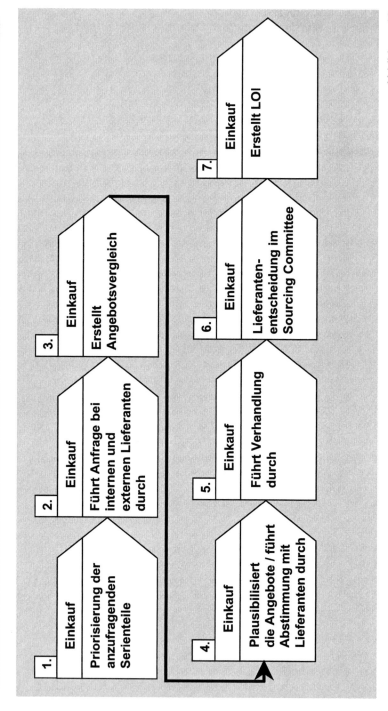

1. Einkauf
Priorisierung der anzufragenden Serienteile

2. Einkauf
Führt Anfrage bei internen und externen Lieferanten durch

3. Einkauf
Erstellt Angebotsvergleich

4. Einkauf
Plausibilisiert die Angebote / führt Abstimmung mit Lieferanten durch

5. Einkauf
Führt Verhandlung durch

6. Einkauf
Lieferanten-entscheidung im Sourcing Committee

7. Einkauf
Erstellt LOI

Abbildung 13

Unabhängig vom Rhythmus der Jahrespreisverhandlungen wird einkaufsseitig eine Übersicht der relevanten Kaufteile erstellt, die wertmäßig achtzig Prozent des Einkaufsvolumens abdecken *und* eine Restlaufzeit von mindestens zwei Jahren besitzen (Abb. 14).

Die Festlegung der anzufragenden Kaufteile erfolgt im Global Sourcing-Prozess nach der ABC-Analyse

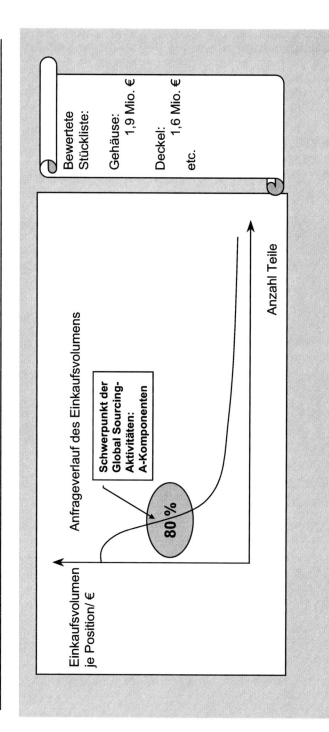

Abbildung 14

In dieser Reihenfolge wird sichergestellt, dass die wert- und mengenmäßige Priorisierung gewahrt bleibt und sukzessive wirklich *alle* werthaltigen Kaufteile durch diese „Benchmarking-Maschine" gezogen werden. Je nach Unternehmensgröße und Fertigungstiefe werden sich hinter diesem Umfang mehrere hundert bzw. mehrere tausend Kaufteile verbergen. Daher ist ein standardisierter Anfrageprozess erforderlich, der innerhalb eines machbaren Aufwand-/ Nutzenverhältnisses das Benchmarking einer großen Anzahl an Kaufteilpositionen ermöglicht.

2

Dieser Teilprozess wird analog dem AP-Prozess durchgeführt. Es ist müßig zu erwähnen, dass nur maximaler Wettbewerb, also die Nutzung eines globalen Lieferantenpanels zum Erfolg, nämlich einer signifikanten Preisreduzierung führt. Der bestehende Lieferant erhält ebenfalls seine eigene Komponente als Anfrage.

3

Dieser Prozessschritt erfolgt analog der im AP-Prozess beschriebenen Inhalte und umfasst die Erstellung der Bidderslist, des Angebotsvergleiches und der Barwertbetrachtung über die Restlaufzeit der angefragten Komponente.

4

Die Plausibilisierung dürfte bei laufenden Serienteilen wesentlich einfacher sein als bei Neuteilen: Spezifikationen, Zeichnungen, Lastenhefte und technische Normen sind präzise definiert und Bestandteil der Anfrage. Die Abstimmung mit dem verantwortlichen Entwickler wird daher nicht das zeitliche Ausmaß wie beim vorhergehenden Prozess in Anspruch nehmen. Daher ist, anders als beim AP-Prozess, hier der Einkäufer der Treiber dieses Prozessschrittes. Jedoch sind auch hier die angefragten Lieferanten aufgefordert, Alternativvorschläge zur Optimierung der angefragten Komponente oder des Systems anzubieten.

Der Schwerpunkt der Angebotsplausibilisierung liegt in der Abklärung mit der Qualitätssicherung, ob und welche der neu angefragten Lieferanten auditiert werden müssen.

5

Dieser Prozessschritt erfolgt analog dem AP-Prozess. Detaillierte verhandlungsstrategische und -taktische Ausführungen werden in den nachfolgenden Kapiteln beschrieben. In diesem Prozess ist eindeutig der Wettbewerbsaspekt der Hebel der Verhandlung.

In einem Punkt ist Vorsicht geboten: der bestehende Lieferant wird mit hoher Wahrscheinlichkeit den GS-Prozess aufgrund der Erfahrungen aus der Vergangenheit nicht sonderlich ernst nehmen. An dieser Stelle befindet sich die entscheidende Sollbruchstelle gegenüber bisherigen Anfragen bei potentiellen Wettbewerbern. Diese sorgen nun nicht mehr für "Preisdrückerangebote", sondern erhalten eine wirkliche Chance, welches sich nach den ersten Entscheidungen in der Zulieferantenwelt rasch herumsprechen wird.

6 > Hier zeigt sich die Achillesferse hinsichtlich einer Übertragung von Sourcing Committees auf das Projektteam. Weil sich für laufende, in der Serie befindliche Kaufteile keine Projektteams oder Projekteinkäufer verantwortlich zeichnen, ist der verantwortliche Materialgruppenmanager (Commodity Manager = CM) für die Verabschiedung im Sourcing Committee verantwortlich. Die eigentliche Schwierigkeit liegt darin, dass der verantwortliche Einkäufer den Global Sourcing-Prozess auch tatsächlich in letzter Konsequenz bis zur Entscheidung im Sourcing Committee durchsetzt. Anders als bei Neuteilen entsteht kein direkter Schaden, wenn der bisherige Lieferant (vielleicht viel zu teuer) weiterliefert, während durch ein fehlendes Neuteil das komplette Projekt gefährdet wird. In einem kontinuierlich tagenden, fest verankerten Sourcing Committee können jedoch sowohl Neuteile als auch laufende Serienteile in einem Gremium verabschiedet werden. Es bietet sich daher an, die Vergabeentscheidungen von Serienkaufteilen im Rahmen eines Kostensenkungsprogrammes als institutionalisiertes Sourcing Committee zu starten. Vorausgesetzt, der Einkauf genießt den erforderlichen Rückhalt aus Vorstand oder Geschäftsführung, können auf dieser Basis die in der Serie verantwortlichen Vertreter aus Entwicklung, Qualitätssicherung, Vertrieb und Logistik als Entscheidungsgremium zusammentreffen.

7 > Die Spielregeln der *einstimmigen* Vergabe gelten auch hier. Die kostenseitige Messlatte bildet jedoch nicht das Kostentarget, sondern der aktuelle Serienpreis, den es unter Berücksichtigung der Freigabekosten des Lieferanten und einer Risikoabwägung zu unterschreiten gilt. Nach der Entscheidung erhält der bisherige, bestätigte oder neue Lieferant einen LOI, der ihn als Serienlieferant über die Restlaufzeit bestimmt. Der Vorteil liegt darin, dass nun inclusive der jährlichen, prozentualen Reduzierungen das ganze Gewicht des Einkaufsvolumens *über die Laufzeit* in die

Waagschale gelegt wurde und die auf Jahreslänge beschränkte Betrachtung aufgehoben ist. Der Letter of Intent für das bereits in Serie befindliche Produktionsmaterial entspricht dem des AP-Prozesses, nur dass in diesem Fall die SOP-Angabe eines Neuteils dem Einführungszeitpunkt für den Alternativlieferanten entspricht. Die Angaben zur jährlichen, prozentualen Preissenkung ersetzen die bisherigen Jahrespreisverhandlungen.

Anhand der im Vergleich zum Advanced Purchasing-Prozess erheblich verkürzten Ablaufbeschreibung zeigt sich, dass der Global Purchasing-Ablauf ein ähnlicher, jedoch *reduzierter* Prozess ist. Die Konzentration auf die kostengünstige Gestaltung der Komponente und die frühestmögliche Nutzung der Lieferantenideen stehen im AP-Ablauf gleichberechtigt neben dem Wettbewerbsprinzip, welches im Global Sourcing-Ablauf die eindeutig *vorherrschende* Kraft ist. Bei ausreichender Restlaufzeit des Serienteils bzw. bei Kopplung an Neuteilevergaben sind erhebliche Einsparungen möglich. Gleichzeitig reduziert die Berücksichtigung der prozentualen, jährlichen Preisreduzierungen im Angebot sukzessive den Aufwand der bisherigen Jahrespreisverhandlungen.

Nicht im Widerspruch steht hierzu die Nutzung der bereits beschriebenen Wettbewerbsklausel und der Entscheidung im Sourcing Committee unter Unsicherheit. Wird der Lieferant brauchbare Muster liefern? Wird er in der Serie den Lieferanforderungen gerecht? Von der Beantwortung dieser Fragen wird der Lieferant vom Sourcing Committee selbstverständlich nicht entbunden und muss seine Leistungsfähigkeit eigenständig beweisen. Es ist aber ebenso notwendig, dass die erforderlichen Aktivitäten in der eigenen Organisation und die notwendige Unterstützung zur erfolgreichen Einführung eines Lieferanten für Neu- und Serienteile intern gegeben sind. Die beschriebenen Abläufe und die Formalisierung durch das Leisten der Unterschriften auf den Sourcing-Papieren stellen eine neue Verbindlichkeit dar, die bisher allein auf den Einkauf abgewälzt wurde.

Der erforderliche Mehraufwand, um diesen Abstimmungsprozess ein- und durchzuführen, wird relativ kurzfristig durch erfolgreiche Entscheidungen mehr als kompensiert. In der Laufzeitbetrachtung wird durch die Nutzung des Einkaufsvolumens über die Lebenszeit das Ritual der Jahrespreisverhandlung sukzessive in den Hintergrund gedrängt, was ressourcenseitig eine wesentliche Erleichterung darstellt (Abb. 15).

Der Advanced Purchasing-Prozess gewinnt mit zunehmender Zeit an Priorität

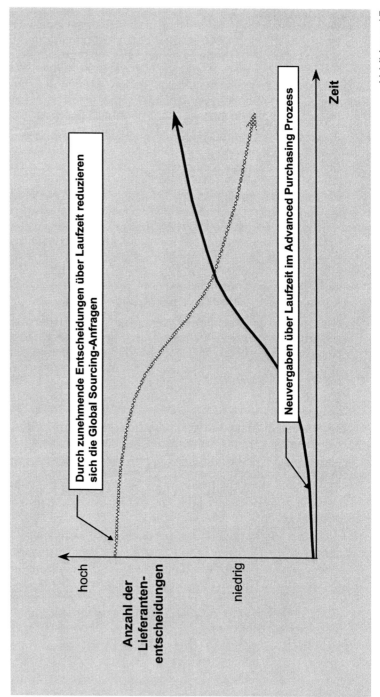

Abbildung 15

In den AP- und GS-Prozessbeschreibungen wurde dargestellt, welche Tätigkeiten zu welchem Zeitpunkt durchgeführt werden, um zu „optimalen" Sourcingentscheidungen für Neu- und Serienteile zu gelangen. Diese Abläufe bilden das Rückgrat des strategischen Einkaufs und ermöglichen die Nutzung der Hebel *Target Costing*, *Global Sourcing*, *Make or Buy* und *Early Involvement*. Was zum jetzigen Zeitpunkt noch aussteht, ist deren Einbindung in die AP-/ GS-Prozesse sowie die Klärung weiterer Punkte, wie z. B.:

- Schnittstellen und Aufgabenabgrenzungen zwischen Commodity Manager und Advanced Purchasing Buyer

- Aufgabenverteilung und Verantwortlichkeiten innerhalb des Projektteams

- Ablauf und Spielregeln innerhalb des Sourcing Committees

- Aufbau und Nutzung von Einkaufsnetzen und -büros

- Einbringung von Verbindlichkeit und Konsequenz bei Sourcingentscheidungen

- Effektiver Einsatz von Verhandlungsstrategien

- Einbringung von strategischen Einkaufsmethoden und -tools zum richtigen Zeitpunkt

- Einbindung der lieferantenseitigen Qualitätssicherung

- Konkrete Beantwortung von Make or Buy-Fragestellungen

- Ableitung von Costtargets und Spielregeln zur deren Erreichung/ Unterschreitung

- Anforderungen an das Kompetenzprofil des Einkäufers

- Abgrenzung zwischen strategischen Einkaufsaufgaben und dispositiven Tätigkeiten.

Diese und weitere Fragestellungen werden in den folgenden Kapiteln detaillierter beschrieben.

Sowohl der Forward Sourcing/ Advanced Purchasing-Prozess als auch der Global Sourcing-Prozess haben sich in unterschiedlichsten Unternehmen der Automobil- und Zulieferindustrie bewährt und können auch in anderen Branchen und Unternehmen ebenfalls erfolgreich eingeführt werden. Die Grundstruktur der Abläufe bleibt bestehen, jedoch sind individuelle Rahmenbedingungen wie das organisatorische Umfeld, Branchenspezifika und die Lieferantenstruktur bei der Ausgestaltung zu berücksichtigen.

2.3 Einmalige Entscheidungen: Investitionen

Anders als beim Produktionsmaterial haben zu tätigende Investitionen in Prüf- und Montagelinien, flexible Fertigungszentren, Gebäude und Maschinen keinen bzw. nur geringen Wiederholcharakter. In der Regel stellen Entscheidungen über Investitionen, auch für nachfolgende Ersatz- und Folgeinvestitionen eine *Weichenstellung* dar, nachdem man sich für ein bestimmtes technisches Konzept und einen Lieferanten entschieden hat. Schulung und einheitliche Bedienung bilden einen eng gesteckten Rahmen bei der Lieferantenauswahl für Folgeinvestitionen. Um so wichtiger ist es, dass vor einer Investitionsentscheidung der Beschaffungsmarkt bekannt und die Einbindung des Einkaufs gewährleistet ist. Anders als beim Produktionsmaterial ist die eigentlich verantwortliche Einkaufsabteilung sehr häufig ein reiner Erfüllungsgehilfe der Fertigungsplanung und bloßer Bestellabwickler. Ist das technische Konzept auf nur einen Lieferanten zugeschnitten (häufig erstellt dieser sogar das Pflichtenheft), verkommt jede Ausschreibung zu einer Farce und die abschließende Verhandlung zu einem sinnlosen Schaukampf, weil das Ergebnis bereits vorher feststeht und eventuelle Nachlässe im Vorfeld vom Lieferanten einkalkuliert wurden.

Nichtsdestotrotz gilt prinzipiell der gleiche Ablauf, der beim Produktionsmaterial mit dem Advanced Purchasing-Prozess beschrieben wurde - mit einem wesentlichen Unterschied: wird analog der Targetsetzung nur die Erreichung oder Unterschreitung eines *Budgetwertes* angesetzt, wird das Ergebnis selbst bei Zielerreichung oder -unterschreitung keinen Quantensprung darstellen. Eine aus einem vergangenen Budgetwert abgeleitete Zielsetzung (mit oder ohne eingeplante Puffer, wie dies bei Budgetplanungen häufig üblich ist) erschwert aufgrund erhöhten Kostendruckes die Wettbewerbsfähigkeit von morgen.

Eine Möglichkeit, diese Budgetfalle bei Investitionsbeschaffungen zu umgehen, besteht in der *Ableitung* der zu tätigenden Maschineninvestitionen *aus den Produktkosten*. So lassen sich die Investitionskosten bzw. Abschreibungen aus den Stückkosten der zu fertigenden Teile oder Komponenten ableiten. Ein solcher Bezug führt zu einer Zielsetzung, bei der das Projektteam und die anzufragenden Lieferanten aufgefordert sind, gänzlich neue Ansätze zu suchen. Nicht die Investitionskosten in Form eines Maschinenpreises stehen im Mittelpunkt, sondern die *minimalen erzielbaren Stückkosten*.

Ein weiterer neuer Aspekt ist die Kopplung einer anteiligen Rückzahlung der Investition an Lieferanten über die verkauften Endprodukte (sogenannte *Betreibermodelle*). Dies gewährleistet theoretisch eine durchgängige Risikoverteilung über die gesamte Wertschöpfungskette, stößt aber häufig in der Realität an Grenzen, da sich Investitionen in wesentlichen Punkten von Produktionsmaterial unterscheiden:

- Investitionen setzen bei den Lieferanten einen hohen Kapitalbedarf voraus, der in der Regel fremdfinanziert wird. Eine Absichtserklärung kann daher keine formale Bestellung ersetzen, weil der Lieferant nur mit einem verbindlichen Auftrag die erforderlichen Kredite erhält.

- Bestellzeiten von bis zu einem Jahr erfordern eine voraussichtige Planung, um den Einkauf und die bestehenden sowie mögliche Alternativlieferanten adäquat in die Ausschreibung einzubinden. Der Einkauf ist jedoch sehr häufig gar nicht in die Budgetplanung eingebunden und weiß daher nicht, welche lang- und mittelfristigen Investitionen anstehen.

- Investitionen werden häufig unter Ausschluss des Einkaufs entschieden. Eine Einkaufsreorganisation wird nicht selten torpediert, weil bei einer *rein technischen Ausrichtung von Investitionsentscheidungen* ein starker Einkauf nur Störfaktor sein würde.

- Investitionsentscheidungen lassen sich durch ihren Einmalcharakter und mangels Vergleichbarkeit schwerer controllen als bei Produktionsmaterial. Insofern lassen sich persönliche Vorteilsnahmen leichter verschleiern.

Stellt sich heraus, dass die Einkaufsabteilung bis dato nur als Bestellabwickler fungierte, so bietet sich pragmatisch *im ersten
Schritt* die Adaption des Advanced Purchasing-Prozesses, gemessen an den Budgetvorgaben, an. So kann mit Restrukturierungs-
beginn das Tor für neue Lieferanten und deren Ideen geöffnet
werden. Ist dies erfolgreich implementiert (es wird aus o. a. Gründen nicht leicht!), so kann nachfolgend die Kopplung von Investiti-
onszielkosten mit der Produktkalkulation und den Stückkosten erfolgen.

Die Einführung des Wettbewerbsprinzips und die Schaffung eines
Sourcing Committees, in dem neue Lieferanten ihre Kompetenz
beweisen können und bestehende Lieferanten nicht per Automatismus Neu- oder Folgeaufträge in Empfang nehmen, bringt nicht
nur erhebliche Kostenvorteile mit sich, sondern wird zu einer drastischen Verbesserung der Leistung hinsichtlich *Service und Ter-
mineinhaltung* sowohl bei bestehenden als auch neuen Lieferanten
führen.

Desweiteren sind Investitionen und die daran gekoppelten Zahlungsbedingungen ein wesentlicher Bestandteil des Cash Managements. Ein Überdenken bestehender Standardzahlungsbedingungen ist ein scheinbar trivialer, jedoch äußerst effektiver Weg
zur Verbesserung der Cash-Situation, gemessen an folgendem,
simplem Grundsatz:

„Wir bezahlen unsere Lieferanten, nachdem uns unsere Kunden
bezahlt haben."

Über Neuprojekte und die mittelfristige Budgetplanung lässt sich
somit durch frühzeitige Einkaufs- und Lieferanteneinbindung die

-   Leistungserbringung in der Eigenfertigung

-   die kostenseitige Wettbewerbsfähigkeit

-   und der Bargeldfluss

wesentlich verbessern. Die große Chance besteht in der Betrachtung und Verbesserung sowohl der Produktkosten als auch in gleichem Maße der Prozesskosten, die nachhaltig reduziert werden
können (Taktzeiten, Bedienbarkeit, Stillstandzeiten etc.).

2.4 Nicht unter ferner liefen: Dienstleistungen und Gemein-
   kostenmaterial

In der Hierarchie der Einkaufsmaterialien spielt das Produktionsmaterial im Regelfall die Hauptrolle, dann (leider) erst der Investitionsbereich und zuletzt der Bereich der Gemeinkostenmaterialien
und Dienstleistungen, der dementsprechend vernachlässigt wird
(Abb. 16).

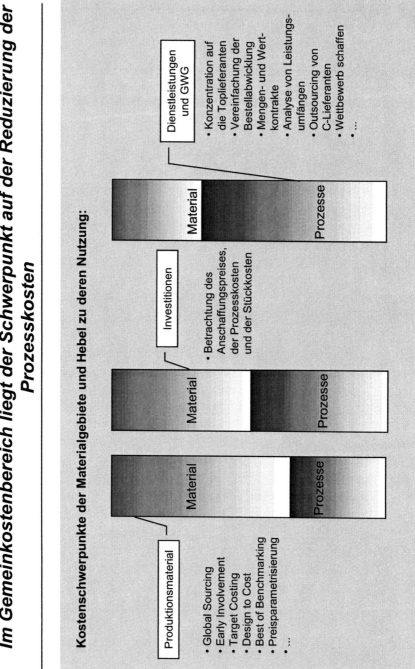

Im Gemeinkostenbereich liegt der Schwerpunkt auf der Reduzierung der Prozesskosten

Kostenschwerpunkte der Materialgebiete und Hebel zu deren Nutzung:

Produktionsmaterial

Material

Prozesse

- Global Sourcing
- Early Involvement
- Target Costing
- Design to Cost
- Best of Benchmarking
- Preisparametrisierung
- ...

Investitionen

Material

Prozesse

- Betrachtung des Anschaffungspreises, der Prozesskosten und der Stückkosten

Dienstleistungen und GWG

Material

Prozesse

- Konzentration auf die Toplieferanten
- Vereinfachung der Bestellabwicklung
- Mengen- und Wertkontrakte
- Analyse von Leistungsumfängen
- Outsourcing von C-Lieferanten
- Wettbewerb schaffen
- ...

Abbildung 16

Jedes Unternehmen benötigt Reinigungsdienste, Logistikleistungen, Energie, Entsorgungsleistungen, Beratungsleistungen, Werkzeuge, Büromaterial, Catering, Büro- und sonstige Einrichtungen etc. Hierbei lassen sich nach Analyse der Einkaufsstruktur und der dazugehörigen Lieferanten zwei Ansätze realisieren:

- Reduzierung des *Einkaufs- und Bestellaufwandes* für geringwertige Einkaufsumfänge, da die Prozesskosten und der Ressourceneinsatz höher sind als das eigentliche Einkaufsvolumen

- Konzentration auf die wesentlichen Materialgebiete mit Gemeinkostencharakter, da diese in der Regel völlig unter Ausschluss des Einkaufs von den Fachabteilungen beschafft werden und erhebliche *Materialkostenreduzierungen* machbar sind

Viele Verträge in diesen Bereichen, wenn überhaupt Verträge existieren, befinden sich auf einem völlig veralteten Stand. Eine simple Neuverhandlung oder die Anfrage eines Wettbewerbers sind häufig „low hanging fruits", die ohne großen Aufwand zu ansehnlichen Einsparungen führen.

Die Einstiegsschwierigkeit in diese Materialgebiete besteht generell darin, dass die *Struktur* und die Schwerpunkte der Material- und Dienstleistungsgruppen nicht erkennbar sind. Neben einigen Schwergewichten, die in ihrer Ergebniswirkung für das Unternehmen durchaus Lieferanten für Produktionsmaterial ebenbürtig sein können, gibt es Hundertschaften an Lieferanten, die aufgrund *sporadischer Bezüge* kaum ermittelbar sind. Ein Lösungsansatz zur Analyse und darauf folgenden Priorisierung der Einkaufsaktivitäten ist die Auswertung der Rechnungen in der Kreditorenbushaltung. Durch die Anbindung moderner ERP-Systeme ist durch eine kurzfristige Analyse über SAP FI oder andere Programme eine vollständige Kreditorenliste über einen definierten Zeitraum, z. B. ein Jahr, relativ leicht ermittelbar, aus der sich Handlungsansätze ableiten lassen.

Die daraus ermittelten Top Ten-Lieferanten und Material- bzw. Dienstleistungsgebiete verdienen eine adäquate, intensive Einkaufsbetreuung. Für diejenigen Materialgebiete, die in Summe achtzig Prozent der Lieferanten und damit leider auch achtzig Prozent des Arbeitsaufwandes (außerhalb und innerhalb der Einkaufsabteilung) darstellen, gilt, dass nicht der beste Preis im Vordergrund steht, sondern die radikale Reduzierung der anfallenden (jedoch nur schwer quantifizierbaren) Prozesskosten. Eine konsequente Nutzung von elektronischen Marktplätzen, den B2B-Plattformen, bei denen die anfordernde Kostenstelle direkt beim Lieferanten zu fest vereinbarten Konditionen ordert, ist so ein möglicher Schritt. Ein weiterer, konsequenter Ansatz ist die Auslagerung der Einkaufsaktivitäten für gebündelte C-Materialien an einen externen Einkaufsdienstleister. Aus diesem Materialpool wird dann ein neuer A-Lieferant, der externe Dienstleister, gebildet.

Zwei Strömungen werden einer solchen Neuausrichtung des GWG-Einkaufs immer wieder entgegen treten:

- seitens des Einkaufs wird durch Angst vor Arbeitsplatzverlust und Einflussverlust die Auslagerung von C-Materialien und -Lieferanten massiv torpediert

- seitens der Fertigung und der weiteren anfordernden Kostenstellen wird durch extrem kurzfristiges Bestellverhalten jede Neuorganisation durch zwei Killerargumente behindert:

    - „Unsere Bedarfe sind so speziell, dies kann niemand anderes für uns abwickeln."

    - „Wir müssen immer sehr kurzfristig bestellen können, sonst droht Fertigungsstillstand."

Eine unprofessionelle Einkaufsorganisation wird die Trennung zwischen Produkt- und Prozesskosten nicht erkennen und bei C-Materialien die preisliche Wettbewerbsfähigkeit in den Vordergrund drängen, sich an diese Umfänge geradezu klammern, zumal hier relativ viele Mitarbeiter mit der Bestellabwicklung beschäftigt sind. Wer nur in Kopfzahlen denkt, wird in diesem Bereich neue Wege boykottieren müssen. Einen guten Einblick in den Zustand einer bestehenden Einkaufsorganisation erhält man durch den Kurz-Check des Gemeinkosteneinkaufs hinsichtlich der jüngst vorgenommenen Vergaben und der monetären Zielsetzung. Der Gemeinkosteneinkauf hat leider in der Regel keine Kostensenkungsvorgabe, sondern ist ganz und gar Abwickler. Dies stellt ein nicht zu unterschätzendes Potential dar.

3 Methoden und Tools des strategischen Einkaufs

Zur erfolgreichen Implementierung von Prozessen ist es entscheidend, die passenden Werkzeuge und Methoden zur richtigen Zeit am richtigen Ort anzuwenden. Welche Werkzeuge in der Einkaufswelt zielführend sind, erläutert dieses Kapitel.

3.1 Der Markt bestimmt die Ziele: Target Costing

Die unterschiedlichen Branchen, ob Anlagenbau, Elektronikindustrie, Fahrzeugbau, Zulieferindustrie usw. befinden sich in einem globalen, immer stärker werdenden Wettbewerb, der gekennzeichnet ist durch Überkapazitäten und rasanten Preisverfall. Volkswirtschaftliche Rahmenbedingungen wie Währungsveränderungen, drastisch reduzierte Vermarktungszeiten und schlichte Marktsättigungen sorgen in jedem Unternehmen für permanente Kämpfe um die Behauptung und Erweiterung der Marktposition. Da der Kunde den Wert und damit den Preis eines Produktes bestimmt und nicht die darin investierte Arbeitskraft bzw. das Material, spielen die klassischen Marketinginstrumente die wesentliche Rolle zum wirtschaftlichen Gelingen des Produktes:

- Produktpolitik

- Kommunikationspolitik

- Vertriebspolitik

- Preispolitik

Der Erfolg eines Produktes wird durch seine Funktionen, den Kundennutzen, eine zielgruppengerechte Vermarktung, einen adäquaten Vertrieb und eine geschickte Preispolitik definiert. Leider wird diese Erkenntnis durch eine isolierte Technologieorientierung allzu häufig ignoriert. Vielmehr wird versucht, durch *alleinige* Konzentration auf die technische Produktentwicklung Alleinstellungsmerkmale gegenüber der Konkurrenz zu erzielen. Innovationen müssen jedoch marktfähig sein und auch preispolitisch betrachtet werden:

- Was sind meine Kosten (diese sind nicht gottgegeben, sondern beeinflussbar)?

- Was sind die Preise des Wettbewerbs (bieten günstigere technologische Lösungen der Wettbewerber denselben Kundennutzen)?

- Was ist der Kunde bereit, für das Produkt zu zahlen?

Aus diesen Fragen wird ersichtlich, dass erst eine Kombination aus produktgestalterischen, zeitlichen und kostenseitigen Zielen, die gleichberechtigt miteinander verflochten sind, ein erfolgreiches und profitables Produkt entstehen lassen. Mit diesem Ansatz bietet der Advanced Purchasing-Prozess dem produkt- und renditeverantwortlichen Projektteam eine hervorragende Basis, um ein vom zu erzielenden *Kundenpreis* abgeleitetes Kostenziel für den Block Material und den darin enthaltenen Komponenten zu realisieren. Kostensenkungen, die nicht innerhalb der Produktkonzeption und -entwicklung mit bedacht und berücksichtigt werden, lassen sich während der späteren Serienfertigung kaum oder nur mit hohem Aufwand realisieren. Target Costing ist also ein strategisches Instrument zur Steigerung des Kundennutzens und zur Verbesserung der eigenen Wettbewerbsfähigkeit. Es wird vom produktverantwortlichen Projektteam angewendet (Abb. 17).

SCOPE - Supplier and Components Excellence

Die Kostenvorgaben für das Material leiten sich aus der angestrebten Produktrendite ab

Für das Projektteam stellt die Erreichung der Materialzielkosten den größten Hebel zur Erreichung der Projektrendite dar:

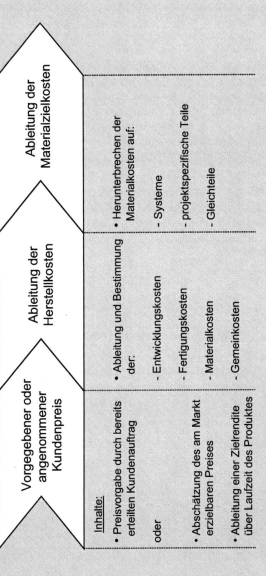

Inhalte:

Vorgegebener oder angenommener Kundenpreis
- Preisvorgabe durch bereits erteilten Kundenauftrag

oder

- Abschätzung des am Markt erzielbaren Preises
- Ableitung einer Zielrendite über Laufzeit des Produktes

Ableitung der Herstellkosten
- Ableitung und Bestimmung der:
  - Entwicklungskosten
  - Fertigungskosten
  - Materialkosten
  - Gemeinkosten

Ableitung der Materialzielkosten
- Herunterbrechen der Materialkosten auf:
  - Systeme
  - projektspezifische Teile
  - Gleichteile

 Die Materialkosten beinhalten mehr als 50% der Zielherstellkosten

Abbildung 17

Zu Beginn des Projektes, wenn die namentlich benannten Vertreter aus Entwicklung, Qualität, Logistik, Einkauf, Controlling und Vertrieb zum so genannten Projekt-Kick Off zusammen kommen, liegt es am Geschick des Projektleiters, das Team auf die Zielvereinbarung hinsichtlich *Produktanforderungen*, *Zeitrahmen* und *Kosten* einzuschwören. Leider wird für die gemeinsame Zielvereinbarung im Projektteam häufig zu wenig Zeit aufgewendet, insbesondere dann, wenn der Kundenauftrag (z. B. vom Automobilhersteller an den Zulieferanten) bereits erteilt wurde und das Rennen gegen die Uhr bereits begonnen hat. Nur wer sich mit Zielen identifiziert, wird diese auch erreichen, und leider ist die Identifikation mit den Materialkosten außerhalb des Einkaufs sehr gering oder ist gar nicht vorhanden.

Nur wenn es dem Projektleiter gelingt, die Materialkosten als *den* strategischen Hebel zur Erreichung der Zielrendite darzustellen und die Teammitglieder auch hiervon zu überzeugen, wird das Target Costing auch tatsächlich aktiv angewendet. Vorausgesetzt, dies ist im Projektteam-Findungsprozess geschehen, lässt sich der Kostenblock für das gesamte Material projektspezifisch ableiten (Abb. 18).

Ausgehend vom Marktpreis lässt sich das Materialziel aus der Produktkalkulation ableiten

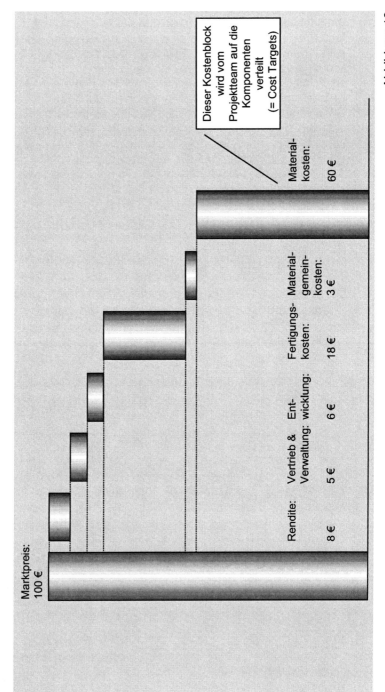

Abbildung 18

Weil das zu entwickelnde Produkt in seiner Gesamtheit zu diesem Zeitpunkt noch nicht vollständig in seinen Komponenten definiert sein kann, folgt häufig der Einwand, dass der Block der Materialkosten trotz seiner hohen Gewichtung innerhalb der Produktkalkulation nicht auf Systeme und Komponenten herunter gebrochen werden kann. Dem lässt sich entgegnen, dass für ein komplexes Gesamtsystem bestimmte Materialblöcke sehr wohl als Black Box definierbar sind. Für eine Klimasteuerung weiß das Projektteam auch bereits zum Zeitpunkt der Auftragsvergabe (und natürlich schon vorher, nämlich bei der Abschätzung der Kalkulation für die Angebotsabgabe beim Kunden), dass darin enthalten sind:

- Ein Gehäuse mit Frontpanel und Tastatur

- Ein Flüssigkristalldisplay (LCD)

- Eine Leiterplatte

- Ein anwendungsspezifischer Mikrochip zur elektronischen Steuerung

- Eine Vielzahl an elektronischen Standardbauteilen (Transistoren, Dioden, Widerstände, Kondensatoren etc.)

- Diverse zeichnungsgebundene, mechanische Komponenten, z. B. Kühlkörper aus Aluminium-Druckguss

- Eine Vielzahl an mechanischen Standardkomponenten (Schrauben, Clips etc.)

Aus diesem Wissen, dem Lastenheft und den Spezifikationen des Kunden lässt sich vom Projektteam eine vorläufige Stückliste erstellen. Die Bewertung dieser Stückliste ermöglicht eine Bestimmung der Zielkosten auf der A-Komponentenebene (Abb. 19).

Die Materialzielkosten lassen sich bereits in der Konzeptphase innerhalb des Projektteams bestimmen

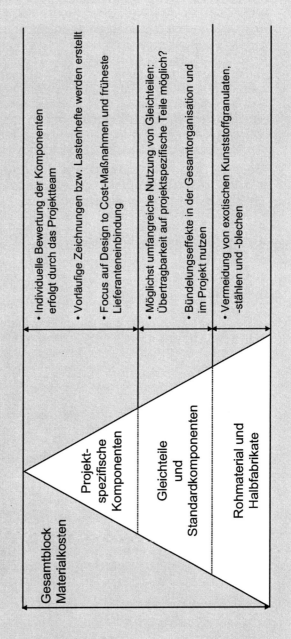

Gliederung der Materialkosten für die vorläufige Stückliste:

Bewertungs- und Beeinflussungsansätze für das Projektteam und den Einkauf:

Gesamtblock Materialkosten

Projekt- spezifische Komponenten

- Individuelle Bewertung der Komponenten erfolgt durch das Projektteam
- Vorläufige Zeichnungen bzw. Lastenhefte werden erstellt
- Focus auf Design to Cost-Maßnahmen und früheste Lieferanteneinbindung

Gleichteile und Standardkomponenten

- Möglichst umfangreiche Nutzung von Gleichteilen: Übertragbarkeit auf projektspezifische Teile möglich?
- Bündelungseffekte in der Gesamtorganisation und im Projekt nutzen

Rohmaterial und Halbfabrikate

- Vermeidung von exotischen Kunststoffgranulaten, -stählen und -blechen

Abbildung 19

Aus der in der Graphik dargestellten Gliederung des Materials lassen sich bei den weiteren Überlegungen nicht nur Kostenabschätzungen auf Komponentenebene durchführen, sondern bereits zu diesem Zeitpunkt erhebliche Material- und Prozesskosten *vermeiden*. Wird z. B. auf ein exotisches, bislang nicht eingesetztes Kunststoffgranulat zugunsten einer Standardvariante verzichtet, kann das Projektteam nicht nur den günstigeren Preis in €/ kg realisieren, sondern reduziert weitere Kosten durch Vermeidung möglicher Mindermengenzuschläge durch den Granulatlieferanten, zusätzliche Lager- und Dispositionskosten etc. Das gleiche gilt für Bleche, Normschrauben, Clips, Dioden Transistoren etc.

Alle diese Betrachtungen münden in eine Abschätzung der Materialkosten, die im Beispiel sechzig Prozent des am Markt realisierbaren Preises ausmachen. Schwieriger ist die Abschätzung der projektspezifischen Komponenten wie Leiterplatten, Mikrochips und zeichnungsgebundenen mechanischen Komponenten, die sich nicht durch Gleichteile oder Standardkomponenten ersetzen lassen. Hilfreich ist eine vom Projekteinkäufer durchzuführende Plausibilitätskontrolle für die Festlegung der Zielkosten auf Komponentenebene:

- Der Zielwert der Komponente muss höher sein als der Wert eines dafür einzusetzenden, erforderlichen Rohmaterials.

- Lässt sich der Zielwert aus Erfahrungswerten vorheriger Komponenten ableiten?

- Ist ein pauschaler Abschlagwert für alle projektspezifischen Komponenten durchführbar?

Durch solche und weitere Fragestellungen lassen sich im Projektteam Zielwerte bestimmen und unter Beachtung folgender Regeln realisieren:

- Die Zielkosten (Cost Targets) dürfen nicht überschritten werden.

- Zielkosten für Komponenten dürfen nur dann verändert werden, wenn durch Kompensation mit anderen Teilen der Zielkostenblock für das Gesamtmaterial unverändert bleibt.

Sich auf diese Spielregeln geeinigt, besitzt das Projektteam als „Kompass" innerhalb des Advanced Purchasing-Prozess:

- Eine Projektrendite

- Eine valide Produktkalkulation

- Einen definierten Gesamtmaterialkostenblock

- Kenntnis über die vorläufige Stückliste

- Eine vorläufige Einteilung des Materials in projektspezifische Systeme/ Komponenten, Standardkomponenten sowie Rohstoffe

- Cost Targets für die projektspezifischen Komponenten und Systeme

- Erste Ansätze zur Materialkostenreduzierung.

Mit diesem Wissen steht dem Projektteam ein schlüssiger Gestaltungsrahmen zur Verfügung und mit dem AP-Prozess ein Weg, in dem die zu erreichenden bzw. zu unterschreitenden Materialkosten vom Projektteam auch tatsächlich realisiert werden können. Der Advanced Purchasing Buyer ist der Scout, der diesen Weg innerhalb des Projektteams vorangeht und die Einkaufsorganisation zur Erreichung der Materialziele zu nutzen weiß.

Von Bedeutung ist eine sinnvolle Verknüpfung von Zielkosten und späteren Preisreduzierungen in der laufenden Serie. In der Regel sind Einkäufer für Produktionsmaterial darauf fokussiert, Einsparungen für das laufende Serienmaterial zu erzielen. Hierbei wird jedoch häufig die Höhe der absoluten Absprungbasis, sprich das anfänglich erzielte Cost Target vernachlässigt. Im schlechtesten Fall wird der Einkäufer einen hohen Einstiegspreis bei SOP anstreben, der ihm die erforderlichen Preisreduzierungen in den nachfolgenden Jahrespreisverhandlungen sichert. Daher sollten die Materialziele sowohl das Cost Target als auch die jährlichen Materialkostenreduzierungen in Relation zueinander bringen (Abb. 20).

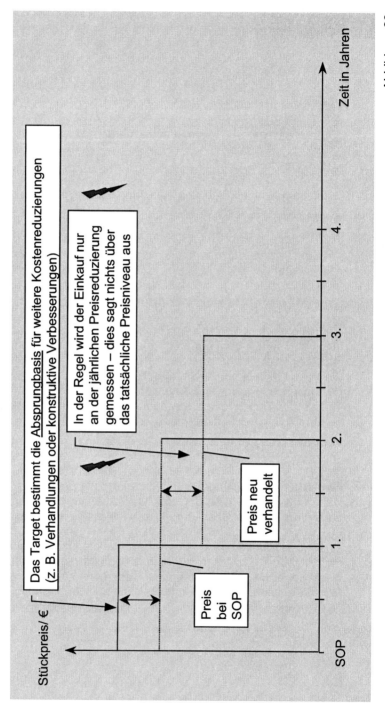

Nur die Verknüpfung von Target Costing und Materialkosten- reduzierung in der laufenden Serie ist aussagekräftig

Stückpreis/ €

Das Target bestimmt die Absprungbasis für weitere Kostenreduzierungen (z. B. Verhandlungen oder konstruktive Verbesserungen)

In der Regel wird der Einkauf nur an der jährlichen Preisreduzierung gemessen – dies sagt nichts über das tatsächliche Preisniveau aus

Preis bei SOP

Preis neu verhandelt

SOP

1.   2.   3.   4.

Zeit in Jahren

Abbildung 20

3.2 Die Welt ist rund: Global Sourcing

Wenn sich das eigene Unternehmen ständig am Weltmarkt bewähren und verändern muss, so bedeutet diese Dynamik für die Einkaufsfunktion eine große Chance: die proaktive Nutzung der weltweiten Lieferanten und deren Einbeziehung in die Wertschöpfungskette. Die meisten Unternehmen der verarbeitenden Industrie sind exportorientiert und haben ein internationales, womöglich weltumspannendes Produktions-, Entwicklungs- oder Vertriebsnetz sowie globale Marken und Kundenstrukturen. Innerhalb solcher Rahmenbedingungen gilt auch das Anlegen globaler Maßstäbe an die Lieferantenstruktur und setzt Kenntnisse über globale Beschaffungsmärkte und deren Einflussfaktoren voraus. Die Vorteile durch die Einbeziehung der besten Lieferanten des Weltmarktes, dem Global Sourcing, sind vielfältig:

- Schaffen von Wettbewerb für bestehende Lieferanten

- Nutzung von Faktorkostenvorteilen

- Ausbalancierung von Währungsrisiken

- Reduzierung von Lieferrisiken

- Befreiung aus Abhängigkeitsverhältnissen mit bestehenden Lieferanten

- Erfüllung von Local Content-Auflagen (Auflagen zur Erfüllung lokaler Wertschöpfungsanteile)

- Nutzung logistischer Kostenvorteile

Es ist umso erstaunlicher, dass in vielen Unternehmen und bei deren Mitarbeitern Global Sourcing als Job- und Qualitätskiller gebrandmarkt wird, wenn das eigene Unternehmen genauso im globalen Wettbewerb steht. Die konsequente Durchgängigkeit einer globalen Unternehmensausrichtung bis in die eigene Lieferantenstruktur liegt auf der Hand, will man die Position des eigenen Unternehmens sichern.

Zuerst steht die Recherche für die wichtigsten potentiellen Lieferanten für die relevante Materialgruppe durch den verantwortlichen Commodity Manager/ Einkäufer an. Die Suche über Kompendien,

Internetlinks und andere Sekundärquellen kann hierbei hilfreich sein. Erfolgversprechender ist jedoch die Nutzung von vorhandenem Wissen im eigenen Hause und das Recherchieren der Lieferanten des Wettbewerbes. So kann sichergestellt werden, dass die wirklich relevanten, branchenbezogenen Lieferanten mit entsprechenden Referenzen auf jeden Fall in die Bidderslist für zukünftige Anfragen einbezogen werden.

Großunternehmen mit einer internationalen, weltumspannenden Einkaufsorganisation besitzen den Vorteil, dass das breite und tiefe Marktwissen im eigenen Unternehmen oder Konzern bereits vorhanden ist. Häufig wird dieses Wissen jedoch nur lokal genutzt, weil keine Kommunikationswege zwischen den verschiedenen Einkaufsorganisationen des Unternehmens bestehen. Ein informeller Austausch zwischen den Einkäufern in den verschiedenen Regionen oder die Befragung von Vertriebskollegen, die ausgehend von Kundenkontakten ebenfalls Kenntnisse über interessante Lieferanten besitzen, bietet sich an.

KMU's, die nicht über solche globalen Netze in der eigenen Organisation verfügen, kapitulieren häufig vor der Herausforderung Global Sourcing, obwohl *gerade sie* mit begrenztem Einkaufsvolumen die Hebel des weltweiten Wettbewerbs nutzen sollten. Ein sinnvoller Weg ist die Einbeziehung von externen Einkaufsnetzen, wie sie beispielsweise die Siemens AG konzernfremden Kunden (im Rahmen des so genannten Third Party Business) zur Verfügung stellt. Siemens Global Procurement and Logistics z. B. bietet auch KMU's innerhalb einer ganzen Palette von einkaufsbezogenen Dienstleistungen die Durchführung von Global Sourcing-Anfragen und die Qualifizierung neuer Lieferanten an. Dadurch kommen auch Unternehmen ohne internationale Einkaufsbüros in den Genuss einer drastisch erweiterten Bidderslist, um das strategische Lieferantenportfolio zu ergänzen.

Man sollte jedoch bedenken, dass die Anfrage und die Einbeziehung neuer, internationaler Lieferanten eine entsprechende Vorlaufzeit benötigen und die Kostensenkungspotentiale nur mittel- bis langfristig gehoben werden können. Innerhalb eines Zeitraumes von ca. zwei Jahren sind erste Erfolge durchaus ergebniswirksam. Um Erfahrungen zu sammeln, Barrieren in der eigenen Organisation zu überwinden und auf Rückschläge reagieren zu können, bietet sich eine Pilotierung in denjenigen Materialgebieten an, bei denen ein kurzfristiger Nutzen mit relativ geringem Aufwand zu erzielen ist. Erste Erfolgserlebnisse ebnen so den Weg für weitere, anspruchsvollere Materialgruppen.

Barrieren beim Aufbau internationaler Lieferanten sind:

- Übermäßig hohe Lieferlosgrößen bei weiten Entfernungen (kritisch bei technischen Änderungen)

- Zölle

- Volkswirtschaftliche und politische Risiken (Lieferung aus Krisenregionen)

- Sprachbarrieren

- Reaktionszeiten der Lieferanten für den direkten Kontakt mit Entwicklung und Fertigung

- Umsetzung von technischen Änderungen.

Diese und weitere Hürden sollen nicht als KO-Kriterien gewertet werden, sondern als Aspekte, die vor einer Lieferantenentscheidung vorurteilsfrei einer kritischen Wertung standhalten müssen. Internet, E-Mail und alle neuen Kommunikationsmittel erleichtern die Globalisierung des Einkaufs deutlich, ersetzen jedoch nicht den direkten Kunden-Lieferanten-Kontakt und die damit verbundenen Reisen.

Ein weiterer, konsequenter Schritt zur Nutzung des Global Sourcing-Gedankens ist, eine entsprechende Einkaufsinfrastruktur vorausgesetzt, die Schaffung eines globalen Wettbewerbs zwischen den verschiedenen regionalen Einkaufsbüros, die in gegenseitiger Konkurrenz zueinander versuchen, die Lieferanten ihrer Region bei Entscheidungen für Neuteile und Serienteile zu platzieren. Damit wird gewährleistet, dass der Grundgedanke des Wettbewerbs auch in der eigenen Organisation Berücksichtigung findet. General Motors und Volkswagen haben ihre Einkaufsorganisation sowohl auf den internen als auch den externen Wettbewerb ausgerichtet. Durch kontinuierliche Erfolgsauswertungen stellt sich heraus, welche Einkaufsbüros und Regionen besonders häufig Zuschläge erhalten haben und welche nicht. An diesem Beispiel wird erkennbar, dass *Wettbewerb* für den Einkauf ein vielschichtig nutzbares Instrument ist:

- Wettbewerb zwischen bestehenden und neuen Lieferanten

- Regionaler Wettbewerb zwischen den Lieferanten

- Wettbewerb zwischen den Ergebnissen der Einkäufer unterschiedlicher Materialgruppen

- Wettbewerb zwischen den Einkaufsabteilungen und -büros des eigenen Unternehmens.

Gespiegelt am eigenen Unternehmen wird klar, dass die verschiedenen Hebel zur Erreichung der bestmöglichen Ergebnisse mit hoher Wahrscheinlichkeit noch längst nicht genutzt werden. Zur Förderung eines gesunden Konkurrenzdenkens innerhalb der eigenen Einkaufsorganisation tragen bei:

- Die Kernprozesse Advanced Purchasing (Neuteile) und Global Sourcing (laufende Serie), die in eine verbindlichen Lieferantenauswahl im Sourcing Committee münden und anhand ihrer Targetunterschreitung bzw. Einsparungen gemessen werden

- Eine Einkaufsorganisation mit eindeutig zugeordneten Verantwortungsbereichen (Materialgruppen, Regionen o. ä.) und durch klare Zielvorgaben. Die verantwortlichen Einkäufer unterschiedlicher Geschäftsbereiche, Materialgruppen oder Regionen können durchaus miteinander konkurrieren und *trotzdem* eine gemeinsame, übergeordnete Zielsetzung zur Materialkostensenkung verfolgen

- Eine Controllingfunktion, die die zu erzielenden Ergebnisse mit den tatsächlich erreichten abgleicht

- Zielvereinbarungen auf Abteilungs- und Mitarbeiterebene, die die Erreichung bzw. Übererreichung auch finanziell honorieren.

3.3 Je früher, desto günstiger: Early Involvement

Die frühe Einbindung des Einkaufs und der Lieferanten wurde als Basisidee des Advanced Purchasing-Prozesses beschrieben. Herausragende Lieferanten, die ihr fundiertes technisches Wissen, ihr Fertigungs-Know How und ihre Erfahrungen frühestmöglich einbringen, bieten erhebliche Wettbewerbsvorteile. Die Zusammenarbeit mit Lieferanten beinhaltet eben nicht nur eine Kosten-, sondern auch eine *gleichberechtigte Leistungskomponente*, die es zu heben und zu nutzen gilt (Abb. 21).

Zu Beginn der Produktentwicklung werden Kosten definiert, die erst mit SOP auszahlungswirksam werden und über die Produktrendite entscheiden

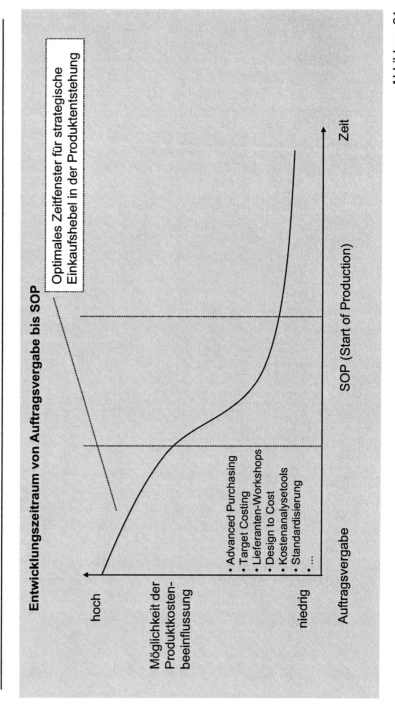

Abbildung 21

Dem Projektteam steht zu Beginn der Konzept- und Entwicklungs-phase ein ganzer Reigen an Ansätzen zur Verfügung, um einer-seits reduzierte Produktkosten und andererseits auch Lösungen zur Erhöhung des Kundennutzens einzubringen. Die niedrigen Cost Targets für Systeme und Komponenten stellen für das Team auf den ersten Blick ein Problem dar, sind aber in Wirklichkeit ein Kreativitäts- und Lösungskatalysator. Aus Vergangenheitswerten und Erfahrungen heraus lässt sich kein innovatives Produkt gestal-ten. Wenn für einen Scheinwerfer, eine Steuerung oder eine Dich-tung die Hälfte der Kosten des Vorgängermodells zur Verfügung stehen, kann dieses Ziel nur durch Kreativität, Crossfunktionalität und die Einbindung intelligenter Lieferantenideen erreicht werden. Der Advanced Purchasing Buyer hat innerhalb des Projektteams diverse Aufgaben: er ist Treiber, Scout, Türöffner und bisweilen auch Animateur, um in Abstimmung mit dem Kenner des Lieferan-tenpanels, dem Commodity Manager, die besten Lieferanten zur Lösungsfindung zu integrieren.

In den vergangenen Jahren wurde, vor allem in der Hochzeit der allgemeinen Börseneuphorie der Begriff der Kernkompetenz zu ei-nem Modewort stilisiert. Der Einkauf, speziell der AP-Buyer hat in-nerhalb des Projektteams den Einfluss, die *wirklichen* Kernkompe-tenzen der Lieferanten zu nutzen. Ein Hersteller von Netzteilen stellt in der Regel keine Kühlbleche her - es ist daher nur sinnvoll, das Wissen der beteiligten Lieferanten schon während der Kon-zeptphase des Produktes einzubringen, um nicht nur die Einzel-komponenten, sondern auch deren Zusammenspiel und Wechsel-wirkung aufeinander abzustimmen. Durch geschickte Planung und Diskussion im Projektteam und mit potentiellen Lieferanten kann das Kühlblech unter Umständen verkleinert werden oder im güns-tigsten Fall komplett entfallen. Solche Überlegungen werden dann Realität, wenn sich die Entwicklungsabteilung gegenüber den Lie-ferantenideen öffnet und das „Not invented here-Syndrom" über-windet. Aus diesem Grund ist es erforderlich, dass der AP-Buyer dort seinen Schreibtisch aufstellt, wo konstruktive Ideen generiert werden: in den Räumlichkeiten der Entwicklungsabteilungen.

Eine Akzeptanz der AP-Funktion wird zunehmend dadurch er-reicht, dass sich bei komplexen technischen Fragestellungen (die auch immer gleichzeitig eine Kostenproblematik implizieren) der AP-Buyer als Türöffner für kompetente Lieferantenvorschläge und als Problemlöser für die Entwicklung hervortut. Zwischen Einkauf und Entwicklung existiert ein (durchaus gesundes und gewolltes) Spannungsfeld. Der AP-Buyer überzeugt dadurch, dass er die pro-

jektbezogenen Aufgabenstellungen für das Material in die Einkaufsorganisation einsteuert und somit das Bindeglied zwischen
Projektteam, Projektmaterialien und der Materialgruppenstrategie
bildet.

Innerhalb des AP-Prozesses sind zwei Teilschritte hinsichtlich des
Early Involvements von besonderer Bedeutung:

- die Erstellung der Bidderslist und

- die Abstimmung und Plausibilitätsklärung der Angebote mit dem
  Projektteam, insbesondere mit der Entwicklung (incl. von Alternativlösungen!).

Um die Entwicklungsphase mit den Lösungsvorschlägen der Lieferanten zu verknüpfen, bieten sich entlang des Advanced Purchasing-Prozesses zielgerichtete Lieferantengespräche und Lieferantenworkshops mit bestehenden und neuen Anbietern an (daher
spielt die Qualität der Bidderslist eine entscheidende Rolle).

Solche Workshops bedürfen der Vorbereitung durch den AP-
Buyer, der Durchführung mit den erforderlichen Mitgliedern des
Projektteams und dem /den Lieferanten sowie dem nachträglichen
Monitoring. Die Frage ist nämlich, ob sinnvolle Alternativvorschlä-
ge tatsächlich im Rahmen der Vergabe berücksichtigt werden.

Damit Workshops, die sinnvollerweise komprimiert innerhalb von
ein bis zwei Tagen sequentiell mit drei bis zehn Lieferanten durchgeführt werden, auch *zielgerichtet* absolviert werden, bereitet der
AP-Buyer folgende Daten auf:

- Projektrahmendaten (externes Preistarget, Projektmeilensteine,
  angefragte Unterlagen)

- Beschreibung des bestehenden konstruktiven Problems, das
  mit Hilfe des Lieferanten zu lösen ist

- Generische Zielsetzung: an welcher Lösung hindern bestehende Probleme in erster Linie: Einhaltung des SOP, der Zielkosten
  o.ä.?

Bei der internen Vorbereitung bieten die im AP-Prozess beschriebenen Angebotsauswertungen wertvolle Hinweise, um das Projektteam und die Lieferanten auf Inkonsistenzen in den Angeboten
oder, positiv gesagt, Potentiale hinzuweisen:

- Materialgewichte, -preise, Alternativmaterialien

- Mögliche Standardisierungsansätze oder Kombination von Einzelteilen in Systeme oder Module, die konstruktive Vorteile bieten

- Möglicher Verzicht auf Komponenten

- Aufweichen von im Lastenheft vorgegebenen Toleranzen

- Klärung der Frage: Wie macht es der Wettbewerb?

- Lässt sich der Materialeinsatz reduzieren (Wanddicken etc.)?

- Lassen sich Logistikanforderungen hinsichtlich Liefergröße und -frequenz oder der Verpackung entschlacken?

- Sind die aus dem angefragten Produkt hervorgehenden Funktionen in Summe bekannt und auch tatsächlich erforderlich?

- Sind bereits Muster vorhanden, über die man mit den Lieferanten konkret sprechen kann?

Neben diesen und weiteren Fragen können bereits während der Angebotsauswertungsphase mögliche Kostensenkungspotentiale und Vereinfachungsansätze identifiziert werden, die in den Gesprächen mit den Lieferanten zielgerichtet vertieft werden.

3.4 Bündelung und Gleichteilesystematik

Es ist immer sinnvoll, anstatt eines neu zu entwickelnden Teiles ein bestehendes Standardteil zu verwenden – es sei denn, der zusätzliche Entwicklungsaufwand schafft einen höheren Kundennutzen, der vom Kunden auch entsprechend honoriert wird. Dort, wo der Kunde den Unterschied zwischen spezifischer und Standardlösung nicht erkennt, drängt sich der Griff in den Baukasten auf:

- Mechanische Verbindungselemente wie Schrauben etc.

- Elektromechanische Komponenten wie Leiterplatten, Relais etc. (es sei denn, z. B. bei einem High End-Verstärker ist der Einsatz von edelsten Komponenten ein Nutzen, der vom Endkunden verlangt und bezahlt wird)

- Elektronische Standardbauteile wie Dioden, Transistoren, Widerstände, Kondensatoren, Speicherchips etc.)

- Standardsysteme wie Elektromotoren, Anlasser etc.

Gleichteilaktivitäten sind immer dort besonders interessant, wo dezentrale Organisationen unabhängig voneinander Kaufteile in den Entwicklungsabteilungen definieren. Der Vorteil einer Gleichteilesystematik wiegt in diesem Umfeld doppelt: Zum einen bedeutet generell ein höheres Volumen derselben Teileart eine bessere Position gegenüber den Lieferanten, zum anderen zieht eine hohe Teilevielfalt extrem hohe Folge- und Prozesskosten nach sich, die Jahre später das Unternehmen existenziell bedrohen können. Aufgrund der Verpflichtung zur Ersatzteilversorgung bedeutet eine ansteigende Zahl an Neuteilen in ansteigender Anzahl an Projekten einen exponentiellen Anstieg an Teilepositionen. Diese wiederum verursachen in der Ersatzteilversorgungszeit bei gleichzeitig kleinen Stückzahlen:

- Hohe Rüstkosten und häufige Umrüstungen

- Mindermengenzuschläge bei Vormaterialien

- Mühevoller Ersatz nicht mehr beschaffbarer Vormaterialien

- Aufblähung der Teile- und Zeichnungsverwaltung

- Hoher dispositiver Aufwand

- Hohe Lager- und Finanzierungskosten durch hohe Bestands-
  reichweiten

- Verschrottungskosten nicht verwertbarer Kaufteile

- Hohe Lager, Pflege- und Verwaltungskosten für Ersatzteilwerk-
  zeuge beim Lieferanten

- Sinkende Attraktivität bei bestehenden Lieferanten und häufiger
  Verweis auf Zwischenhändler durch zu geringe Bezugsmengen

Es ist anhand o. a. Nachteile erkennbar, dass achtzig Prozent des
Ärgers bei Kaufteilen auf eben diese zwanzig Prozent der Exoten
entfallen, mit denen sich die gesamte Organisation beschäftigen
muss, ohne dass diese Verwaltungsarbeit vom Kunden honoriert
wird. Der Anteil an Fehlteilen und vorprogrammiertem Ärger mit
den Kunden ist damit bereits unsichtbarer Bestandteil der Kon-
struktionszeichnung (Abb. 22).

Die Gesamtlebenszeit einer Komponente beträgt bis zu 20 Jahre

- Die Vermeidung und Reduzierung von Teilekomplexität dient der langfristigen Verbesserung der Wettbewerbsfähigkeit

- Variantenentflechtung führt automatisch zu langfristigen Bündelungspotentialen

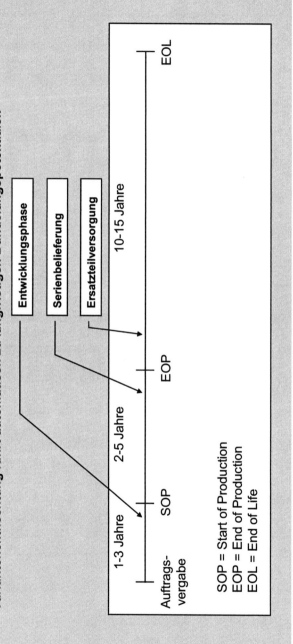

Abbildung 22

Dem entgegen steht das Profil des Entwicklers, der von seiner Persönlichkeit und seinem Berufsbild her *neue Dinge* entwickelt und dies auch tun soll. Die Konzentration auf die individuell zu entwickelnden Kernkomponenten sollte im Vordergrund stehen, aber es geschieht sehr leicht, dass eben doch der Einsatz eines z. B. exotischen Widerstandes mit besonders niedriger Toleranz nahe liegt. Ein bloßer Verweis auf einen Gleichteilekatalog mit einzusetzenden Standardbauteilen, der als Orientierungshilfe im Intranet hinterlegt ist, wird nicht ausreichen, die Teileflut einzudämmen.

Ein organisatorischer Trick, der in diesen Fällen hilfreich ist, besteht darin, dass der Unterschriftendurchlauf für die Einführung *neuer* Standardbauteile wie z. B. Schrauben oder Widerstände besonders komplex und unkomfortabel gestaltet wird. Dies kann z. B. ein Unterschriftendurchlauf bis hin zur Geschäftsführung sein. Der verantwortliche Entwickler sollte in die Situation versetzt werden, dass es *einfacher* ist, durch eine konstruktive Lösung auf eine bestehende Komponente zurückzugreifen, als ein neues Bauteil in die Stückliste einzuführen.

Der bekannteste Weg der *Gleichteileentwicklung* wurde von Volkswagen eingeschlagen, die sogenannte Plattformstrategie, über die viel gesagt und geschrieben wurde. Bei aller Kritik hinsichtlich eines „Markenkannibalismus" (warum ein Modell der höherpreisigen Marken kaufen, wenn das günstigere Model der Nachbarmarke technisch weitgehend identisch ist?) hat die konsequente Ausrichtung auf identische Komponenten und Systeme die Wettbewerbsfähigkeit enorm gesteigert. Desweiteren haben die Entwicklungsabteilungen die Chance, ihre Kreativität auf ganz neue Produkte zu konzentrieren, anstatt buchstäblich jede Schraube neu zu konstruieren.

Hat das Unternehmen die Vorteile einer maßvollen Gleichteilepolitik in den unterschiedlichen Funktionen von der Entwicklung bis zur Logistik erkannt und wendet diese auch an, entstehen unterschiedliche Bündelungsansätze, die vom Einkauf genutzt werden können:

- Bündelung auf Lieferantenebene

- Bündelung von Gleichteilen und/ oder Materialgruppen

- Regionale Bündelung

- Kopplung von Neugeschäften mit bestehendem Geschäft

- Bündelung zwischen Tochter- und Muttergesellschaften

- Nutzung von Bündelungssynergien durch Mergers & Acquisitions

- Bündelung durch Einkaufskooperationen mit befreundeten Unternehmen oder durch Joint Ventures

Die Beispiele sollen verdeutlichen, dass Bündelung vielfältige Möglichkeiten bietet und weit über den Ansatz: „Ich habe das doppelte Einkaufsvolumen, daher erwarte ich fünf Prozent Preisnachlass." hinausgeht: (Abb. 23).

Das Zusammenführen des Teams ist die größte Herausforderung bei Bündelungsaktivitäten

Die Bündelungsaktivitäten erfolgen in einem mehrstufigen Prozess:

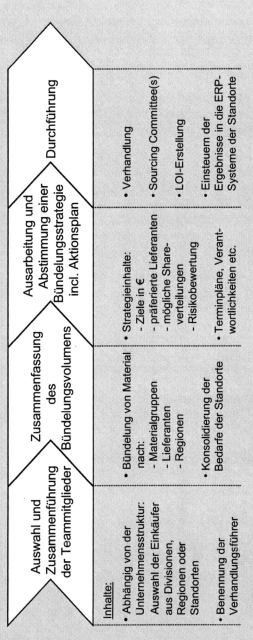

Auswahl und Zusammenführung der Teammitglieder

Zusammenfassung des Bündelungsvolumens

Ausarbeitung und Abstimmung einer Bündelungsstrategie incl. Aktionsplan

Durchführung

Inhalte:

- Abhängig von der Unternehmensstruktur: Auswahl der Einkäufer aus Divisionen, Regionen oder Standorten

- Benennung der Verhandlungsführer

- Bündelung von Material nach:
  - Materialgruppen
  - Lieferanten
  - Regionen

- Konsolidierung der Bedarfe der Standorte

- Strategieinhalte:
  - Ziele in €
  - präferierte Lieferanten
  - mögliche Share-verteilungen
  - Risikobewertung

- Terminpläne, Verant-wortlichkeiten etc.

- Verhandlung

- Sourcing Committee(s)

- LOI-Erstellung

- Einsteuern der Ergebnisse in die ERP-Systeme der Standorte

 Bündeln von Einkaufsvolumina führt nicht automatisch zu Erfolgen, sondern setzt vielmehr eine Strategie voraus

Abbildung 23

Der eigentliche Effekt von Bündelungen des Einkaufsvolumens liegt nicht in der Erreichung einer Fixkostendegression bei dem oder den betroffenen Lieferanten. Ohne Arroganz lässt sich behaupten, dass es für den Kunden erst einmal egal sein kann, wie sich der *Lieferant* optimiert. Die Effekte und Synergien bei Bündelungsaktivitäten resultieren kundenseitig aus folgenden Ansätzen:

- Die Lieferanten erkennen, dass sich Einkäufer unterschiedlicher Standorte untereinander austauschen und sich nicht ausspielen lassen

- Preisunterschiede für vergleichbare oder gleiche Sachzeichnungsnummern werden auf das niedrigste Niveau angepasst (wieder „low hanging Fruits")

- Das Gesamtunternehmen tritt geschlossen am Markt auf

- Ein hohes Bündelungsvolumen bedeutet ein Mehr an Marktmacht und höhere Kundenattraktivität bei den Lieferanten

- Ein höheres Bündelungsvolumen bedeutet kombinatorisch mehr Möglichkeiten, dieses Volumen zu platzieren

- Ein hohes Bündelungsvolumen ist ein Hebeleffekt gegenüber bestehenden Lieferanten, wenn ein Kleinverbraucher aus der Unternehmensgruppe oder ein Standort schlecht versorgt wird

Wird beispielsweise Kunststoffgranulat von mehreren Standorten eines Unternehmens gebündelt, so treffen sich die Vertreter des Einkaufs eines jeden Standortes und benennen einen Sprecher. Dieser kann, muss aber nicht der Einkäufer mit dem höchsten Einkaufsvolumen an Kunststoffgranulat sein. Innerhalb dieses Teams werden nun alle Positionen aufgeführt und folgende Angaben berücksichtigt:

- Präzise Produktbeschreibung: Sachzeichnungsnummer des eigenen Unternehmens und des Lieferanten incl. Farbkennzeichnung und Nennung des oder der Lieferanten

- Verbrauchsmenge des abgelaufenen Geschäftsjahres und Verbrauchsprognose für das neue Geschäftsjahr

- Der Preis in €/ kg für jede Materialposition.

Auch im Zeitalter von SAP und Intranet haben häufig Standorte eines Unternehmens aus historischen Gründen heraus unterschiedliche Zeichnungsnummernsysteme, sind EDV-seitig nicht vernetzt oder Daten lassen sich schlicht nicht auf elektronischem Wege konsolidieren. Über die oben beschriebene Vorgehensweise ist sichergestellt, dass über das Zusammenfahren von Tabellenkalkulationslisten der Stein ins Rollen kommt und nicht weitere zwei Jahre ins Land ziehen, um darauf zu warten, dass diese Bündelung automatisch erfolgt. Als Ergebnis des Treffens der verantwortlichen Einkäufer lässt sich festhalten, dass sich die unterschiedlichen Mitarbeiter spätestens jetzt kennen gelernt haben, ein allen zugängliches Bild über das gesamte Einkaufsvolumen und dessen Zusammensetzung vorhanden ist und *Preistransparenz* besteht.

Im nächsten Schritt stimmen sich die Einkäufer über die Ableitung einer Strategie und möglicher Restriktionen hinsichtlich Freigaben, Kundenvorgaben o. ä. ab. Dieser Punkt ist meistens sehr kritisch, weil jeder Standort individuelle Eigenheiten mit sich bringt und auch jeder Standortvertreter „seine" Belange durchsetzen will. Eines ist jedoch relativ simpel: einen Preisabgleich durchzuführen und damit den oder die preislich benachteiligten Standorte durch ein Erfolgserlebnis innerhalb des Bündelungsteams als *Verbündete* zu gewinnen. Erstaunlicherweise sind es nicht immer die kleinsten Verbraucher, die die höchsten Preise bezahlen, was wiederum bei den vermeintlich „schlechteren" Einkäufern zu Gesichtsverlust und Umgehung von Bündelungsteams führen kann. Ein Leiter eines Bündelungsteams hat es also mit spannenden, gruppendynamischen Prozessen und hohen „Zentrifugalkräften" in einem solchen Team zu tun.

Die bestehenden Lieferanten wissen dies und werden mit einem hohen Maß an Kreativität versuchen, Bündelungsprojekte zu attackieren oder preisliche Vergleiche mit dem Verweis auf Regionalhoheiten zu torpedieren. Ultima Ratio ist auf Seiten der Lieferanten, dem Standort mit dem mit Abstand geringsten Verbrauch den mit Abstand besten Preis anzubieten, in der Hoffnung, dass dieser Standort das Bündelungsnetz verlässt. In einem solchen Fall liefert der Lieferant das beste Argument für Bündelung, in dem das Team durch Austausch solcher Informationen Preisvorteile „one Face to the Supplier" zum Vorteil aller restlichen Standorte nutzt.

Eine wichtige Spielregel besteht innerhalb des Teams darin, dass durch Bedarfsbündelung keinem der Standorte ein Nachteil entstehen darf. Der Grundsatz, dass ein einzelner Standort oder eine einzelne Division einen preislichen oder kostenseitigen Nachteil verkraften muss, wenn das Gesamtunternehmen einen in Summe größeren Vorteil erhält, ist edel, wird aber aufgrund der egoistischen Grundeinstellung des Menschen in der Realität nicht funktionieren. Ein umgekehrter Ansatz ist für den Teamerfolg erfolgversprechend: ein guter Einkäufer verbringt seine Zeit in übergreifenden Abstimmungsrunden nur dann, wenn er einen Vorteil für seinen Standort oder seine Division erzielen kann. Davon hat wiederum das Gesamtunternehmen etwas: einen Kosten- oder Preisvorteil.

Hat das Bündelungsteam eine Strategie entwickelt, passiert häufig der „Fixkostendegressions-Fehler". Das Gesamtvolumen wird ohne Dramaturgie an den- oder dieselben Lieferanten vergeben, die einen minimalen Preisvorteil oder schlimmer: einen Mengenrabatt durch Aufstieg in eine bessere Preisstaffel „gewähren". Solche Lieferanten sind Ausphasungskandidaten, da sie rein nach dem Prinzip der Mengendegression ihre Kosten gestalten und sich nicht den Marktanforderungen stellen. Nun ist z. B. der Markt für Kunststoffgranulate ein eher oligopolistisch gestalteter Markt mit relativ wenigen und umsatzträchtigen Anbietern. Aber ein Angebotsoligopol ist immer noch eine gute Ausgangsvoraussetzung für den Einkäufer, denn dies bedeutet, dass Wettbewerb *existiert*. Ihn zu nutzen und vorhandene Ablaufbarrieren zu kennen sowie zu überwinden ist Aufgabe des Einkäufers. Die Freigabe eines Alternativgranulates eines Wettbewerbers, das dem bisher eingesetzten entspricht, kann zwei Jahre dauern (Spezialisten zu diesem Thema werden einwenden, bis zu fünf), was der Akzeptanz einer Entscheidung für einen neuen Lieferanten in der Organisation wahrscheinlich abträglich sein wird. Dies weiß auch der bestehende Lieferant, da er seinen Markt kennt und gute Kontakte zur internen Freigabestelle besitzt. Es liegt nun im Geschick des Bündelungsteams, den übergreifenden *Volumenhebel* anzusetzen und, um diese Barrieren wissend, eine Verhandlungsstrategie mit den Standorten abzustimmen, die auch neuen Lieferanten ein mögliches Entrée ins Unternehmen bietet.

Eine Absprache zwischen zwei Lieferanten in dieser Konstellation ist unwahrscheinlich: der bestehende Lieferant hat vielleicht einhundert Prozent Lieferanteil und kann nur Volumen verlieren; der neue Lieferant kann hingegen nur gewinnen und weiß, dass er dies nur mit einem signifikanten Preisvorteil erreichen kann. Der neue Lieferant ist motiviert durch das mögliche Umsatzpotential und wird alles daran setzen, den Kunden bei den internen, gesetzmäßigen Freigabeprozessen und Kundenfreigaben zu unterstützen.

Der *Hebel bei Bündelungsverhandlungen* liegt also nicht darin, ein möglichst hohes Volumen auf den bestehenden Lieferanten zu konzentrieren, sondern intelligent zu stückeln und Wettbewerb zu schaffen, der den isolierten Effekt der „Economies of Scale" übersteigt. Im beschriebenen Beispiel der Konstellation „bestehende 100%-Quelle wird mit Neulieferant konfrontiert" wird ein 50/50-Split das niedrigste 100%-Angebot des bisherigen Lieferanten sicher unterbieten. Eine vorherige Klärung der Lieferanteile für den Gesamtkonzern oder eine standortbezogene Lieferaufteilung und die vorherige, verbindliche Abstimmung der Freigabeverantwortlichkeiten und -zeiträume gibt den Bündelungsteams die entsprechende Verhandlungskompetenz und wird die bei den Lieferanten erforderliche Glaubwürdigkeit wecken.

Weitere Möglichkeiten bei Teilen, die nicht auf Sachzeichnungsnummernebene gebündelt werden können (z. B. teilespezifische Aluminium-Druckgussteile) bieten sich durch eine *lieferantenbezogene* Betrachtung: es wird ein besseres Ergebnis aus einer Verhandlung mit einem Lieferanten für Al-Druckguss herauskommen, wenn das *gesamte* Einkaufsvolumen des zu betrachtenden Lieferanten berücksichtigt wird. Es liegt verhandlungstechnisch nahe, in diesen Gesprächen alle Punkte zu platzieren, die in der Belieferung der Werke oder in der Zusammenarbeit mit der Entwicklung Anlass zur Kritik bieten. Der bestehende Lieferant weiß ebenfalls, dass das Gesamtpaket Al-Druckguss trotz Neuauflage der dafür notwendigen Werkzeuge auch für andere Wettbewerber von Interesse ist: all diese Komponenten werden vom verantwortlichen Einkäufer über den Global Sourcing-Prozess angefragt. Desweiteren greift das Argument weiterer, zukünftiger Vergaben von Neuprojekten.

Die beschriebenen Beispiele zeigen, dass Bündelung nicht nur bei Rohstoffen funktioniert, sondern auf Komponentenebene in Kopplung mit Neuvergaben und dem Seriengeschäft im Global Sourcing-Prozess ein mächtiges Werkzeug für den Einkauf darstellt. Nur für Großunternehmen? Nein. Gerade bei Unternehmen, die nicht im direkten Wettbewerb zueinander stehen, aber in Teilbereichen identische Bedarfsstrukturen haben, bietet sich eine *Einkaufskooperation* an, im besten Falle in Materialbereichen mit hohem Synergiepotential wie z. B. im Rohstoffbereich. Dort sind Ziele und Erfolge klar messbar, die Pilotierung ist erfolgversprechend. Bündelung ist also auch und insbesondere ein *Mittelstandsthema*, gerade weil die Nachfragemacht einzelner Unternehmen begrenzt ist.

3.5 Einstimmigkeit und Konsequenz: Sourcing Committees

Das Sourcing Committee ist das Gremium, in dem alle Entscheidungen über Kaufteile, Investitionen oder kostenrelevante Änderungen getroffen werden. Die Idee dahinter ist so simpel wie einleuchtend: in der Mehrzahl der Unternehmen existiert eine Einkaufsabteilung, die in der Regel nur über eine formale Unterschriftenregelung an die Nachbarfunktionen und die Geschäftsführung gekoppelt ist (hinzu kommt, dass der Einkaufsleiter in den seltensten Fällen Mitglied der Geschäftsführung oder des Vorstandes ist). *Millionenschwere*, langfristige und über den Unternehmenserfolg entscheidende Weichenstellungen werden auf Golfplätzen, in Vier-Augengesprächen, durch Vorab-Vergaben von Entwicklungs-, Fertigungs- oder Einkaufssachbearbeitern oder auf sonstigen, historisch gewachsenen Wegen entschieden. Durch eine Unterschriftenregelung mit definierten Wertgrenzen sind es einzelne Personen, die Kraft ihres Amtes Materialentscheidungen treffen, die aber in ihrer Vielschichtigkeit und Komplexität gar nicht von Einzelpersonen durchdrungen werden können. Unterschriftenregelungen ohne sinnvoll hinterlegte Abläufe sind ein perfides Instrument, gaukeln sie doch Revisionssicherheit und Professionalität vor, können jedoch zu betriebswirtschaftlich völlig unsinnige Entscheidungen führen.

Die Anforderungen hinsichtlich Qualität, Technik, Kosten und Projektrahmendaten an Lieferanten erfordern in ihren Wechselbeziehungen eine adäquate Berücksichtigung bei der Lieferantenentscheidung. Jede Qualitätsanforderung muss auch konstruktiv berücksichtigt werden, hat einen Kosteneinfluss und gegebenenfalls Auswirkungen auf die Einhaltung der Projektmeilensteine. Welche einzelne Person hat für eine Vielzahl an Kaufteilen bei einem spezifischen Projekt das Fach- und Detailwissen, um für jede Komponente die „optimale" Entscheidung hinsichtlich des auszuwählenden Lieferanten zu treffen? Kein Mitarbeiter hat Interesse, die alleinige Verantwortung zu übernehmen, wenn bei auftretenden Problemen quasi automatisch der Zeigefinger aus den Nachbarabteilungen erhoben wird, um dem Entscheider vorzuhalten, wie er/sie denn überhaupt so einen schlechten und unfähigen Lieferanten auswählen konnte. Sourcingentscheidungen betreffen das *gesamte* Unternehmen und übertreffen den Personal- und Fertigungsbereich in ihrer Kostenrelevanz in der Regel bei weitem, insbesondere, wenn man den zunehmenden Trend zur Fertigungstiefenreduzierung mit einbezieht.

Eine weitere Variante real existierender Sourcingentscheidungen besteht darin, dass *gar nicht entschieden wird* und das Thema Material so lange am Rande mitläuft, bis nur „der Eine" in Betracht kommt, um die verbindlichen Termine halten zu können. Dieser „Entscheidungsweg" garantiert den Entfall nachträglicher Schuldbezichtigungen, weil klar begründet werden kann, dass aus Zeitgründen kein anderer Lieferant ernsthaft berücksichtigt werden konnte. Über die Kosten wird in einem solchen Umfeld nicht gesprochen.

Weitere Ursachen für unstrukturierte Sourcingentscheidungen sind häufig darin begründet, dass vermeintliche Entscheider sich schlicht nicht trauen, bei Lieferanten etwas einzufordern oder ihnen eine Ablehnung auszusprechen. Ein düsteres, aber reales Kapitel der Lieferantenauswahl ist persönliche Vorteilnahme. Korruption ist weitgehend tabuisiert und in der Regel nur dann nachzuweisen ist, wenn ein Lieferant einen erwarteten Gegenwert nicht erhält und „auspackt".

In einer Vielzahl von Unternehmen bestehen die Entscheidungsmechanismen bei der Lieferantenauswahl aus einer Mischung aus bürokratischen Regularien, Gutsherrenart und Aktionismus, die der strategischen Bedeutung des Auswahlprozesses in keinster Weise gerecht wird. Wie könnte also ein solches Entscheidungsmodell aussehen, das den Projektanforderungen, gemäß Technik, Service, Kosten und unternehmensstrategischen Belangen gerecht wird, praktikabel ist und von den Mitarbeitern akzeptiert wird, weil es jedem von ihnen nachhaltigen Nutzen stiftet? Es müsste ein Gremium sein, in dem das Fachwissen aus Technik, Qualität, Logistik, Fertigung, Vertrieb, Controlling und Einkauf gebündelt ist, die Teilnehmer die Früchte ihrer Entscheidung selbst ernten und eingebettet in den Advanced Purchasing- und Global Sourcing-Prozess ihre Ziele unter einfachen, anwendbaren Spielregeln erreichen können.

Das Sourcing Committee bietet als Forum für Sourcingentscheidungen (wohlgemerkt: keine Einkaufsentscheidungen) eine hervorragende Plattform, um Lieferanten in einem Umfeld der

- Transparenz

- Glaubwürdigkeit

- Verbindlichkeit

festzulegen, Kostentargets und Projektziele zu erreichen und das große Thema Material aus dem Schattendasein zu befreien. Im vorletzten Prozessschritt des AP-/ GS-Ablaufes wurde das Grundprinzip der crossfunktionalen Lieferantenauswahl bereits vorgestellt:

Im Prinzip besteht ein Sourcing Committee aus namentlich benannten, verantwortlichen Vertretern der Fachfunktionen Entwicklung, Fertigung, Logistik, Einkauf, Controlling und Qualität. Jeder der Teilnehmer steht in einem direkten Bezug zu der zu verabschiedenden Komponente und der daran gekoppelten Lieferantenentscheidung. Im Gegensatz zur konventionellen, funktional getrennten Vorgehensweise betrachtet der Qualitätsverantwortliche seine fachlichen Belange, die die unterschiedlichen qualitätsseitigen Anforderungen hinsichtlich des Kaufteils und der in Frage kommenden Lieferanten abdecken. Hinzu kommt jedoch, dass er auch für die Erreichung des Kostentargets mitverantwortlich ist, im Sinne einer UND-Verknüpfung, die Qualitäts- *und* Kostenzielerreichung verknüpft. Dies gilt analog für die Entwicklung, die Logistik, den Einkauf, das Controlling und den Vertrieb.

In der Regel hat jeder Fachvertreter bei einer singulären Betrachtung der Entwicklungs- oder Qualitätsanforderungen nach deren Klärung kein Interesse an der Lösung von Kostenfragen. Durch eine Trennung von Fach- und Kostenfragen ist aber vorprogrammiert, dass Fachlösungen ohne Rücksicht auf die Kosten erarbeitet werden, was den Komponentenpreis nach oben treibt. Die Abwägungsfalle „hohe Preise und hohe Qualität oder niedrige Preise mit entsprechend schlechter Qualität" schnappt zu. Um dies zu umgehen, verbindet die Teilnehmer des Sourcing Committees das Band der *gemeinsamen Kostenverantwortung*.

Nun ist ein Tisch mit sechs Stühlen allein noch nicht ausreichend, um dieses gemeinsame Kostenverständnis herzustellen. Erforderlich sind hierfür als Rahmenvoraussetzungen:

- eine Unternehmensstruktur, in der eine Projektorganisation etabliert ist

- Implementierung des Advanced Purchasing-Prozesses für Neuteile und des Global Sourcing-Prozesses für Serienteile

- ein vom Controlling getriebener Target Costing-Prozess für Neuteile

- verbindliche Spielregeln, die für das Sourcing Committee gültig sind.

Innerhalb des Advanced Purchasing-Prozesses mit dem verantwortlichen Projektteam und der Zielsetzung, mit den zu erreichenden Materialkosten die Rentabilität des Gesamtprojektes sicher zu stellen, bildet das Sourcing Committee den *entscheidenden* Prozessschritt. Alle vorherigen Gespräche mit den Lieferanten, Besuche, Audits, konstruktive Anpassungen etc. münden, begleitet und vorangetrieben vom Advanced Purchasing Buyer, in eine Entscheidung, in der *irreversibel* der oder die Lieferanten für das Kaufteil über die gesamte Laufzeit ausgewählt werden. Eine solchermaßen institutionalisierte Lieferantenauswahl erfordert eine gänzlich andere Vorbereitung der Teilnehmer als in den konventionellen, eher diffusen Abläufen.

Anhand der im Projektteam abgestimmten Meilensteine wird kurzfristig nach dem Projektstart die Terminleiste für die Sourcing Committees der A-Komponenten *retrograd* festgelegt: SOP, Mustertermine, Werkzeugerstellungszeiten, Entwicklungszeitraum, Verhandlungszeitraum, Plausibilitätsklärung der Angebote, Anfragezeitraum und Anfrageerstellungszeitraum bestimmen die komplette Zeitdauer von der Anfrage bis zum freigegebenen Teil. In diesem Zeitfenster navigiert der Advanced Purchasing-Buyer das Projektteam von der Anfrage bis zur Plausibilitätsklärung und Verhandlung in das Entscheidungsforum, das Sourcing Committee. Dort stellt er die letzten Stände der *Bidderslist*, des *Angebotsvergleiches*, der *Barwert-Laufzeitbetrachtung* sowie des *Vergabevorschlages* als Entscheidungsbasis vor. Nun entsteht insbesondere aufgrund dieses Vergabevorschlages eine an-, häufig auch aufgeregte Diskussion über das für und wider des vorgeschlagenen Lieferanten.

In den präsentierten Folien sind fast ausschließlich „hard Facts" aufgeführt, die aber nur einen Teil der gesamten Entscheidungskriterien abbilden. Beurteilungskriterien und Argumente, die die Erfahrungen mit der Zusammenarbeit und Verlässlichkeit mit bestehenden Lieferanten widerspiegeln, stellen teilweise objektive, aber auch subjektive Einschätzungen der Teilnehmer dar. Diese Erfahrungen und Einschätzungen hinsichtlich Liefer- und Qualitätstreue, den Entwicklungsservice und das technische Know How bestehender Lieferanten sind ebenso relevant wie die notwendige Risikoabschätzung hinsichtlich neuer, potentieller Lieferanten und deren Fähigkeiten, anspruchsvolle Neuteile aus einem Konzept heraus in ein späteres Serienteil zu überführen, das hinsichtlich Preis, Qualität und Service Weltklasseniveau entspricht.

Es existieren zwei wesentliche Hebel, die das „entweder hohe Qualität ODER niedriger Preis"-Abwägungsdenken in die UND-Verknüpfung „erforderliche Qualität UND niedrigster Preis" umformen können:

- *Die Notwendigkeit, dass jede subjektive Besserstellung eines teureren Lieferanten gegenüber einem günstigeren bewertet werden muss.* Beispiel: der bisherige Lieferant A wird bei einem Neuteil gegenüber Lieferant B favorisiert; jedoch erreicht nur B das vorgegebene Kostenziel und liegt über Laufzeit eine Mio. € günstiger als A. Es wird einer sehr überzeugenden Argumentation bedürfen, damit die Teilnehmer des Sourcing Committees davon überzeugt werden, dass eine bekannt gute Liefertreue von A den Kostenvorteil von einer Mio. € bei B mehr als kompensiert. Es heißt also an diesem Punkt, Erfahrungen und Risiken an den präsentierten Vergleichszahlen zu messen. So werden im Entscheidungsprozess subjektive Einschätzungen auf eine messbare Ebene übertragen.

- *Die Chance, in dem engen Zeitfenster direkt vor der Sourcing-Entscheidung Preise zu verhandeln, die in einem konventionellen Verhandlungsumfeld nicht erreichbar sind.* Beispiel: ein Anruf des Einkäufers aus dem Sourcing Committee heraus, bei dem das Projektteam zugeschaltet ist, wird den favorisierten Lieferanten zu einem maximal vertretbaren Preiszugeständnis bringen, wenn dieser davon *überzeugt* ist, dass in diesem Moment eine Laufzeitentscheidung für das angefragte Teil tatsächlich gefällt wird. Der Lieferant wird in dieser Zeit nicht mehr kalkulieren, sondern sich ausschließlich die Frage beantworten: „Wie wichtig ist der Kunde für mich und bin ich bereit, ohne Gewinn und nur auf Basis eines Deckungsbeitrages den Zuschlag zu erhalten?"

In einem Sourcing Committee, dass zwischen wenigen Minuten bis hin zu mehreren Stunden für eine Entscheidung benötigt, sind Ergebnisse erzielbar, die das klassische betriebswirtschaftliche Denken außer Kraft setzen und den Kunden in eine, spieltheoretisch gesprochen, dominante Position versetzen.

Nach den üblichen, vorgelagerten Verhandlungsrunden, die sich über mehrere Wochen oder Tage erstrecken, gilt normalerweise das dann erreichte Ergebnis in der Regel als „ausgeknautscht". Um einen weiteren Effekt zu erzielen, hilft die Dramaturgie des Sourcing Committees:

Es ist entscheidend, dass sich aus dem Wettbewerbsportfolio der Anbieter im Laufe der Technikgespräche und der Verhandlungen diejenigen Lieferanten heraus kristallisieren, die *ernsthaft* bestrebt sind, den Auftrag zu erhalten. Hierzu sind Abstimmungen, Angebotsüberarbeitungen und Besuche beim potentiellen Kunden erforderlich. Ist der Lieferant in diesem Prozess mit hohem Engagement involviert, so tut er dies aus klaren Beweggründen: der Lieferant sieht den Kunden als *attraktiv* an. Eine hohe Attraktivität kann für den Lieferanten unterschiedlich begründet sein, sei es durch hohe Gewinnerwartungen, sei es ein zu erwartendes Umsatzwachstum, technologische Führerschaft des Kunden oder eine gute Kundenreferenz. Ein neuer Lieferant weiß, dass der Kunde einen bis dato unbekannten Anbieter nur dann einbindet, wenn neben allen technischen Vorteilen auch und gerade ein signifikanter Kostenvorteil realisiert wird. Dies wissen ebenfalls die konkurrierenden Anbieter, seien es neue oder bestehende. Der bisherige „Haus- und Hoflieferant" wird zuerst davon ausgehen, dass die neuen Wettbewerber nur zu *dem* Grund eingebunden wurden, um sein bestehendes Angebot preislich zu drücken, er wird aber eine ernsthafte, bedrohliche Konkurrenzsituation als kaum wahrscheinlich annehmen. Die neuen Anbieter, die potentielle Lieferanten für den Kunden darstellen, werden erst aufgrund intensiver Abstimmungsgespräche nach und nach davon überzeugt sein, dass sie tatsächlich in der Ausschreibung berücksichtigt werden.

Hat das Projektteam im Laufe des Advanced Purchasing-Ablaufes die neuen Lieferanten überzeugt, dass der bisherige Lieferant nicht automatisch den neuen Auftrag erhält und die neuen eine faire Chance haben (*Glaubwürdigkeit!*), werden im Rahmen der Verhandlung echte Preisreduzierungen erzielt. Nun kommt der Faktor

Zeit ins Spiel: kurz vor dem Sourcing Committee (ca. eine Stunde vorher) nimmt der verantwortliche Einkäufer Kontakt mit den zwei bis drei interessantesten Bietern auf (er hat den präzisen Termin des Sourcing Committees in den vergangenen Wochen oder Tagen klar mit der Bitte kommuniziert, sich vorher telefonisch bereit zu halten). Der Einkäufer gibt nach einem kurzen Small Talk ein Signal an die Lieferanten, in dem er ihnen mitteilt, dass es einen engen Wettbewerb gibt und sie sich telefonisch für einen Anruf aus dem Sourcing Committee bereit halten möchten.

Ist dieser Zustand erreicht, wird jeder der Lieferanten aus dem engen Wettbewerbsfeld *alles* daran setzen, den Zuschlag zu erhalten, und zwar ohne Rücksicht auf kalkulatorische Analysen, denn jeder der Bieter möchte nur eines: *gewinnen.*

Im Sourcing Committee werden vom Team alle Pros und Contras hinsichtlich Qualität, Technik etc. diskutiert. Es entsteht gewöhnlich eine Situation, in der der Wunschkandidat der Technik zu teuer gegenüber einem Alternativanbieter ist, der graduelle Nachteile besitzt, jedoch grundsätzlich auch akzeptabel wäre. Für diese Situation hat der Einkäufer bereits durch die vorherigen Abstimmungsgespräche und Verhandlungen der vergangenen Wochen und Tage ein positives Klima bei den Lieferanten geschaffen. Durch das vorherige Telefonat bringt er eine wesentlich höhere Geschwindigkeit ins Spiel, da nun die Lieferanten einen Anruf aus dem Sourcing Committee erwarten und sich *innerhalb von Minuten* entscheiden müssen, ob sie ein neues, niedrigeres Target akzeptieren.

Weiß der Lieferant, dass in diesen entscheidenden Minuten eine Sourcingentscheidung über Laufzeit getroffen wird (*Verbindlichkeit!*) und kommuniziert der Einkäufer in diesem Moment am auf Lautsprecher geschalteten Telefon (alle Teilnehmer des Sourcing Committees hören mit) die vorhandene preisliche Situation glaubhaft, wird der Lieferant

- weiteren signifikante Reduzierungen zusagen (dieses Telefonat wird mit dem Vertriebsleiter oder -geschäftsführer des Lieferanten geführt, der intern argumentieren wird, dass bei einem momentanen kalkulatorischen Verlust derzeit Ratiopotentiale unentdeckt sind, die aber zukünftig genutzt werden und helfen, die Komponente in der laufenden Serie in die Gewinnzone zu bringen), weil er ganz nah am Ziel ist

- den zugesagten Preis statt für das gesamte Volumen auch bei einem Vergabeanteil von fünfzig oder sechzig Prozent aufrechterhalten (obwohl das Diktat der Fixkostendegression dies eigentlich verbieten müsste)

- Zugeständnisse bei den jährlichen, prozentualen Laufzeitreduzierungen machen und/ oder auf die Erstattung der Werkzeugkosten und Prototypenkosten gänzlich verzichten (der Lieferant erhält vom Einkäufer keine plumpe Preisreduzierungsforderung, sondern die Möglichkeit, im Rahmen der Kostenbetrachtung über Laufzeit verschiedene Kostenschrauben zu justieren: der Einkäufer bietet damit verschiedene Lösungsmöglichkeiten an, die er mit dem Lieferanten am Telefon mit Hilfe des PC's simulieren kann).

Warum sollten die Lieferanten solche Zugeständnisse machen, da logischerweise niemand etwas zu verschenken hat? Die Antwort lautet, dass die Anbieter wissen, dass die Sourcingentscheidung über Gewinner und Verlierer entscheidet und dies den Lieferanten in beiden Fällen unmittelbar nach dem Sourcing Committee mitgeteilt wird (*Konsequenz* als dritter Erfolgsfaktor des Sourcing Committees). Der vorhandene Zeitdruck wirkt als zusätzlicher Katalysator – überhaupt ist der zunehmende Zeitdruck vor der ausstehenden Entscheidung gekoppelt mit der Wettbewerbssituation ein ganz zentrales Element des Forward Sourcing-Prozesses, der in der Durchführung des Sourcing Committees seinen Höhepunkt findet. Die Zeitschraube im Vergabeprozess bewegt sich in den Geschwindigkeitsintervallen *Wochen* (Anfrage, Plausibilisierung, Audits etc.), dann *Tage* (Lieferantenworkshops, Verhandlungsrunden), *Stunden* (Anfrageüberarbeitungen in den letzten zwei Tagen vor dem Sourcing Committee) und *Minuten* (kurz vor und während des Sourcing Committees). Diese Beschleunigung sorgt dafür, dass die Lieferanten, also deren Vertreter in der Geschäftsführung und/ oder Vertriebsleitung geistig und mental zunehmend damit beschäftigt sind, den Auftrag zu erhalten. Ein Lieferant, der sich in dieser Spirale befindet, wird alles tun, um den Auftrag zu erhalten; seine Kostensituation wird er als eher unwichtig betrachten, denn die beiden weiteren preispolitischen Fragestellungen sind nun unverhältnismäßig wichtiger:

- Was sind die Preise des Wettbewerbs?

- Was ist der Kunde bereit zu zahlen?

Nun wird auch klarer, dass der Forward Sourcing-Prozess und das Sourcing Committee keine administrativen Vergabeprocedere sind, sondern Marketingtools, um die weltbesten Lieferanten zu den weltbesten Konditionen einzubinden. Der Einwand, dass Lieferanten zu Zugeständnissen gebracht werden, die im Nachhinein nicht haltbar sind oder ihn in den Ruin treiben, ist nicht haltbar: der gesamte Ablauf basiert auf Freiwilligkeit und: es wird seitens des Kunden nicht gepokert (Glaubwürdigkeit). Versucht der Einkäufer zu suggerieren, dass der Wunschkandidat einen Auftrag nur dann erhält, wenn er eine bestimmte Preisreduzierung vornimmt, und dieser Lieferant lehnt ab, erhält aber *trotzdem* den Auftrag, ist jede Glaubwürdigkeit bei weiteren Sourcing Committees verschenkt.

Verbindlichkeit, Glaubwürdigkeit und Konsequenz sind die Kardinaltugenden eines Projektteams, einer Einkaufsorganisation und des Einkäufers und stehen im Mittelpunkt jeder Verhandlung bzw. Vergabe.

Jeder gruppendynamische Prozess erfordert Spielregeln; dies ist beim Sourcing Committee genauso. Um eine Entscheidung fällen zu können, bei der es um viel Geld und eine langfristige Bindung geht, bedarf es eines *Regulariums*, in dem jeder der Teilnehmer sein Wissen, seine Erfahrungen und seinen Anteil an der Entscheidung einbringen kann:

Regel # 1

Eine Entscheidung oberhalb des festgelegten Kostentargets ist nicht möglich!

Dieser Regel wird generell mit der Killerphrase begegnet, dass dies aufgrund gemachter Erfahrungen und den niedrigen Kostenvorgaben nicht realistisch sei. In diesem Fall wird die Nichterreichung der Projekte quasi von vorn herein vorausgesetzt. Dieser Ansatz wird nun umgekehrt: anstatt im Projektteam die Energie für das Finden von Umgehungen von Targets und Begründungen, warum etwas nicht erreicht werden kann, zu verschwenden, muss sich nun das Team mit allen zur Verfügung stehenden Mitteln auf die Unterschreitung des Targets konzentrieren. Dass dies nicht nur die Verhandlung umfasst, sondern alle konstruktiven, qualitativen und sonstigen Ansatzpunkte zur Zielerreichung, liegt auf der Hand.

Regel # 2

Eine Entscheidung erfolgt nur einstimmig und nicht nach dem Mehrheitsprinzip!

Eine Entscheidung wird nur dann gefällt, wenn das Kostentarget erreicht wird *und* jeder einzelne Teilnehmer im Sourcing Committee verbindlich zustimmt. Das Überstimmen eines einzelnen Funktionenvertreters durch den Rest des Teams ist nicht zulässig. Eine tragfähige Entscheidung kann langfristig nur dann greifen, wenn alle relevanten Aspekte bei der Vergabe erfüllt werden und die Vertreter der verschiedenen Fachfunktionen im Sourcing Committee auch von der Richtigkeit der Entscheidung überzeugt sind.

Regel # 3

Der Einkäufer stellt die Bidderslist, den Angebotsvergleich, die Laufzeitbetrachtung sowie den Vergabevorschlag vor!

Ein Prozesstreiber für die Sourcing-Entscheidung ist der Advanced Purchasing Buyer. Er trifft nicht allein die Sourcing-Entscheidung, ist jedoch mit den anderen Funktionen gleichberechtigt im Sourcing Committee vertreten und dafür verantwortlich, einen entscheidungsfähigen Vergabevorschlag zu präsentieren. Im Sinne der Materialverantwortung (nicht der alleinigen Kostenverantwortung!) vertritt der Advanced Purchasing Buyer intern die Materialinteressen des Projektteams; die Stimme nach außen, gegenüber den Lieferanten erfolgt bei Verhandlungen durch die Commodity Manager bzw. Serieneinkäufer der relevanten Materialgebiete.

Regel # 4

Es gibt vor dem Sourcing Committee keine Vorab-Entscheidungen!

Niemand hat Zeit zu verschenken und verbringt Meetings damit, vorab getroffene Entscheidungen abzunicken. Eine gute Abstimmung der Projekterfordernisse und Kenntnis der Präferenzen der einzelnen Projektmitglieder helfen, einen tragfähigen und abgewogenen *Vergabevorschlag* zu erstellen. Dies bedeutet jedoch, dass neue Erkenntnisse, Einwände, Angebotsverbesserungen bis zur finalen Entscheidung im Sourcing Committee eingebracht werden dürfen, ja sogar sollen. Die Einbeziehung des Lieferanten in technische, qualitative, logistische und verhandlungsbedingte Fragen und Forderungen ist bis zum letzten Moment möglich.

Regel # 5

Die Teilnehmer des Sourcing Committees werden mit entsprechendem Vorlauf vom Advanced Purchasing Buyer eingeladen und erhalten auf Anfrage den aktualisierten Stand der Unterlagen!

Eine gute Entscheidung erfordert eine gute Vorbereitung. Die Teilnehmer im Sourcing Committee können nur dann fundiert urteilen, wenn Sie auch den letzten Stand der technischen Gespräche und Angebote besitzen und noch ausreichend Zeit haben, eventuelle Fragen im Team oder mit dem Lieferanten zu klären. Die Verteilung von Angeboten wird insbesondere im Einkauf als kritisch gesehen, ist aber aus o. a. Gründen notwendig.

Regel # 6

Das berechtigte Veto eines Teilnehmers aus Qualitäts-, Logistik-, Technik- oder sonstigen Gründen führt zu einem Maßnahmenplan, der bis zu einem neuen Sourcing Committee abgearbeitet wird!

Qualität, Entwicklungs-Know How oder -Service sind Kriterien, die sich nicht immer in Euro und Cent belegen lassen und trotzdem vom Team in Relation zu Preisen und Kosten gesetzt werden müssen. Es entsteht in der Regel eine gewollte, angeregte und kontroverse Diskussion. Existieren qualitative oder sonstige Kriterien, die gegen die in Frage kommenden Lieferanten sprechen, kann keine Entscheidung getroffen werden. Anstelle dessen wird ein Maßnahmenplan mit genauen Inhalten, Verantwortlichkeiten und Terminen erstellt und innerhalb von maximal zwei Wochen abgearbeitet (z. B. ein erforderliches Lieferantenaudit o. ä.).

Regel # 7

Die Lieferanten erfahren den genauen Termin des Sourcing Committees und anschließend das Ergebnis (Zuschlag oder Nichtberücksichtigung) telefonisch vom Einkäufer!

Verbindlichkeit und Konsequenz erfordern klare Kommunikation nach außen. Der Advanced Purchasing Buyer und der Commodity Manager machen aus dem Sourcing Committee kein Geheimnis, sondern leiten im Sinne der taktischen Verhandlungsplanung gezielt auf den konkreten Termin hin (wie geschildert: im Wochen-, Tage-, Stunden- und Minutenrhythmus). Nach der Entscheidung wird der nominierte Lieferant direkt benachrichtigt; ebenso diejenigen Lieferanten, die leer ausgingen. Eine kurze Begründung der

Negativpunkte ist aus Glaubwürdigkeitsgründen sehr wichtig und hilft dem Lieferanten, zukünftig vorhandene Defizite auszuräumen. Schriftliche Stellungnahmen, des Öfteren von Lieferanten in dieser Situation gefordert, werden selbstverständlich nicht gegeben, da der Kunde nicht unter Rechtfertigungszwang steht, sondern dem Lieferanten einen zumindest verbalen und kostenlosen Marktforschungsdienst erweist. Jeder Lieferant ist an der Einschätzung seiner Kunden interessiert, und: es zeigt kundenseitige Größe, auch eine schlechte Nachricht direkt zu kommunizieren.

Regel # 8

Die Entscheidung im SC wird durch persönliche Unterschrift der Teilnehmer auf dem Vergabeblatt dokumentiert!

Die Dokumentation einer Entscheidung, vor allem mit der Tragweite einer Lieferantenauswahl im ein- bis dreistelligen Millionen-Eurobereich über Laufzeit ist eigentlich eine Selbstverständlichkeit. Die psychologisch wichtige Hürde einer Unterschriftsleistung der Teilnehmer unterstreicht deren Entscheidungswillen und gewährleistet die Nachvollziehbarkeit der getätigten Entscheidung. Ein Nebeneffekt besteht darin, dass eventuelle Meinungsmacher und Bedenkenträger, die jedoch keine Verantwortung übernehmen wollen (eine Kombination dieser Eigenschaften ist nicht selten anzutreffen) spätestens nach dem ersten Sourcing Committee einen weiten Bogen um dieses Gremium machen werden. Dieser Effekt ist durchaus erwünscht, weil sowohl die Sourcing Committee-Zeitdauer verkürzt als auch die Güte der Entscheidung verbessert wird.

Wie im Advanced Purchasing-Prozess skizziert, existieren verschiedenste Ausprägungen von Sourcing Committees, die sich auf zwei Grundtypen reduzieren lassen:

- Die Lieferantenauswahl in einem *fest institutionalisierten, kontinuierlich tagenden Auswahlgremium*, das von festen Vertretern (Leitern) der Fachfunktionen Qualität, Einkauf, Fertigung, Controlling, Entwicklung und Logistik zusammengesetzt ist, und in dem in sequentieller Abfolge eine größere Anzahl an Komponenten entschieden wird

- Das Sourcing Committee als *voll integrierter Bestandteil des oder der Projektteams.* Die Mitglieder des Projektteams sind gleichzeitig die Teilnehmer und alleinigen Entscheider im Sourcing Committee. Nur bei Uneinigkeit über ausstehende Entscheidungen wird die Eskalation über die Hierarchieebenen zur Geschäftsführung/ zum Vorstand vorgenommen.

Beide Grundtypen funktionieren grundsätzlich mit denselben Spielregeln, unterscheiden sich aber in wesentlicher Hinsicht durch:

Merkmal # 1

Flexibilität

Die Frage, in welchem *Zeitraum* ein Advanced Purchasing-Prozess bis zur Lieferantenauswahl durchgeführt wird, hat wesentliche Auswirkung darauf, ob Typ 1 oder 2 die passende Form des Sourcing Committees für das eigene Unternehmen darstellt. Es hat sich bewährt, dass Automobilhersteller den fest institutionalisierten Typ 1 favorisieren. Die Möglichkeit der parallelen Abfrage der internationalen Einkaufsbüros innerhalb der eigenen Organisation und die hohe Anzahl an Entscheidungen legen ein wöchentlich tagendes Sourcing Committee mit fester Grundbesetzung nahe.

Zulieferanten hingegen befinden sich nicht am Ende, sondern mitten in der Wertschöpfungskette und sind daher in ein vorgegebenes Zeitkorsett eingezwängt. Im Normalfall ist die Einhaltung der vom Kunden bestimmten Rahmenbedingungen nur mit allergrößter Anstrengung zu erreichen. Die vollständige Steuerung des Sourcing Committees durch das Projektteam bietet sich in diesen Fällen an, vorausgesetzt, die Entscheidungen werden im Sinne einer durchgängigen Materialstrategie zusammengeführt.

Merkmal # 2

Struktur, Einkaufsvolumen und Anzahl der Kaufteile

Der große Nachteil der Variante 2 besteht darin, dass das Projektteam nur bei Neuteilen im Advanced Purchasing-Prozess vorhanden ist. Es liegt in der Natur eines Projektteams, dass es sich nach erfolgreichem Anlauf des entwickelten und industrialisierten Produktes auflöst. Beim laufenden Serienmaterial hingegen existiert diese Projektstruktur nicht. Ohne die Hilfe eines fest eingebetteten Sourcing Committees entsprechend Variante 1 wird sich der Commodity Manager als Verantwortlicher und Prozesstreiber für das Serienmaterial schwertun, eine Entscheidung herbeizuführen. Es bietet sich daher bei Variante 2 an, im Rahmen eines ca. einjährigen Projektes ein wöchentlich tagendes Sourcing Committee für Serienteile einzurichten.

Merkmal # 3

Dezentrale oder zentrale Unternehmensorganisation

Innerhalb einer dezentralen Konzernstruktur oder Unternehmensorganisation mit unternehmerisch selbstständig agierenden Divisionen ist es nur schwer möglich, Sourcing-Entscheidungen auf Konzernebene durchzuführen (es sei denn, es existieren durchsetzbare, konzernweite Leitlinien und Bündelungsgremien). Bei zentral aufgestellten Unternehmen bietet sich Variante 1 an. Dabei gilt die Faustregel, dass das Sourcing Committee der Variante 1 auf dem der Unternehmensstruktur höchsten Level aufgesetzt werden sollte. Dezentral organisierte Unternehmen, erfahren in der Projektarbeit und mit klar strukturierten Projektabläufen werden eher von der Variante 2 profitieren werden, weil eine nachträgliche Einbringung und Synchronisierung des Advanced Purchasing-Prozesses mit dem darin integrierten Sourcing Committee in den bereits etablierten Produktentstehungsprozess mit relativ geringem Aufwand möglich ist.

Merkmal # 4

Unternehmenskultur und Awareness gegenüber dem Einkauf

In Unternehmen, in denen der Einkauf bis dato eine untergeordnete, abwickelnde Rolle hatte, ist die Unterstützung durch die Geschäftsführung oder den Vorstand unerlässlich. In einem solchen Umfeld stellt die Variante 1 den nötigen Anschub, ausgehend von der Unternehmensleitung, sicher.

Umgekehrt bietet sich Variante 2 an, wenn der Einkauf gleichberechtigt zu den Nachbarfunktionen positioniert ist und ein progressiv ausgerichteter Einkaufsleiter eine dezentrale Sourcing Committee-Struktur mit einem professionellen Mitarbeiterstamm ohne Einflussverlust etablieren kann.

Zusammenfassend lässt sich über das Sourcing Committee festhalten, dass darin alle Aktivitäten, die während des Global Sourcing- und Advanced-Purchasing-Prozesses von den verschiedenen Fachverantwortlichen durchgeführt werden, in eine strukturierte, nachvollziehbare Vergabeentscheidung münden.

Es ist Aufgabe des Einkaufs, die Treiberfunktion wahrzunehmen und ein Team, das wahrscheinlich die Senkung der Materialkosten nicht mit vorderster Priorität betrachtet, zu steuern und dazu zu bringen, die Weltbesten zu nutzen. Das Sourcing Committee stellt die *Vernetzung zwischen der Aufbau- und Ablauforganisation* des Unternehmens zur Optimierung der Materialkosten dar.

3.6 Eigenfertigung im Wettbewerb: Make or Buy

War in den vorherigen Beschreibungen häufig von Wettbewerb die Rede, so waren damit *konkurrierende Lieferanten* im Rahmen von Komponentenvergaben gemeint. Nun bestehen Teile, Komponenten und Systeme, die in das Endprodukt einfließen, nur zu einem Anteil aus klassischen Kaufteilen. Das gesamte Materialspektrum umfasst auch diejenigen Komponenten, die in der Eigenfertigung hergestellt werden oder hergestellt werden könnten (Abb. 24).

Die Materialkosten am Produkt setzen sich aus Fremd- und Eigenbezugsteilen zusammen

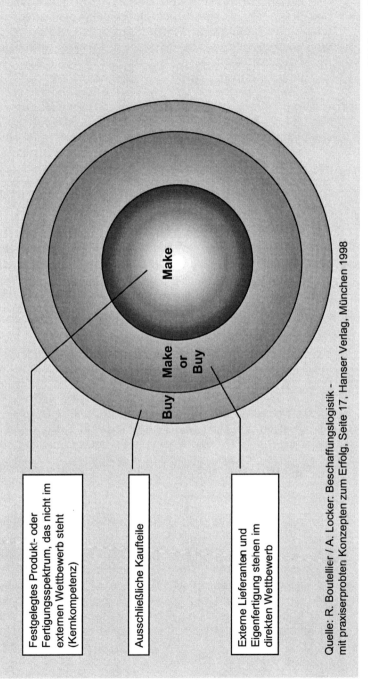

Festgelegtes Produkt- oder Fertigungsspektrum, das nicht im externen Wettbewerb steht (Kernkompetenz)

Ausschließliche Kaufteile

Externe Lieferanten und Eigenfertigung stehen im direkten Wettbewerb

Quelle: R. Boutellier / A. Locker: Beschaffungslogistik - mit praxiserprobten Konzepten zum Erfolg, Seite 17, Hanser Verlag, München 1998

Abbildung 24

Der Begriff der Kernkompetenz ist in den vergangenen Jahren häufig strapaziert worden. Verbunden wird damit die Rückbesinnung und Konzentration auf die Fähigkeiten, die im Vergleich zu den Konkurrenten echte Wettbewerbsvorteile darstellen. Diese Fähigkeiten können Bereiche oder Teilbereiche der Produktentwicklung, Fertigung, Logistik oder des Marketings sein. Warum z. B. sollte ein Hersteller von Halbleitern nicht seine Buchhaltung auslagern, von einem externen Dienstleister erledigen lassen, um sich auf die Entwicklung innovativer Produkte mit allen erforderlichen Ressourcen zu konzentrieren? Und warum sollte ein Hersteller von Navigationssystemen die notwendigen Kunststoffgehäuse selbst fertigen und in die dafür erforderlichen Anlagen und Kunststoffspritzgießmaschinen investieren, wenn   diese Komponenten auch ohne eigene Investitionen von kompetenten Unternehmen auf dem Beschaffungsmarkt erhältlich sind?

Die Antwort wird in jedem Unternehmen individuell beantwortet. Aus der Historie heraus wurden mit bestimmten Produkten, in bestimmten Branchen und mit frühzeitig entwickelten Verfahren und Fertigungsprozessen Märkte erobert. Aus dieser Entwicklung kristallisiert sich heraus, was ein Unternehmen am besten (im Sinne von kundenseitiger Nutzenstiftung und fertigungs- oder kostenseitigen Vorteilen) beherrscht. Dieser Bereich ist in der Graphik rot als „Make" dargestellt. Mit Ausnahme von generischen Betrachtungen steht dieser Umfang an internen Dienstleistungen oder Eigenfertigung nicht im Wettbewerb mit externen Lieferanten und wird folgerichtig vom Einkauf auch nicht betrachtet. Die Einkaufsfunktion sollte jedoch wissen, *warum* diese Bereiche Kernkompetenzen darstellen und dies nicht kritiklos und als gottgegeben hinnehmen. Es besteht die Gefahr, dass im Laufe der Zeit aus egoistischen Zielen anderer Bereiche bestimmte Fertigungsumfänge oder Wertschöpfungsumfänge flugs zu Kernkompetenzen erklärt werden, nur um z. B. kurzfristige Auslastungsprobleme zu lösen.

Der zweite konzentrische Kreis, „Make or Buy", stellt Eigenfertigung und externe Lieferanten in direktem Wettbewerb zueinander dar. Leider ist sowohl der Wettbewerb als auch der Auswahlprozess in der Unternehmensrealität alles andere als transparent. Es gibt keinen anderen Bereich in der Materialwirtschaft, der stärker von *machtpolitischen Interessen* unterschiedlichster Unternehmensmitglieder gesteuert wird, als die Vergabe von Make or Buy-Umfängen. Es geht um beschäftigungspolitische Aspekte, kurz- und langfristige Auslastung, Personalreduzierung oder -aufbau, Offenlegung interner Kostenstrukturen, Investitionen und Budgets, neue Maschinengenerationen, Standortfragen, Zusammenarbeit mit dem Betriebsrat etc. Leider geht es viel zu selten um einen möglichst objektiven Vergleich zwischen der Wettbewerbsfähigkeit des eigenen Hauses und externen, globalen Lieferanten als Grundlage für eine Vergabeentscheidung. Allein die Betrachtung auf Basis variabler oder Vollkosten kann, scheinbar objektiv, zu entgegen gesetzten Entscheidungen führen. Eine stärkere Transparenz und Objektivität können also nur helfen.

Der äußere konzentrische Kreis umfasst die reinen Kaufteile, die nicht im Wettbewerb mit der Eigenfertigung stehen und den klassischen Umfang bilden, der von der Einkaufsabteilung verantwortet wird. Bei Firmen mit ausgeprägter Fertigungstiefe sind dies häufig Komponenten, welche die Kapazität der eigenen Fertigung überstiegen oder die aufgrund konstruktiver Defizite zu Problemen in der Fertigung führten und deshalb ausgelagert wurden. Gerade für diese Unternehmen ist es lohnenswert, die eigene Attraktivität bei den Lieferanten zu steigern und den Bereich „Make or Buy" stärker zu untersuchen und Umfänge der Eigenfertigung in Wettbewerb mit externen Lieferanten zu stellen.

Es ist relativ einfach, für den Kreis „Make or Buy" die globalen Lieferanten und die Eigenfertigung in *einen* Anfrageprozess zu integrieren, sei es im Global Sourcing- als auch Advanced Purchasing-Prozess. Hierbei erhält der Leiter des verantwortlichen Fertigungssegmentes die erforderlichen Anfrageunterlagen, um bei Neuteilen im Advanced Purchasing-Prozess auf *Vollkostenbasis* ein Angebot beim verantwortlichen Einkäufer abzugeben (welche Investitionen sind eventuell erforderlich, um das Teil zu produzieren?).

Bei Anfragen laufender Serienteile gilt dies auch, wenn das Teil bisher extern bezogen wurde. Besteht hingegen die Möglichkeit, ein bisher intern produziertes Teil oder Teilespektrum auszulagern, ist die Entscheidungsbasis ein Vergleich zwischen externen Preisen der Zulieferanten und den *auslagerungsfähigen Kosten der Eigenfertigung*. Häufig werden höheren Vollkosten angesetzt, um einen möglichst großen Kostenvorteil bei einer Auslagerung zu suggerieren. In Wirklichkeit lässt sich nach erfolgter Auslagerung feststellen, dass weder die betroffenen Maschinen verkauft oder anderweitig genutzt werden, die Hallenfläche immer noch frei steht und das Fertigungspersonal weder umgesetzt noch eventuell abgebaut wurde. So wurden durch die Bezugspreise für die ausgelagerten Komponenten nur weitere Kosten verursacht, damit z. B. der Fertigungsleiter für ihn unbequeme Teile auszulagern oder eine bestimmte Investitionspolitik zu realisieren. Es gibt im Unternehmen kaum keinen politisch brisanteren Bereich als den der Auslagerung von Fertigungsumfängen und die Beantwortung der Frage, was für das eigene Unternehmen tatsächliche Kernkompetenzen sind. Offensichtlich wird hier an Urfesten gerüttelt, was Konflikte vorprogrammiert. Erfahrungsgemäß spielen Werkleiter, Fertigungsleiter, Arbeitsdirektoren und Arbeitnehmervertreter hierbei die wesentlichen Rollen. Der verantwortliche Einkäufer, der einen solchen Vorgang zu betreuen hat, benötigt ein hohes Maß an Konfliktbereitschaft und diplomatischem Einfühlungsvermögen, weil nicht selten der vermeintlich größte Verfechter von Kostensenkungsprogrammen in sehr kurzer Zeit aus auslastungs- oder beschäftigungspolitischen Aspekten zum Bedenkenträger mutiert.

Die Vorteile der Ausweitung des Wettbewerbsprinzips auf die internen Fertigungsumfänge liegen darin, dass diese, gemessen am externen Markt und je nach individuellen Stärken und Schwächen, einem ständigen, nachhaltigen Verbesserungsprozess unterliegen. Mit zunehmender Anzahl von Ausschreibungen von Neuteilen zeigt der objektive Spiegel des Angebotsmarktes, wie wettbewerbsfähig die eigene Fertigung ist, welche Produkte oder Produktgruppen tatsächlich günstiger im eigenen Unternehmen platziert sind und welche den externen Lieferanten unterlegen sind. Es ist verwunderlich, dass ein solcher Wettbewerbsspiegel, der ohne großen Aufwand realisierbar ist, in der realen Unternehmenswelt so stark tabuisiert ist und kaum stattfindet. Die Eigenfertigung und der verantwortliche Fertigungsleiter erhalten wertvolle Informationen, wie die eigene Wettbewerbsfähigkeit gesteigert werden kann. Dies gilt ebenso für den Einkauf, der Rohstoffe und Halbzeuge für die Fertigung einbringt und damit auch einen großen Anteil an der Kostenstruktur der Eigenfertigung hat. Die Einbeziehung der eigenen Fertigung bei Anfragen für Neuteile hat damit nicht nur Auswirkungen auf die Materialkosten, sondern auch auf Fertigungs- und Personalkosten sowie auf die Gemeinkostenstruktur des eigenen Unternehmens. Der Hebeleffekt einer solchen Vorgehensweise erfordert ein Umdenken in fast allen Bereichen des Unternehmens und lässt das Sourcing Committee für Entscheidungen, bei denen es um Eigen- oder Fremdfertigung geht, zu spannenden Treffen werden. Spätestens an diesem Punkt ist es offensichtlich, warum die beiden Sourcing-Prozesse, Global Sourcing und Advanced Purchasing, vom Vorstand bzw. der Geschäftsführung mit Nachdruck unterstützt werden müssen, wenn sie erfolgreich etabliert werden sollen. Eine solche Vorgehensweise hat mit dem klassischen, operativen Einkauf, der vom Profil her Fehlteilejäger und

Verwalter ist, nichts mehr zu tun. Der nun etablierte, prozessorientierte Einkauf steuert ganz wesentliche Kostenentscheidungen mit Hilfe des Sourcing Committees. Eigenfertigung, Arbeitsdirektor, Betriebsrat und andere Personen und Instanzen zeigen plötzlich ein ganz ausgeprägtes Interesse an dem, was der Einkauf leistet. Das wirkungsvollste Instrument, das dem Einkauf zur Verfügung steht, ist das der Transparenz, um gegenläufigen Interessen der unterschiedlichsten Prozessteilnehmer ein sehr sachliches Ziel entgegen zu setzen, nämlich strategisch sinnvolle Entscheidungen und eine wesentliche Verbesserung der Kostensituation.

Die Erstellung eines internen Angebotes und vor allem die objektive Berechnung tatsächlich auslagerungsfähiger Kosten erfordert die Arbeit eines guten Controllers, denn ob Maschinen, Maschinenflächen, Personal, Infrastruktur etc. tatsächlich anderweitig eingesetzt oder ausgelagert werden können, ist nur individuell bestimmbar. Besonders schwierig wird es bei der Bewertung der Reduzierung der Prozesskosten: welche davon haben Fixkostencharakter und welche reduzieren sich bei einer Auslagerung tatsächlich? Welche Bewertungsmaßstäbe sind anzusetzen? Die Schwierigkeit besteht darin, dass diese Kostenbetrachtungen beliebig dehnbar sind, um eine Entscheidung in die eine oder andere Richtung scheinbar sachlich und objektiv zu steuern. Dies zu untersuchen, ist nicht Aufgabe der Fertigung oder des Einkaufs, sondern des Controllings, das in kritischer Zusammenarbeit mit Fertigung und Einkauf die erforderlichen Daten konsolidiert und entscheidet, welche Koste in welcher Höhe ausgelagert werden können. Interessant für den Einkauf ist der „Make or Buy-Kreis, der mehr umfasst, als das Kaufteilportfolios des Einkaufs bisher ausmachte. Je nach Fertigungstiefe des eigenen Unternehmens kann dieser zusätzlich betrachtete Umfang eine erhebliche Erweiterung des direkten Einkaufsvolumens darstellen. Die Vernetzung des Einkaufs mit der Fertigung zur Optimierung der gesamten Materialkosten ist damit einen wesentlichen Schritt weiter gekommen.

3.7 Mit Argumenten überzeugen: Verhandlungen führen

In unserer auf Rationalität und Effizienz ausgerichteten Unternehmenswelt scheinen Preisfindungen und Produktvermarktung stromlinienförmige Prozesse zu sein, in denen Emotionen, die Wahl des richtigen Zeitpunktes für Entscheidungen und das persönliche Miteinander zwischen Vertriebsmitarbeiter und Einkäufer zweitrangige Größen sind. Spätestens seit dem Internet-Boom der späten neunziger Jahre und dem Aufbau von elektronischen Marktplätzen im industriellen Handel (Business to Business, B2B) war man vollends der Ansicht, dass Kauf und Verkauf via Internet den direkten Kundenkontakt ersetzen könnten. Das Platzen der Internetblase zu Beginn des neuen Jahrhunderts zeigte, dass elektronische Marktplattformen nur ein *Medium* sind und vielmehr eine intelligente Mixtur aus klassischen Verhandlungen, dem direkten Gespräch zwischen Kunden und Lieferant und die Nutzung moderner Kommunikationstools in einer sinnvollen Kombination erfolgversprechend sind. Mit anderen Worten: das Internet an sich ist weder eine Wunderwaffe noch verdammenswürdig, sondern ein Instrument, das sinnvoll eingesetzt werden kann oder sogar Schaden anrichtet, je nach Anwender und Anwendung. Das Internet und B2B-Marktplätze sind Informationsplattformen und ersetzen keine Abläufe.

Das Internet besitzt für den Einkäufer zwei unschätzbare Eigenarten: es schafft bei Einbindung in Standardprozesse per Mausklick ein Höchstmaß an Transparenz und sorgt aufgrund seiner globalen Verbreitung und der Möglichkeit, unterschiedlichste Informationen ohne Zeitverlust zu übermitteln, für eine drastische Reduzierung von Prozesskosten. Es wäre höchst nachlässig, diese Vorteile nicht zu nutzen. Allerdings: ein Internetanschluss allein senkt noch keine Kosten im Unternehmen. Hierzu bedarf es mehr, nämlich den unterschiedlichen Anforderungen angepasste Methoden, Strategien und Taktiken, die unter Nutzung moderner Kommunikationsmittel eine wirkliche Kostenreduzierung bewirken.

Bevor auf die Hebelwirkung von erweiterten Verhandlungswerkzeugen (sog. Advanced Negotiation Tools) eingegangen wird, soll zunächst die klassische Verhandlung stärker beleuchtet werden. Eine erfolgreiche Verhandlung ist einkaufsseitig charakterisiert durch:

- exzellente Vorbereitung und stringente Argumentationsketten

- den richtigen Teilnehmerkreis, sowohl auf Kunden- als auch auf Lieferantenseite

- den richtigen Ort und die passende Uhrzeit, sowie eine angemessene Verhandlungsdauer

- ein klares Ziel und eine durchgängige Strategie

- einen souveränen und authentischen Einkäufer

Es ist erstaunlich, dass diese eigentlich selbstverständlichen Voraussetzungen von Einkäufern und der Einkaufsorganisationen permanent und mit hoher Konsequenz ignoriert werden. Im Gegenteil, viel häufiger erfährt man auf Nachfrage vor einer Verhandlung, warum Ziele *nicht* durchsetzbar sind: Stückzahlen wurden nicht erreicht, der Lieferant ist in finanziellen Problemen, das Teil wurde technisch komplizierter als geplant, Forderungen sind juristisch nicht durchsetzbar, das Einkaufsvolumen ist zu gering, der Lieferant macht schon jetzt keinen Gewinn usw. Der Kreativität sind keinerlei Grenzen gesetzt, um den Lieferanten schon im Vorfeld der Verhandlung in Schutz zu nehmen. Dahinter steckt ein höchst erfolgreicher Marketingtrick, der so erfolgreich ist, weil er oberflächlich betrachtet einleuchtend erscheint: es geht um die „Win-Win"- oder „Partnerschaftskeule". Auf den ersten Blick ist es sehr einleuchtend, dass ein Lieferant nur dann motiviert ist und sich engagiert, wenn er sich auch einen Nutzen davon verspricht und „etwas davon hat". Dies leuchtet jedem Einkäufer ein und er nimmt auf dieser Basis fast jedes Gegenargument des Lieferanten auf. Ein erfolgreicher Verhandler löst sich vollständig von o. a. Einwänden, weil sie nur lästigen Ballast in der gemeinsamen Verhandlung und Zusammenarbeit darstellen.

Eine erfolgreiche Verhandlung beinhaltet natürlich Respekt dem gegenübersitzenden Partner, pendelt jedoch immer um den egoistischen Nutzen, den jeder Verhandlungspartner aus den zu erreichenden Ergebnissen zu ziehen gedenkt. Der Partnerschaftsgedanke im falsch verstandenen Sinne verwischt, dass der Kunde eine Leistung nachfragt, für die der Lieferant einen hohen Gegenwert erhält: das Geld des Kunden. Der Global Sourcing- und Advanced-Purchasing- Prozess stellen den *Wettbewerb*, nicht die Partnerschaft in den Mittelpunkt und funktionieren gerade aus diesem Grund. Dies hat im Wesentlichen zwei Gründe:

-   Wir leben in einer *Wettbewerbsgesellschaft*, nicht in einer Partnerschaftsgesellschaft. Unser Umfeld fördert und erfordert Wettbewerb, warum sollte dies in einer Verhandlung tabuisiert werden?

-   Ein Lieferant, der sich im Wettbewerb behauptet, wird gefordert, sich *permanent* um gute Resultate und eine fruchtbare Zusammenarbeit mit dem Kunden zu bemühen (Wettbewerbsklausel im LOI).

Ein leistungsschwacher Lieferant, der keine nennenswerten Wettbewerbsvorteile bietet oder gar schlechter als der Wettbewerb ist, wird sich mangels Argumente auf die finale Rückzugsposition zurückziehen: „Wir sind doch Partner!". Was im Privatleben in Beziehungen ungewöhnlich ist, nämlich die ständige gegenseitige Versicherung, dass man doch Partner sei, wird im täglichen Miteinander im Geschäftsleben exzessiv thematisiert, um Abhängigkeiten und Leistungsbeziehungen aufzuweichen, als sei allein der Begriff *Lieferant* etwas Unanständiges. Wohlgemerkt: dies steht nicht im Widerspruch zu einer vertrauensvollen Zusammenarbeit.

Ein einfacher Test zeigt die Scheinheiligkeit des vordergründigen Partnerschaftsargumentes: Im Gespräch mit einem Lieferanten, der die „Partnerschaftshymne" anstimmt, sei erwidert, man stecke in massiven finanziellen Problemen und benötige ein kurzfristige, substantielle Preisreduzierung bzw. Gutschrift. Die Wahrscheinlichkeit ist sehr hoch, dass der Lieferant antworten wird, dass dies einen einseitigen Verzicht darstellt und/ oder fragt, was er denn als Gegenleistung erhält. Das Band der Partnerschaft ist in Sekundenbruchteilen in Nichts aufgelöst.

Das Argument der Partnerschaft ist ein Weichmacher, das eine legitime Differenzierung zwischen dem Kunden und dem Lieferant verwischt und häufig von lieferantenseitigen Defiziten ablenkt. Ein professioneller bedient sich messbarer Kriterien, um die Güte einer Geschäftsbeziehung zu beurteilen. Vom ideologischen Ballast eines falsch verstandenen Partnerschaftsgedankens befreit, kann nun die Verhandlungsvorbereitung beginnen, die folgende Inhalte umfasst:

- Umsatz des Lieferanten, gesamt und gegliedert nach Branchen und Hauptkunden

- Einkaufsvolumen für den Standort und das Gesamtunternehmen

- Derzeit laufende Anfragen und zukünftige Neuteile, die zur Anfrage anstehen

- Einkaufsvolumen nach Komponenten, Stückzahlentwicklung und Restlaufzeit

- Ergebnisse der letzten Lieferantenbeurteilung, auch im Vergleich zu in Konkurrenz stehenden Lieferanten

- Kurze Chronik des bisherigen Verhandlungsverlaufs (wie häufig und wann wurde bereits hierzu verhandelt?)

- Aktuelle Daten hinsichtlich der Liefer- und Qualitätsleistung und aktuelle Probleme in der Zusammenarbeit (z.b. fehlerhafte Lieferungen, lieferantenverursachte Qualitätsprobleme, Lieferengpässe, Informationen, die beim Vertrieb des Lieferanten abgefragt wurden und unbeantwortet blieben etc.)

- *Zielsetzung der Verhandlung*, in Form einer Kurzbeschreibung und anhand konkreter Zahlen, bezogen auf das Gesamtvolumen oder ein zu verhandelndes Serien- oder Neuteil (Preisreduzierung in € und Prozent, konkretes Target bei Neuteilen)

- Argumente, um den Lieferanten zu motivieren (Umsatzsteigerung, Kundenattraktivität etc.)

- Abhängigkeiten, die der Durchsetzung der angestrebten Ziele entgegen stehen

- Konsequenzen, wenn der Lieferant nicht zur Zielsetzung beiträgt (z. B. Reduzierung des Einkaufsvolumens durch Wechsel auf einen Alternativlieferanten, mögliches Ausphasen etc.).

In der Regel verlaufen Verhandlungen leider ohne Zielsetzung, ohne Vorbereitung und ohne Klärung der Frage, welche Konsequenzen ein Nein des Lieferanten zur Folge hat. Der Einkäufer begibt sich häufig mit der bloßen Forderung einer Preissenkung in die Verhandlung. Im schlimmsten Fall werden Drohungen oder nicht existente Preisangebote als Poker-Argument eingebracht. Früher oder später wird ein solches Vorgehen vom Markt bestraft: bei Einbringung eines niedrigeren Angebotes, das nicht existiert, wird irgendwann einmal der bestehende Lieferant argumentieren, dass man doch wechseln solle. In diesem Fall wird der Lieferant sehr schnell erkennen, dass das Wettbewerbsangebot nicht existiert und wird für weitere Anfragen und Verhandlungen ebenfalls davon ausgehen, dass nur scheinbarer Wettbewerb vorgeschoben wird, den man nicht zu fürchten hat. Schlimmer noch, das Verhalten des Einkäufers wird sich innerhalb der Branche herumsprechen und zu einem irreparablen Reputationsverlust führen, der das eigene Unternehmen sehr viel Geld kosten wird.

Hier wird deutlich, dass Glaubwürdigkeit die wichtigste Währung des Einkäufers ist. Überzeugender als ein Lügengebilde, das immer über kurz oder lang in sich zusammenfallen wird (und ethisch-moralisch nicht vertretbar ist), zeugen entwaffnende Offenheit und Ehrlichkeit von wirklicher Stärke. In den o. a. Punkten der Verhandlungsargumente geht es direkt oder indirekt immer um die Klärung und Bestimmung kurz- oder mittelfristiger Abhängigkeiten zwischen dem Kunde und Lieferanten. Die ideale Ausgangssituation für eine Verhandlung ist für den Einkäufer eine vollständige Austauschbarkeit zwischen Komponenten und Lieferanten bei einer hohen Anzahl an Wettbewerbern. Dies ist auch der Grund, warum ein Vertriebsleiter grundsätzlich eine Differenzierung, wenn nicht durch technische oder sonstige Alleinstellungsmerkmale (ein sogenannter Unique Selling Proposition = USP), dann durch das Partnerschaftsargument erreichen will und muss. Der Einkäufer hingegen möchte einen maximalen Verhandlungshebel ansetzen und austauschbare Produkte, Commodities, einkaufen. Die gesamte Verhandlungsvorbereitung dient dazu, zu klären, wie effektiv der Verhandlungshebel durch hohes Einkaufsvolumen, Kundenattraktivität und Austauschbarkeit ist. In den vier Blättern des Sourcing Committees finden sich diese Inhalte wieder: Wettbewerbsspiegel, Zielsetzung durch das Target oder Preisreduzierung bei Serienteilen und Einbeziehung des maximal zur Verfügung stehenden Einkaufsvolumens in der Laufzeitbetrachtung.

Hinsichtlich der Verhandlungsteilnehmer gilt, dass für die erste Verhandlung mit der niedrigst erforderlichen Hierarchiestufe, also in der Regel dem verantwortlichen Einkäufer, begonnen wird. Zur Klärung aktueller Qualitäts- oder Lieferschwierigkeiten, die neben der konkreten Lösung des Problems auch konkrete Verhandlungsargumente darstellen, sollte auf jeden Fall der verantwortliche Disponent /Logistikleiter oder Qualitätsingenieur /Leiter der Qualitätssicherung mit anwesend sein. Hierbei werden verschiedene, äußerst wichtige Signale an den Lieferanten gesandt: zum einen ist der Fachverantwortliche in der Darstellung des Problems und der Lösungsdiskussion wesentlich kompetenter als der Einkäufer, zum anderen wird dem Lieferanten glaubhaft vermittelt, dass das Unternehmen informationsseitig professionell vernetzt ist und der Lieferant ein Bestandteil dieses Netzwerkes ist. Gute wie schlechte Leistung wird registriert und für bestehende Probleme wird eine umgehende Lösung gefordert, auch unter Betrachtung und Verbesserung eigener Defizite. Es kann den Einkäufer im realen Umfeld einige Mühe kosten, die verantwortlichen Kollegen aus Technik, Logistik und Qualität mit an den Verhandlungstisch zu bringen, vor allem dann, wenn die Ursachen bestehender Probleme nicht oder nur zum Teil beim Lieferanten zu suchen sind. Es ist schließlich der einfachste Weg, interne Probleme auf den Lieferanten zu schieben und Einkauf und Lieferant mit der Lösungsfindung allein zu lassen, zumal der Fachverantwortliche wieder ein gutes Argument hat, auf den schlechten Einkauf zu verweisen, der bitte seine Lieferanten in den Griff zu bekommen hat. Ein professioneller Einkäufer wird *vor* der Verhandlung die verantwortlichen Kollegen zu eventuellen Liefer- oder Qualitätsproblemen befragen und einbinden, um die tatsächlichen Ursachen zu erkennen und zu klären. Aktuelle Lieferantenprobleme lassen sich zudem immer argumentativ in Preisverhandlungen einflechten. Jeder Lieferant wird selbstverständlich immer darauf verweisen, dass der bestehende Preis, auch wenn er höher als der Wettbewerb liegt, auf die hervorragende Zuverlässigkeit und Qualität des Lieferanten und des Produktes zurückzuführen ist. Leider ist die Realität aber nicht frei von Mängeln und Defiziten. Es ist daher legitim, den Lieferanten bei Verhandlungen darauf hinzuweisen.

Lieferantenseitig werden häufig für Preisverhandlungen Mitarbeiter ohne Entscheidungskompetenz vorgeschoben, um den Einkäufern ins Leere laufen zu lassen. Es spart viel Energie, sich von Anfang an nur mit denjenigen Vertriebsmitarbeitern zu Verhandlungen zu treffen, die auch tatsächlich ein Mandat haben und entscheidungskompetent sind. Dies lässt sich spätestens in der ersten Verhandlungsrunde, bei bestehenden Lieferanten natürlich vor der Verhandlung feststellen. Auf die simple Nachfrage spätestens zu Verhandlungsbeginn, was und in welchem Umfang vom Vertriebsmitarbeiter entschieden werden darf, lässt sich das Gespräch gegebenenfalls sehr schnell abbrechen. In der Regel reicht ein Blick auf die Visitenkarte, um nach einer kurzen Klärung der Vertriebsorganisation zu erkennen, mit wem man es zu tun hat. Warum sollte man sich in fünf Verhandlungsrunden mit dem Junior Sales Assistant verschleißen, wenn bereits von Anfang an erkennbar ist, dass das Gegenüber keinerlei Entscheidungsbefugnis besitzt und erst nach anschließender Rücksprache mit seinem Vorgesetzten nach mehreren Tagen eine Antwort gibt? So wird der Einkäufer zum Spielball des Vertriebes des Lieferanten, was natürlich nicht akzeptabel oder zielführend ist.

Überhaupt nicht tragbar ist die kundenseitige Zwischenschaltung eines Handelsvertreters. Diese Berufsgattung hat in Zeiten der Informationsübermittlung durch Fax und Internet keine Bedeutung mehr, weil eine Überbringung von Zeichnungen oder Anfragen bzw. Angeboten keine zusätzliche Wertschöpfung beinhaltet. Auch eine Dolmetscherfunktion bei Sprachproblemen greift nicht als Argument. Zum einen sollten Lieferant und Kunde in der Lage sein, zumindest auf Englisch zu kommunizieren, zum anderen ist die Zusammenarbeit mit dem Lieferanten auf Technik-, Qualitäts- und Entwicklungsseite so vernetzt, dass eine Mittlerfunktion nur den Effekt einer „stillen Post" hat und früher oder später zu Problemen führen wird. Es ist also Aufgabe des Einkäufers, den Lieferanten darauf zu verweisen, dass nur mit direkten Mitarbeitern des Unternehmens verhandelt wird. Ein Lieferant, der dies nicht akzeptiert, sollte vom Anfragepanel genommen werden, ohne Rücksicht auf eventuelle Preisvorteile, die im nach hinein durch Kommunikationsprobleme teuer erkauft werden.

Als nächsten Punkt der Verhandlung gilt es, den äußeren Rahmen des *wann* und *wo* festzulegen. Hinsichtlich der zu veranschlagenden Zeitdauer gilt, dass diese *ausreichend* vorhanden sein muss. Es macht keinen Sinn, zu hetzen und während der Verhandlung verstohlen auf die Uhr zu schauen, weil z. B. das Flugzeug in einer Stunde abfliegt. Ebenso wichtig ist die taktische Entscheidung, ob das Treffen beim Kunden oder beim Lieferanten stattfinden sollte. So ist es durchaus überlegenswert, die Wichtigkeit einer Verhandlung und anstehenden Entscheidung dadurch zu unterstreichen, dass die Verhandlung direkt beim Lieferanten geführt wird (man wagt sich „in die Höhle des Löwen"). Ebenso nützlich kann es jedoch auch sein, die Verhandlung direkt im Werk des Kunden vorzunehmen, dort, wo die Komponenten auch verbaut werden (sollen). Diese Maßnahme schafft Glaubwürdigkeit, denn „der Schornstein raucht" und Umsatz winkt.

Was die Festlegung des *Verhandlungszieles* betrifft, so gibt es einen Grundsatz: es sollte immer ambitioniert, anspruchsvoll und auf den ersten Blick nicht erreichbar erscheinen. Wie sollte ein wirklicher Vorsprung hinsichtlich Qualität, Kosten oder Nutzenstiftung gegenüber dem Wettbewerb erreichbar sein, wenn nur eine graduelle Weiterentwicklung von aus der Vergangenheit heraus gesetzten Zielen verhandelt wird? Der Lieferant wird das Fehlen konkreter Ziele oder fehlende Forderungen als Argumentationsvakuum deuten und seinerseits den Kunden in die Pflicht nehmen. Er wird auf seine desaströse Kostensituation o. ä. hinweisen und seinerseits Forderungen beim Kunden platzieren. Es sollte daher von Anfang an klargestellt sein, dass konkrete Forderungen und Ziele des Kunden auf der Agenda stehen, die den Anlass zum Gespräch geben. In der Verhandlung selbst hat der Lieferant ein Anrecht darauf zu erfahren und zu verstehen, *warum* eine Preisreduzierung in Höhe von X notwendig ist. Nur wenn der Lieferant argumentativ nachvollziehen kann, warum dies erforderlich ist, wird er sich auch mit der Zielsetzung *identifizieren* können. Dies wiederum ist eine Voraussetzung dafür, dass er sich dieses Zieles auch annimmt. Auf eine solche Argumentationskette wird aber in der Vorbereitungsphase und der eigentlichen Verhandlung zu wenig Zeit verwendet. Nur wenn dem Lieferanten die Chance gegeben wird, die „Storyline" zu verstehen und die Rückkopplung des Vertriebsmitarbeiters durch den Einkäufer im Gespräch kontinuierlich eingefordert wird, besteht Aussicht auf Erfolg. Wer in der Verhandlung fünf Mal nacheinander dem geschilderten Sachverhalt zustimmt, wird sich der gesetzten Forderung nicht entziehen können, da sie stringent und logisch ist.

Es erfordert authentisches Auftreten und Durchsetzungsvermögen, einem Lieferanten eine Preisreduzierung abzufordern. In keinem Unternehmen gibt es etwas zu verschenken. Daher ist es erforderlich, durch Persönlichkeit und Überzeugungskraft sowie rhetorische Fähigkeiten die Ziele auch gekonnt zu kommunizieren. Natürlich wird trotz einer guten Vorbereitung der Lieferant, aus seiner Sicht auch völlig nachvollziehbar, keine unnötigen Zugeständnisse machen. Ein guter Einkäufer muss daher in der Lage sein, den Ernst der Lage zu vermitteln, Totpunkte in der Diskussion zu überbrücken und auf jedes Gegenargument so reagieren, dass die Verhandlung argumentativ nicht umschwenkt.

Die Suche nach dem richtigen Zeitpunkt der Verhandlung lässt sich leicht beantworten. Der Advanced Purchasing- bzw. Global Sourcing-Prozess rückt die Verhandlung an die richtige Stelle, und zwar in den Zeitraum *nach* der Klärung aller technischen Fragen und *vor* dem Beginn des Sourcing Committees (Abb. 25).

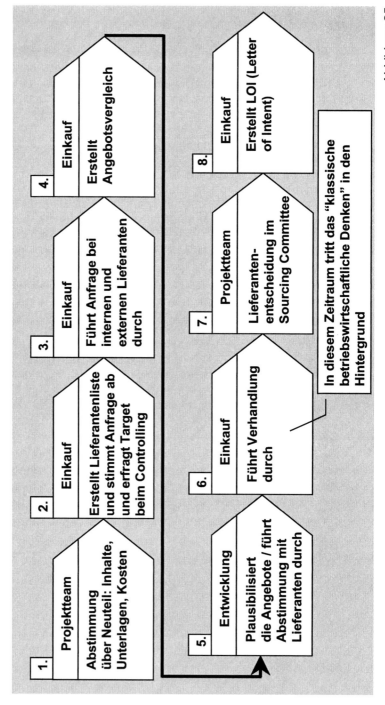

Der Advanced Purchasing- bzw. Global Sourcing-Prozess gibt der Verhandlung einen optimalen Gestaltungsrahmen

1.

Projektteam

Abstimmung über Neuteil: Inhalte, Unterlagen, Kosten

2.

Einkauf

Erstellt Lieferantenliste und stimmt Anfrage ab und erfragt Target beim Controlling

3.

Einkauf

Führt Anfrage bei internen und externen Lieferanten durch

4.

Einkauf

Erstellt Angebotsvergleich

5.

Entwicklung

Plausibilisiert die Angebote / führt Abstimmung mit Lieferanten durch

6.

Einkauf

Führt Verhandlung durch

7.

Projektteam

Lieferanten-entscheidung im Sourcing Committee

8.

Einkauf

Erstellt LOI (Letter of Intent)

In diesem Zeitraum tritt das "klassische betriebswirtschaftliche Denken" in den Hintergrund

Abbildung 25

Sind die Lieferanten über den zeitlichen Ablauf bis zum Sourcing Committee hinreichend informiert worden und das Angebot hinreichend plausibilisiert, dann hat sich bis zum Ende des fünften Teilprozessschrittes gezeigt, welche der Anbieter ein wirklich ernsthaftes Interesse am Kunden und der bevorstehenden Vergabe zeigen. In vielen Vorgesprächen wurde die Wichtigkeit und der Stellenwert des Kunden durch den Lieferanten vermittelt: in seinen technischen Vorschlägen, in diversen Angeboten, die unter Zeitdruck kurzfristig überarbeitet wurden, in vielfältigsten Anrufen in der Entwicklung, beim Einkauf und in der Qualitätssicherung. Fragebögen wurden ausgefüllt, Vertragsformulare bearbeitet. All diese Vorklärungen während der Anfrage von Neu- und Serienteilen signalisieren dem Einkäufer unmissverständlich: der Lieferant hat ein immenses, nachhaltiges Interesse am Geschäft und möchte als neuer Lieferant eingebunden werden oder als bestehender sein Umsatzvolumen behalten bzw. steigern. Dies zu wissen und in einen Ablauf integriert zu sein, der klare Ziele und einen fest bestimmten Entscheidungszeitpunkt vorgibt, erlaubt es für Lieferanten und Einkäufer, in der Verhandlungsphase auf's Ganze zu gehen. Und dies bedeutet viel mehr als ein Angebot auf Basis einer nüchternen Produktkalkulation und eines dreiprozentigen Verhandlungsspielraumes, der vor der Verhandlung bereits eingeplant wurde.

Die Wahl des richtigen Zeitpunktes und die Nutzung des Wettbewerbs, um den anbietenden Lieferanten in der Verhandlungsphase unter zunehmendem Zeitdruck neue Preistargets zu übergeben, ist kein illegitimes Druckmittel, sondern sorgt dafür, dass die Vertriebsmitarbeiter permanent mit der bevorstehenden Entscheidung konfrontiert werden und sich gedanklich mit ihr auseinander setzen (wollen und müssen). Die häufig gehörte, lapidare Auskunft, dass die Überarbeitung eines Angebotes (egal, ob es sich um eine komplexe Montageanlage oder eine Serienkomponente handelt) länger als zugesagt dauert, nimmt jeden Schwung und positiven Druck aus einer Verhandlung. Anders im Advanced Purchasing-/ Global Sourcing-Prozess, in dem durch einen fest determinierten Entscheidungstermin, in den die relevanten Projektmitglieder oder Entscheidungsträger involviert sind, eine ganz andere Verbindlichkeit besteht.

Nach drei, vier oder fünf inhaltlich überarbeiteten Angeboten (dies sind noch keine Verhandlungen, führen aber durch technisch oder kalkulatorisch begründete Anpassungen zum selben Resultat, einer Preisreduzierung) werden nun die verschiedenen Lieferanten nacheinander mit einem Verhandlungstarget konfrontiert, das sich aufgrund des aktuellen Angebotsspiegels

- an den besten Angeboten des Bieterfeldes orientiert

- am zu erreichenden / unterschreitenden Target messen lässt

- an Anhaltspunkten orientiert, die sich aus den Angebotswerten hinsichtlich Werkzeugkosten, Prototypen und Laufzeitreduzierungen ergeben.

Angenommen, es verbleiben noch zwei Tage Zeit bis zum Sourcing Committee, dann ist es ein umfassendes Stück Arbeit, den bestmöglichen Preis in der Verhandlung mit zehn oder mehr Lieferanten zu verhandeln. Das Telefon ist hierfür ideal geeignet, viel besser als Videokonferenzen, die möglichst vermieden werden sollten. Die Tonqualität ist derzeit leider noch in der Regel schlechter als im normalen Telefonat und die visuelle Übertragungsqualität erlaubt leider noch keine Auflösung, die die im direkten Gespräch erkennbare Mimik, Gestik und Körpersprache vermitteln. In einem solchen Telefonat ist der Einkäufer Verhandler und gleichzeitig Berater, da er nicht nur einen Preis *vorgibt*, sondern anhand der Anforderungen resultierend aus Cost-Targets und der Wettbewerbssituation auch inhaltlich begründet. Mögliche Anpassungen und Reduzierungen werden im Telefongespräch mittels Personal Computer über die ab Werk-Preise, frei Werk-Preise, Werkzeugkosten, Prototypen (-werkzeugkosten) und die Laufzeitberechnung durchgespielt. Diese Möglichkeit, dem Lieferanten Optionen zu bieten, die sowohl die Targeterreichung als auch die niedrigsten Kosten über Laufzeit vereinen, bieten dem Kunden mehr als nur einen günstigen Stückpreis und dem Lieferanten eine Vielzahl an Stellmechanismen, um das Rennen um die Vergabe zu gewinnen. Wird vom Einkäufer überzeugend kommuniziert, dass es keine Sourcing-Entscheidung *oberhalb* des Targets geben kann und das Sourcing Committee in genau zwei Tagen die verbindliche Lieferantenentscheidung treffen wird, sieht der Lieferant diesen Verhandlungszeitraum als das Startsignal, alle Energie in die Erreichung des Auftrages zu stecken.

Der durch den Ablauf und das unvermeidlich näher rückende Sourcing Committee erzeugte Zeitdruck erlaubt argumentativ die Überarbeitung von Angeboten innerhalb weniger Stunden (wozu der Lieferant in der Vergangenheit z. B. zehn Tage benötigte).

Plötzlich ist vieles möglich, was vorher nicht funktionierte -und dies ohne leere Drohungen. Die ständige Aktualisierung der Angebotswerte im Angebotsvergleich und der Barwertbetrachtung, der ständige Kontakt zu zehn oder mehr Lieferanten incl. Rückrufe ist in dieser Phase ein aufregendes Unterfangen, das ein Höchstmaß an Konzentration und Einfühlungsvermögen erfordert. Es macht zusätzlich sehr viel Sinn, die beiden aussichtsreichsten Lieferanten zwei Tage vor dem Sourcing Committee für den kommenden Tag einzuladen, um alle wichtigen Punkte direkt zu verhandeln. Bei diesen „Face to Face"-Verhandlungen gelten wiederum die vorher beschriebenen Vorbereitungspunkte, Zielsetzung und die richtige Wahl der Teilnehmer seitens des Kunden und der Lieferanten. Folgende Ziele werden in dieser Zeit verhandelt:

- Targeterreichung, -unterschreitung und bester Stückpreis im Wettbewerbsfeld

- Minimale Werkzeugkosten, Ziel: 0 € bei vollständigem Eigentum auf der Kundenseite

- Keine weiteren Einmalkosten oder separate F&E-Aufwendungen (die ja laut Angebotsformblatt auch nicht angegeben werden dürfen)

- Die erforderliche Menge an Prototypen zum Preis von 0 €

- Den niedrigsten Barwert über die Laufzeit incl. der jährlichen Preisreduzierungen.

Der Verhandlungsumfang in der heißen Verhandlungsphase liegt als Richtwert in einer Größenordnung zwischen zehn und zwanzig Prozent des gesamten Barwertes. Der Vorteil bei der Verhandlung von vergleichsweise niedrigen Beträgen wie z. B. Prototypen- und Musterkosten ist ein in *Summe* doch bedeutender Kostenvorteil und eine drastische Reduzierung von späteren Prozesskosten durch häufige Bestellung und Rechnungsabwicklung. Dies freut zusätzlich die Entwicklungabteilung und -leitung, die permanent unter einem zu knappen Budget zu leiden hat und so erheblich entlastet wird.

Am Vorabend des Sourcing Committees informiert der Einkäufer sowohl die ihn besuchenden Anbieter als auch, via Telefon, die weiteren Lieferanten, dass diese am morgigen Vormittag innerhalb eines bestimmten Zeitraumes vor und während des Sourcing Committees telefonisch erreichbar sein sollten, falls eventuelle Rückfragen oder neue preisliche Aspekte auftauchen.

Die Frage, ob die Lieferanten hierzu bereit sind, stellt sich nicht, weil sie aufgrund der gesamten bisherigen Argumentationskette dies von sich aus wünschen. Es geht ums Gewinnen.

Im Sourcing Committee selbst ist die Entscheidung zu Beginn offen, und es kristallisieren sich häufig zwei Favoriten heraus, die sich sowohl technisch als auch preislich (Target und Barwertbetrachtung) ein Kopf-an-Kopf-Rennen liefern. In dieser Situation sollten diese beiden Lieferanten, nach dem auch alle nichtpreislichen Themen geklärt wurden, vom Einkäufer innerhalb des Sourcing Committees und im Beisein der Teilnehmer nacheinander angerufen werden. Nach kurzer Begrüßung wird jeder Lieferant auf die Situation hingewiesen, dass nun der Zeitpunkt der Entscheidung ansteht, alle Entscheider zuhören und ein preisliches Problem vorhanden sei: derjenige Lieferant, der seinen Preis erneut anpasst und einer Reduzierung um weitere, z. B. zehn Prozent am nächsten kommt, erhält den Auftrag (eventuelle Unebenheiten wie Prototypen, die noch zu einem Preis größer Null angeboten werden, lassen sich zu diesem Zeitpunkt glätten). Man erwarte einen Rückruf in den kommenden fünf Minuten.

Wichtig ist an dieser Stelle, dass dem Einkäufer bei der Formulierung der Situation und des Anliegens kein Zaudern oder „mmmh" oder „ähh" über die Lippen kommt. Das Umfeld der Situation mit den Teilnehmern aus Technik etc. verleiht eine Neutralität und Ernsthaftigkeit, der sich beide Lieferanten nicht entziehen können. Die Anrufe der Lieferanten werden wenige Minuten später eine weitere, signifikante Preisreduzierung bestätigen und nun eine Entscheidung ermöglichen.

Der Einkäufer hat in diesem Moment zwei Effekte erzielt: einerseits mündet das Sourcing Committee durch exzellente Vorbereitung, Dramaturgie und zielgerichtete Verhandlung in eine tragfähige Entscheidung mit niedrigst erreichbarem Preis, zum anderen ist der Einkauf durch ein solches Erfolgserlebnis *das* Gespräch im Unternehmen und damit auch ein sehr viel ernster zu nehmender Faktor bei weiteren Sourcing-Entscheidungen. Dass sich dies binnen kürzester Zeit auch bei bestehenden und potentiellen Lieferanten herumspricht, ist naheliegend. Der Einkauf ist von nun an ein wirklicher Prozesstreiber und Verhandlungspartner, dessen Wort Gewicht hat.

Die Kombination aus klarem, zielorientierten Ablauf, Wettbewerb und sachlichen, zahlenbasierten Argumenten ist also wesentlich für eine erfolgreiche Verhandlung, die den Einkäufer auch ohne phänomenale Rhetorik oder sprühendem Charisma in die Lage versetzt, weit überdurchschnittliche Resultate zu erzielen. Trotzdem ist es mehr als hilfreich, wenn der Einkäufer in dieser Phase in den Methodenkasten der Verhandlung greifen kann, wenn Situationen zu kippen drohen oder der zu verhandelnde Lieferant permanent kontert:

An erste Stelle steht in Verhandlungen das Adressieren konkreter *Forderungsinhalte und deren Gründe im Gesamtzusammenhang.* Ein bloßes Platzieren einer Preisforderung bietet keine Substanz für eine zweistündige oder längere Verhandlung. Forderungen sind kein Selbstzweck oder eine Erfindung des Einkaufs, sondern leiten sich aus übergeordneten Unternehmenszielen ab und sind damit durchgängig und plausibel. Eine benötigte Preisreduzierung leitet sich aus einer Ertragsschwäche des eigenen Unternehmens, einer Branchenkrise, dem branchenüblichen Preisverfall o. ä. ab. Ein Lieferant, der nicht gefordert wird, erkennt dies als Defizit des Kunden und wird seinerseits nach Möglichkeiten suchen, Preiserhöhungen geltend zu machen. Hierfür finden sich immer Anlässe: Stückzahlunterschreitungen, Erhöhung der eigenen Personal- und Fertigungskosten o. ä. Bei der Begründung von Preiserhöhungsforderungen sind der Kreativität keine Grenzen gesetzt, wenn man eine entsprechende Plattform bietet. Die Macht des Papiers ist groß, und somit schwächt eine schriftliche Vorankündigung einer Mehrkostenforderung des Lieferanten von vorn herein die Position des Einkäufers. Ein schwacher Einkäufer wird ein nachfolgendes Gespräch dazu nutzen, die Kostenforderung defensiv abzuwenden; ein cleverer Einkäufer erarbeitet mindestens drei plausible Gegenforderungen, um eine stabile Gegenposition aufzubauen. Es ist erstaunlich, wie innerhalb eines einstündigen Gespräches das Vorzeichen der Verhandlung umgekehrt werden kann, wenn der Einkäufer plausible Forderungen mit Unnachgiebigkeit kombiniert.

Desweiteren ist die Formulierung *messbarer* Ziele in ihrer Höhe und ihrem Erfüllungszeitraum von Bedeutung, wenn das Gespräch nicht in seiner Wirkung verpuffen soll. Was hat der Lieferant in welcher Zeit zu erledigen und wer informiert welche Person? Es gilt, Appelle wie: „Sie müssen günstiger werden." oder „Ihre Qualität stimmt nicht." zu vermeiden. Ein Ziel wie z. B.: „Unter unseren Lieferanten für Produktionsmaterial befindet sich Ihr Unternehmen im unteren Viertel. Sie wissen, dass dies nicht akzeptabel ist. Wir erwarten, dass Sie bis zum 30. September dieses Jahres Ihre Liefertreue von 87 auf 99 Prozent erhöhen. Sagen Sie mir bitte, wie Sie dies zu erreichen werden und geben Sie mir bitte bis übermorgen einen vollständigen Maßnahmenplan incl. Aktionen, Fristen und Verantwortlichkeiten." ist dagegen präzise weit davon entfernt, appellativ zu sein.

Man kann davon ausgehen, dass ein Lieferant in der Regel gute Kontakte zur Entwicklung, der Qualitätssicherung und häufig auch zur Geschäftsführung besitzt. Ein professioneller Lieferant weiß aufgrund seiner Vernetzung mehr über den Kunden als der Einkäufer selbst über sein eigenes Unternehmen. Dieser Sachverhalt ist an sich nichts Dramatisches; man muss sich dessen nur bewusst und entsprechend gut vorbereitet sein. Ein solches Manko lässt sich durch crossfunktionale Abstimmung und Teilnahme der verschiedenen Fachverantwortlichen zu den zu klärenden Themen im Lieferantengespräch kompensieren. Der Lieferant erhält durch diese Einbindung das klare Signal, dass er die unterschiedlichen Fachfunktionen *nicht* gegeneinander ausspielen kann. Ein Beispiel: Lieferant X beklagt sich beim Einkäufer, dass die gelieferten Stückzahlen unter der angefragten Jahresmenge liegen und verlangt eine rückwirkende Preiserhöhung. Der Logistiker erzürnt sich, dass Lieferant X seinen Lieferverpflichtungen nicht nachkommt. Isoliert voneinander werden sowohl Einkäufer als auch Logistiker ihre Probleme nur schwer lösen können. Ein gemeinsames Gespräch mit Lieferant X hingegen bringt das Kundenargument auf den Punkt: „Lieferant X, Sie beklagen sich, dass unsere Abrufzahlen zu gering sind. Das Problem lässt sich lösen: kommen Sie einfach Ihrer Lieferverpflichtung nach und liefern Sie höhere Stückzahlen, dann befreien Sie sich und uns von teuren Sonderaktionen, um einen drohenden Bandstillstand zu vermeiden." Viele lieferantenverursachte Probleme sind wirklich auf solch triviale Art zu lösen. Leider herrscht in vielen Unternehmen ausgeprägter Ressortegoismus, weil es offensichtlich leichter ist, dass sich zwei Fachabteilungen übereinander beklagen, anstatt naheliegende Lösungen mit dem Lieferanten zu diskutieren.

Ein guter Einkäufer hört zu und redet wenig. Er macht eifrig Notizen zu den Antworten seiner Fragen bzgl. Auslastung, Ausschuss, Kundenstruktur etc. Viele Einkäufer glauben, das Gespräch durch eine höhere Anzahl an gesprochenen Worten dominieren zu müssen, aber ein Einkäufer ist kein Conférencier. Er deckt widersprüchliche Aussagen auf und protokolliert das Gesagte. Er stellt offene Fragen und lässt dem Lieferanten Raum zur Beantwortung.

Er fragt nach Lösungen und hält sich nicht damit auf, sich erklären zu lassen, warum etwas *nicht* funktioniert. Er verhandelt einen Preis drei-, fünf- oder dreizehnmal ohne Anflug von Peinlichkeit, wenn er der Ansicht ist, dass dieser Preis zu erreichen ist. Er zeigt Verständnis für die Argumente und Probleme des Lieferanten und findet trotzdem wieder den Rückschluss auf die Forderung des eigenen Unternehmens.

Ein guter Einkäufer ist ehrlich, und zwar aus sehr egoistischen Gründen. Er weiß, dass eine verlorene Pokerpartie seine Verhandlungsglaubwürdigkeit irreparabel zerstört. Befindet sich der Lieferant in der komfortablen Situation eines Angebotsmonopols, weiß er dies, ist sich seiner Position bewusst und wird sie nutzen (hier zeigen sich wieder einmal die Grenzen der Partnerschaft). Ein Einkäufer beweist Stärke, wenn er dem Lieferanten klar sagt: „Wir benötigen Ihr Entgegenkommen zu einem Problem. Wir wissen beide, in welcher Abhängigkeit wir uns von Ihnen befinden und Sie können uns ohne Probleme diese Abhängigkeit spüren lassen, bis hin zur Erpressbarkeit. Aber wir sind nicht erpressbar und bereit, aus strategischen Erwägungen und aus Gründen der Risikominimierung in den Aufbau eines weiteren Lieferanten zu investieren, der Ihr Know How erst entwickeln muss. In den kommenden eineinhalb Jahren können Sie uns das Leben also sehr schwer machen und unsere Bitte bzw. Forderung ausschlagen, aber dies würde den Aufbau eines Alternativlieferanten nur beschleunigen, denn es würde uns sehr viel leichter fallen, mehr Geld in den Aufbau eines Alternativlieferanten zu investieren, als Ihnen durch Ausnutzung einer einseitigen Abhängigkeit tatenlos ausgeliefert zu sein. Andererseits würde es die gemeinsame Zusammenarbeit erleichtern, wenn Sie unserem Anliegen ernsthaft nachkommen und damit zeigen, dass Sie unsere Situation verstehen." Es ist leicht nachvollziehbar, dass ein solches Herangehen an schwierige Lieferanten ein hohes Maß an Überzeugungskraft und Authentizität vom Einkäufer verlangt, aber es lohnt sich fast immer.

Ein erfolgreicher Einkäufer lässt sich durch eine schwache oder unhaltbare juristische Ausgangssituation nicht entmutigen, sondern sieht darin Chancen. In fast jedem Unternehmen liegen etliche offene Forderungen an Lieferanten, die nach Rücksprache mit einem Hausjuristen als wenig erfolgversprechend im Ordner verschwanden. Ein schwacher Einkäufer wird intern das Argument verwenden, dass das Eintreiben einer Forderung beim Lieferanten juristisch nicht durchsetzbar sei. Es gibt aber nichts, worüber man nicht verhandeln könnte, und man befindet sich nicht vor Gericht, sondern löst ein offenes Problem zwischen Kunde und Lieferant. Faktoren wie Marktmacht, Folgeprojekte o. ä. können eine schlechte rechtliche Ausgangssituation mehr als kompensieren.

Ein versierter Einkäufer ist in der Lage, Stimmungen in Verhandlungen zu beeinflussen. Eine bewusst lockere Atmosphäre, aber auch düstere Grabesstimmung sind dramaturgische Mittel, die je nach Situation hilfreich sind. Ein geschulter Einkäufer kann nach der Platzierung einer harten Forderung bis zur Antwort des Vertriebsleiters eine minutenlang schweigende Teilnehmerrunde ertragen, ohne als Erster das Wort zu ergreifen. Er kann schweigen, bis sein Gegenüber antwortet. Umgekehrt ist er in der Lage, eine festgefahrene Lage zu erkennen und durch geschicktes Umlenken auf ein weniger belastetes Thema das Gespräch wieder in konstruktive Bahnen zu lenken, ohne das eigentliche Problem aus den Augen zu verlieren.

Ein erfolgreicher Einkäufer untermauert sein Anliegen durch einige Power-Point-Folien, die sein Anliegen visualisieren und während der Verhandlung stets im gemeinsamen Blickfeld bleiben, um immer wieder auf die Forderung zurück zu führen. Er nimmt sich ausreichend Zeit zur Erläuterung der Folieninhalte und fordert vom Lieferanten inhaltliche Zustimmung. Eine gute Folie untermauert und vermittelt die Notwendigkeit, eine klar formulierte und berechtigte Forderung einzulösen.

Ein professioneller Einkäufer umreißt die Konsequenzen seiner Forderung in Best Case- und Worst Case-Szenarien. Konsequenzen beziehen sich diese sowohl auf den Kunden als auch auf den Lieferanten. Es gilt also für den Einkäufer zu erarbeiten, welche Möglichkeiten der weiteren Zusammenarbeit mit dem Lieferanten bei Akzeptanz oder Ablehnung der Forderung bestehen:

- Positiv: zusätzliche Aufträge, höheres Umsatzvolumen durch höhere Lieferanteile, Vorzugslieferantenstatus, eine Pressemitteilung (insbesondere für Aktiengesellschaften von großem Interesse), Laufzeitvereinbarungen usw.

- Negativ: Ausschluss von weiteren Anfragen, Sharevergabe an Wettbewerber, aktive Ausphasungsszenarien, Publizierung der bestehenden Probleme mit dem Lieferanten, Liefervertragskündigung usw.

Genauso entscheidend ist die Abschätzung, welche Konsequenzen *der Lieferant* aus einer Kundenforderung ziehen wird. Die erste Frage des Lieferanten auf eine Forderung wird sein, was er denn im Gegenzug erhält. Eine Preisreduzierung o. ä. hat niemand einkalkuliert, daher ist mit begeisterter Zustimmung nicht zu rechnen. Es sollte vor der Verhandlung recherchiert werden:

- Welche Komponenten können problemlos auf Wettbewerber umgestellt werden?

- Welche Teile können erst in einem längeren Zeitraum auf einen anderen Zulieferanten umgestellt werden?

- Für welche Umfänge muss aufgrund von technischen oder sonstigen Abhängigkeiten ein neuer Lieferant erst ertüchtigt und aufgebaut werden?

- Wie ist meine vertragsrechtliche Ausgangssituation, wenn der Lieferant mit Lieferstopp droht?

- Wie lange ist die Restlaufzeit des Vertrages bis zur Beendigung der Lieferbeziehung bei Vertragskündigung durch den Lieferanten?

- Welche Auswirkungen in der eigenen Fertigung hat ein Lieferstopp, der unabhängig von der rechtlichen Situation durchgeführt wird?

- Bestehen Regressansprüche seitens des Lieferanten?

Unbedachte Drohungen, die bei Nichterfüllung von Forderungen an den Lieferanten kommuniziert werden, setzen nicht selten Kettenreaktionen in Gang, weil ab einem bestimmten Eskalationszeitpunkt finanzielle Interessen in den Hintergrund treten und die Notwendigkeit, einen Gesichtsverlust zu vermeiden, das Handeln auf beiden Seiten bestimmt. Eine solche Entwicklung ist das schlechteste aller Szenarien, weil sie *unberechenbar* ist. Die große Herausforderung für den Einkäufer in angespannten Verhandlungen liegt darin, nicht von der Forderung abzurücken bzw. das Machbare zu erkennen und dem Lieferanten zu *keinem Zeitpunkt* die Tür zuzuschlagen. Es ist möglich, über eine Planung des Auslaufs der Lieferbeziehung ein hypothetisches Szenario mit dem Lieferanten durchzudiskutieren und gleichzeitig einzuflechten, dass im Falle einer einvernehmlichen Lösung der Fortbestand oder gar der Ausbau der Lieferbeziehung möglich sei. Als Faustregel gilt, dass eine Diskussion über juristische Positionen und Schritte zu vermeiden ist, weil dies signalisiert, dass man eine einvernehmliche Lösung für unwahrscheinlich hält. Eine juristische Lösung oder gar der Gang vor das Gericht als Ultima Ratio ist letzten Endes nichts weiter als das Eingeständnis, die Grenzen einer geschäftlichen Beziehung überspannt zu haben.

3.8 Mehr als Preise drücken: Advanced Negotiation Tools

Wurde bisher beschrieben, wie im Rahmen des Vergabeprozesses konventionelle Verhandlungen durchgeführt werden, so erlauben *erweiterte* Verhandlungswerkzeuge, die sogenannten Advanced Negotiation Tools, neue Gestaltungsspielräume. Der Hintergrund dieser Tools beruht auf einer Disziplin der Volkswirtschaftslehre, der Spieltheorie. Es handelt sich hierbei um die *Ergründung des strategischen Denkens* auf wissenschaftlicher Basis. Dieser mit ca. fünfzig Jahren Historie noch junge wissenschaftliche Bereich liefert der Einkaufsfunktion wertvolle Ansätze, Verhandlungen im Vorfeld zu analysieren und individuelle Verhandlungsdesigns zu gestalten.

Um innerhalb des Advanced Purchasing- oder Global Sourcing-Prozesses im Teilschritt der Verhandlungsdurchführung neue Wege zu gehen, die zum Erfolg führen, werden im folgenden einige ausgewählte Ansätze vorgestellt, die sich in der Praxis als außergewöhnlich effektiv bewährt haben. Weil das Gebiet der Spieltheorie mit ihren Möglichkeiten den Rahmen dieses Buch sprengen würde, sollen einige nachfolgende Beispiele als *Anregung* dienen. Es lohnt sich, je nach den individuellen Aufgaben- und Fragestellungen tiefer in diese faszinierende Materie vorzudringen:

Auktionen: Diese Form von Vergaben ist natürlich nicht neu, und wer noch nicht direkt an einer Auktion teilgenommen hat, kennt zumindest aus dem Fernsehen die spektakulären Versteigerungen von Kunstwerken, die durch die großen Auktionsgesellschaften durchgeführt werden. Im industriellen Bereich verlaufen Auktionen zwar nicht glamourös, sondern sehr nüchtern, basieren aber auf dem selben Grundprinzip. Es handelt sich bei industriellen Einkaufsauktionen um sogenannte Reverse Auctions, also *umgekehrte Auktionen*, in dem die Lieferanten vom Kunden den Auftrag für ein zu entwickelndes und/ oder zu lieferndes Produkt ersteigern. Grundsätzlich gibt es zwei reverse Auktionstypen:

Bei der *englischen Auktion* besteht das Grundprinzip darin, dass die Vergabe einer Komponente zwischen mehreren Lieferanten durchgeführt wird, und zwar mit einem Preis, der stetig nach unten fällt und derjenige Lieferant den Zuschlag erhält, der als letzter den niedrigsten Preis akzeptiert (Abb. 27).

Umgekehrt verläuft der Vergabeprozess bei der *holländischen Auktion*. Hierbei wird vom Einkauf zwischen verschiedenen Wettbewerbern ein sehr niedriger Preis angesetzt, der sukzessive angehoben wird. Der erste Lieferant, der bietet, erhält den Auftrag (Abb. 28).

Zwischen diesen beiden Grundtypen gibt es natürlich unterschiedlichste Möglichkeiten, wie reverse Auktionen konkret durchgeführt werden. Auch Kombinationen zwischen holländischer und englischer Auktion können sinnvoll angewendet werden (Abb. 29). Die Kunst besteht darin, für die zu vergebende und zu verhandelnde Komponente die jeweils effektivste Auktionsform zu finden.

Folgende Voraussetzungen müssen für eine reverse Auktion gegeben sein:

- Es gibt für die zu verhandelnde Komponente Angebote, die inhaltlich vollständig miteinander vergleichbar sind

- An der Auktion nehmen mindestens zwei Wettbewerber teil

- Die Kollegen aus Logistik, Technik, Qualität und Einkauf akzeptieren jeden der teilnehmenden Lieferanten als möglichen Auktionsgewinner

- Die Auktion wird in ihrer Form und mit ihren Spielregeln von den teilnehmenden Lieferanten verstanden und akzeptiert

- Alle teilnehmenden Lieferanten erhalten die gleichen Informationen während des Auktionsverlaufes, niemand unter ihnen hat einen Informationsvorsprung.

Es versteht sich aufgrund der o. a. Voraussetzungen fast von selbst, dass für die erfolgreiche Durchführung einer reversen Auktion vom verantwortlichen Einkäufer erheblicher Abstimmungs- und Klärungsaufwand zu bewältigen ist. Insbesondere die Fachkollegen, die nicht dem Einkauf angehören, werden einwenden, dass die völlige Reduzierung der Lieferantenauswahl auf den Preis den hohen technischen Anforderungen an Lieferant und Produkt nicht gerecht wird, sondern wesentlich differenzierter betrachtet werden muss. Dieser Einwand hält viele Unternehmen davon ab, reverse Auktionen durchzuführen und beschränkt sich auf die Nutzung von *Anfragen* auf einer elektronischen, also E-Commerce-Plattform.

Um eine englische oder holländische Auktion durchzuführen, bedarf es nicht zwingend einer elektronischen Plattform. Diese ist jedoch sehr hilfreich, um eine gleichmäßige Informationsverteilung und die gleichen Einsichtsmöglichkeiten für jeden teilnehmenden Lieferanten zu gewährleisten und damit Akzeptanz und Transparenz zu schaffen.

Gegen Ende der neunziger Jahre bestand der weit verbreitete Irrglaube, dass bei elektronischen Anfragen mit hohem Wertvolumen allein durch Nutzung eines virtuellen Marktplatzes die Preise um z. B. zwanzig Prozent fallen. Das einzige, was tatsächlich durch elektronische Marktplätze reduziert wird, sind die *Prozesskosten* durch den standardisierten und nicht mehr manuell durchgeführten Anfrage- und Vergabeprozess. Ein wirklicher zusätzlicher Verhandlungshebel ist dadurch grundsätzlich noch nicht geschaffen worden. Wird in diesen Tagen vom Einsatz von E-Auktionen berichtet, so sind dies in überwältigender Mehrzahl *E-Anfragen und -Vergaben.*

Zur erfolgreichen Durchführung einer Auktion ist entscheidend, das Augenmerk auf die Erfüllung der genannten Auktionsvoraussetzungen zu lenken. Ein unpassendes Auktionsdesign für eine anstehende Vergabe, das die individuellen Rahmenbedingungen hinsichtlich der Marktposition des eigenen Unternehmens und der Lieferanten unberücksichtigt lässt, kann sogar Schaden anrichten und gegebenenfalls eine Preiserhöhung mit sich ziehen. Entscheidend ist, nicht einfach irgendeine Auktion auf einer virtuellen Plattform durchzuführen und zu meinen, dass damit quasi per Automatismus eine bemerkenswerte Einsparung zustande kommt. Die positive Nachricht ist, dass eine intelligent konzipierte, gut vorbereitete und abgestimmte reverse Auktion ohne Abstriche an qualitative oder technische Anforderungen signifikante Einsparungen erbringt.

Ein weiteres Vorurteil gegenüber reversen Auktionen besteht darin, dass sie sich *nur* für Standardmaterialien eignen (z. B. Reinigungsdienstleistungen, Widerstände, Transistoren, Kunststoffgranulate). Es hat sich jedoch in der Praxis mehr als bewährt, nicht nur Standardmaterial zu auktionieren, sondern insbesondere komplexe, entwicklungsintensive Komponenten und Systeme. Voraussetzung ist eine vollständige technische Abstimmung hinsichtlich des Produktes und die qualitative Akzeptanz der möglichen Lieferanten im Vorfeld.

Eine reverse Auktion setzt voraus, dass eine reguläre Anfrage durchgeführt wurde, ebenso die inhaltliche Klärung der Angebote innerhalb des Projektteams. Je nach Konzeption der Reverse Auction ist es durchaus sinnvoll, mit allen Lieferanten Verhandlungen, gar Endverhandlungen durchzuführen und vor dem anstehenden Sourcing Committee eine reverse Auktion durchzuführen, und zwar nach dem in Abb. 26 skizzierten Ablauf:

Für den Erfolg einer reversen Auktion ist die Erarbeitung des Auktionsdesigns und die Einbindung der Teilnehmer entscheidend

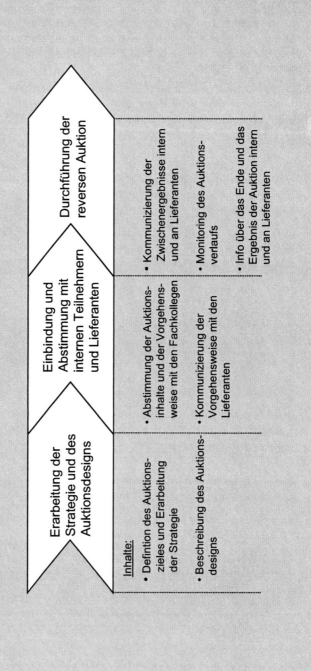

Erarbeitung der Strategie und des Auktionsdesigns

Einbindung und Abstimmung mit internen Teilnehmern und Lieferanten

Durchführung der reversen Auktion

Inhalte:

- Definition des Auktionszieles und Erarbeitung der Strategie
- Beschreibung des Auktionsdesigns

- Abstimmung der Auktionsinhalte und der Vorgehensweise mit den Fachkollegen
- Kommunizierung der Vorgehensweise mit den Lieferanten

- Kommunizierung der Zwischenergebnisse intern und an Lieferanten
- Monitoring des Auktionsverlaufs
- Info über das Ende und das Ergebnis der Auktion intern und an Lieferanten

Abbildung 26

Als ersten Schritt führt der verantwortliche Einkäufer als Auktionsverantwortlicher die methodisch-konzeptielle Vorarbeit durch: anhand der bestehenden Wettbewerbssitution und der Zielsetzung, ob einer oder mehrere Lieferanten ausgewählt werden sollen und vor allem, welche(r) Lieferant(en) für die Auswahl vom Projektteam präferiert wird/ werden, erarbeitet er ein strategisches Szenario, das z. B. heißen könnte:

Unter den sieben angefragten Lieferanten präferiert das Projektteam aus Kosten- und Risikogesichtspunkten die Vergabe eines siebzigprozentigen Anteils an einen bestehenden Lieferanten und eines dreißigprozentigen Vergabeanteils an einen Newcomer, aufgrund der bestehenden Angebotssituation wahrscheinlich aus Asien. Ein neuer Lieferant würde auch bei zukünftigen Vergaben sehr nützlich sein, weil weitere Vergaben absehbar sind und somit das zusätzliche Volumen risikoarm und wettbewerbskonform aufgeteilt werden kann.

Allerdings müssen Anreize für alle Beteiligten im Bieterkreis bestehen, sowohl an der Auktion *teilzunehmen* als bestrebt zu sein, *den Auftrag* möglichst „um jeden Preis" *zu erhalten*. Beim bestehenden Lieferanten ist dies in der Regel die Gefahr des Verlustes eines Teils des bestehenden Geschäftes oder von Folgeaufträgen. Die Wettbewerber, die sich als Newcomer einbringen, setzen auf einen neuen (attraktiven) Kunden und zusätzliches Umsatzvolumen, wissen jedoch, dass sie handfeste Vorteile gegenüber dem bestehenden Lieferanten bieten müssen. Eine solche Konstellation bietet eine gute Voraussetzung für eine erfolgreiche reverse Auktion. Es sollte also viel Aufwand in die Abstimmung der „Motivforschung" gesteckt werden. Aus den Absichten und Beweggründen der Bieter lässt sich ableiten, mit welcher Auktionsform und mit welchem Auktionsdesign die beabsichtigte Strategie am effektivsten umzusetzen ist.

Was passiert, wenn sich der oder die Wunschlieferanten während der reversen Auktion *nicht* „strategiekonform" verhalten? Weil dies im Verlauf einer Auktion durchaus eintreten kann, ist die Abstimmung der Auktion mit dem Projektteam oder den Fachverantwortlichen im Vorfeld der Durchführung ein ganz erfolgsentscheidender Punkt. Die intern Beteiligten sollten in die Strategiebestimmung und Zielsetzung aktiv einbezogen werden, um Akzeptanz zu schaffen und zu erörtern, dass es realistisch ist, dass nicht der Wunschlieferant nicht den Zuschlag erhält, sondern ein neuer. Es kommt in dieser Phase darauf an, *intern* eine Akzeptanz und Vergleichbarkeit zwischen bestehenden (und damit meist favorisierten) und neuen Lieferanten zu erreichen, weil mit dem Startschuss der Auktion *nur* noch der niedrigste Preis über die Vergabe entscheidet.

Hat man den internen Abstimmungsmarathon hinsichtlich Produktspezifikation, Qualitäts- und Logistikanforderungen hinter sich gebracht, ist es die Aufgabe des Einkäufers, den Ablauf der Auktion offen an die teilnehmenden Lieferanten zu kommunizieren.

Damit ist die Vorarbeit erledigt, um die eigentliche reverse Auktion durchzuführen. Eine mögliche Auktion kann so aussehen, dass für ein zeichnungsspezifisches Kühlgehäuse aus Aluminiumdruckguß ein Costtarget von 2,00 € besteht und sich das Bieterfeld in einer Bandbreite von 2,10 € bis 2,70 € befindet. Mit Start der Auktion wird ausgehend von einem Wert von 2,10 € der Preis pro Tag um 0,10 € abgesenkt, wobei der Lieferanteil zwischen den beiden verbleibenden Lieferanten wie folgt aufgeteilt wird: sind z. B. beide letztbietenden Lieferanten mit einem Angebotswert von je 1,80 € „im Rennen", so kann das vorher ausgearbeitete Auktionsdesign vorschreiben, dass derjenige von beiden einen siebzigprozentigen Anteil am Gesamtliefervolumen über Laufzeit erhält, der den bisher erreichten Preis um weitere zwanzig Prozent senkt (in diesem Falle 36 € Cent).

Ein ähnliches Beispiel zeigt graphisch den Ablauf einer individuell konzipierten, reversen englischen Auktion in Abb. 27.

Bei der reversen _Englischen Auktion_ unterbieten sich die Teilnehmer, bis ein Bieter oder eine festgelegte Anzahl an Bietern übrig bleibt

Beispiel: der Startpreis einer Leiterplatte wird täglich um 2 € reduziert, bis der günstigste Anbieter feststeht. Nach vier Tagen bietet nur noch ein Lieferant auf 34 €.

Die Mitspieler geben um 12:00h des Folgetages ihr Angebot ab, bis der Sieger als letzter im gezeigten Beispiel auf 34 € bietet.

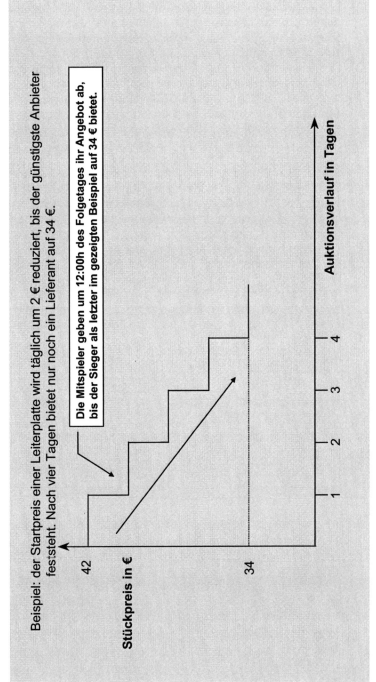

Abbildung 27

Beide Beispiele zeigen, warum eine gute Vorbereitung und ein stimmiges Auktionsdesign so wichtig sind: hat man Anreize und Motivationen falsch eingeschätzt und damit ein für den spezifischen Fall unpassendes Design entwickelt, bricht die Auktion in sich zusammen. Es ist daher ratsam, die Ausgangssituation und die Ableitung des Auktionskonzeptes, vorangetrieben vom Einkäufer, in einem Team zu erarbeiten und von den verschiedensten Seiten und Blickwinkeln auf Durchsetzbarkeit zu prüfen. Als erforderlichen Zeitaufwand für die Konzeption sollte mindestens eine Woche veranschlagt werden, sowie zwei Wochen für die interne Abstimmung und externe Kommunikation an die Lieferanten. Als grobe Richtschnur sollten, je nach Konzept, drei Tage bis zwei Wochen für die Durchführung der eigentlichen Auktion angesetzt werden. In obiger Beschreibung einer reversen Auktion wird dargestellt, dass, entsprechende Vorbereitung und Vorarbeit vorausgesetzt, unter festgelegten Spielregeln ein Wettrennen um den niedrigsten Preis stattfindet. Die einzige Abweichung gegenüber dem konventionellen Advanced Purchasing-Prozess besteht darin, dass nicht im Sourcing Committee nach Abwägungsgesichtspunkten eine einstimmige Entscheidung des Projektteams getroffen wird, sondern nach vorheriger Klärung aller technischen Inhalte ausschließlich nach dem preislichem Ausschlussverfahren verfahren wird.

Abb. 28 zeigt das Beispiel einer reversen holländischen Auktion.

Bei der reversen Holländischen Auktion erhält derjenige Bieter den Zuschlag, der zum aufsteigend niedrigsten Preis bietet

Beispiel: der Startpreis eines Transformators wird bei 26 € festgelegt und steigt jeden Tag um 1 €. Nach vier Tagen erhält der erste Bieter den Zuschlag für das Gesamtvolumen bei 30 € / Stück.

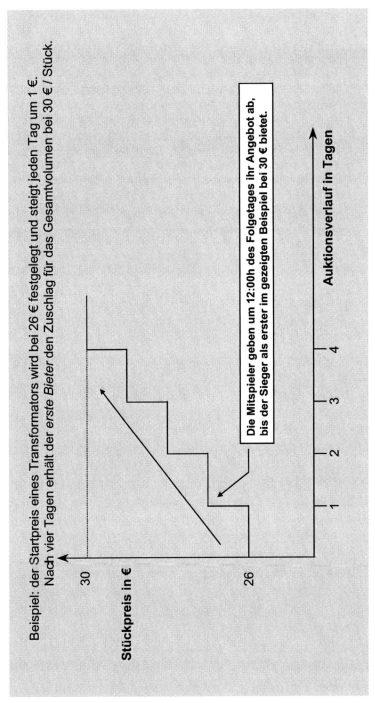

Die Mitspieler geben um 12:00h des Folgetages ihr Angebot ab, bis der Sieger als erster im gezeigten Beispiel bei 30 € bietet.

Stückpreis in €

Auktionsverlauf in Tagen

Abbildung 28

Ein entscheidender Aspekt für eine wie oben beschriebene, erfolgreiche Auktion ist die Einbeziehung von internen und externen Teilnehmern, die die erstellten Spielregeln akzeptieren. Ein Vertriebsmitarbeiter des Lieferanten wird immer bestrebt sein, sich vom Wettbewerb durch Alleinstellungsmerkmale abzusetzen, um einen Preiskampf zu vermeiden. Eine erfolgreiche reverse Auktion ermöglicht das Gegenteil: Austauschbarkeit von Produkt und Lieferant, natürlich bei vorheriger, inhaltlicher Klärung technischer und qualitativer Anforderungen. Dies erlaubt, was auf den ersten Anschein widersprüchlich klingt, auch und gerade die reverse Versteigerung individueller und zeichnungsgebundener Komponenten und Systeme. Interessant ist auch für Skeptiker, dass eine reverse Auktion von den Lieferanten rückwirkend als sehr fair (weil transparent) beurteilt wird, professionelle Vorbereitung vorausgesetzt.

Abb. 29 zeigt das Beispiel einer gemischten reversen Auktion.

Bei gemischten reversen Auktionen sind unterschiedliche Auktionstypen kombinierbar

Beispiel: im ersten Teil starten die Bieter auf eine Leiterplatte bei 42 €, bis drei Anbieter übrig bleiben. Die verbleibenden drei Spieler starten erneut bei 24 €, bis der Gewinner bei 28 € den Zuschlag für das Gesamtvolumen nach insgesamt acht Tagen erhält.

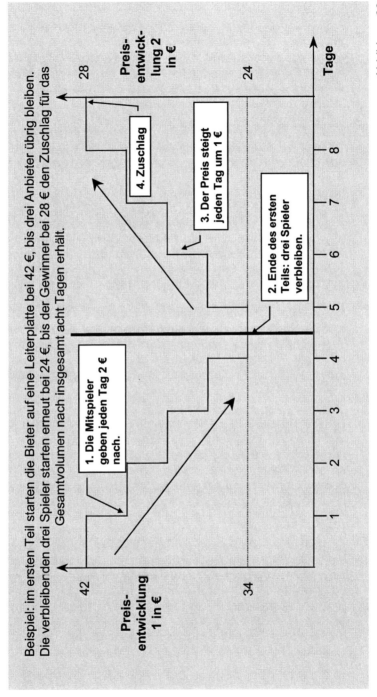

Abbildung 29

Einwände, die darauf zielen, dass bei einer reversen Auktion unakzeptable Risiken eingegangen werden, lassen sich entkräften. Es ist durchaus anzuraten, bei einer reversen Auktion eines laufenden Serienteils dem bestehenden Lieferanten größte Aufmerksamkeit zu schenken und alle Möglichkeiten eines möglichen Lieferantenwechsels und die daraus resultierenden Konsequenzen im Vorfeld zu durchleuchten. Weil der Serienlieferant ein Interesse daran hat, weiter im Geschäft zu bleiben, sich aber als seriöser Geschäftspartner dem Wettbewerb stellt, sollten mögliche Konsequenzen der Auktion in der Vorbereitungsphase direkt mit ihm besprochen werden. Dies ist nicht mit Drohungen gleichzusetzen, sondern fair. Ein mögliches Ergebnis eines solchen Vorbereitungsgespräches kann sein, dass sich der Serienlieferant schriftlich bereit erklärt, im Falle eines Lieferantenwechsels bis zur erfolgreichen Freigabe der Wettbewerbskomponente reibungslos weiter zu liefern. Es geschieht zu häufig, dass Lieferantenwechsel vermieden werden, weil man mögliche „Erpressungen" durch den bestehenden Lieferanten vermutet, wenn dieser bei Auftragsverlust jeden Anreiz verliert, sich kooperativ zu verhalten. Mögliche Lieferausfälle, drastische Preiserhöhungen für die Restlaufzeit und ähnliche Maßnahmen schrecken Einkäufer ab, Lieferantenwechsel vorzunehmen. Umso wichtiger, dass der bestehende Lieferant genau weiß, welchen Anforderungen er sich stellen muss, um sich im Wettbewerbsfeld zu behaupten. Mit Kommunikation reduziert sich das Risiko unvorhersehbarer Reaktionen.

In diesem Zusammenhang ist die Nutzung von virtuellen Marktplätzen ein gewichtiges Argument: die Ankopplung aller Bieter an eine elektronische Plattform erlaubt den Teilnehmern, den Verlauf der Auktion in Echtzeit zu verfolgen und *einen* Informationsstand an alle Teilnehmer zu vermitteln. Was vorher in langwierigen, sequentiellen Verhandlungsrunden durchgeführt wurde, wird nun von allen Bietern, auch *sichtbar* als anonymer Wettbewerbsspiegel für alle Bieter, parallel per Mausklick durchgeführt. Selbstverständlich führt ein elektronischer Marktplatz auch zu einer Abstrahierung des Vergabeprozesses, weckt bei allen Beteiligten den Spieltrieb und lenkt alle Blicke und Gedanken auf einen Faktor: den Preis. Dies ist beabsichtigt, genau so, wie die Marketingaktivitäten der Lieferanten stets auf Differenzierung und Nicht-Vergleichbarkeit zielen. Ein Vertriebsmitarbeiter des Lieferanten wird immer eine emotionale Beziehung zum Entwickler oder Einkäufer aufbauen. Ob Kundenbesuche, Einladungen zum Essen oder, im negativsten Fall, unlautere Angebote, die zur persönlichen Vorteilsnahme auffordern, dienen dazu, mangelnde Wettbewerbsfähigkeit in Sachen Preis, Service oder Qualität zu kompensieren. Eine reverse Auktion lässt dies nicht zu und ist das probate Gegenmittel zum Aufbrechen verkrusteter Kunden-Lieferantenverhältnisse und historisch gewachsener Strukturen zwischen dem Lieferanten und Entwicklern, Fertigungs- oder Qualitätsingenieuren und alteingesessenen Einkäufern.

Parallele Verhandlungen: ähnlich wie bei Auktionen und mit einem relativ geringen Vorbereitungsaufwand lassen sich, *Klärung aller technischen und sonstigen Inhalte vorausgesetzt*, simultane Verhandlungen durchführen, bei denen am selben Tag in getrennten Besprechungsräumen die aussichtsreichsten Lieferanten endverhandelt werden. Voraussetzung hierzu ist:

- Kein Zeitlimit, weil Verlauf und Ausgang der Verhandlung nicht vorherbestimmt werden können

- Vollständige Klärung aller Beurteilungskriterien entlang Qualität, Technik und Service

- Ein klares Target

- Ein professionelles Verhandlungsteam mit (je nach Anzahl der zu verhandelnden Lieferanten) mindestens drei Mitgliedern

Setzt man sich das Ziel, einen Vergabeumfang innerhalb eines Tages mit drei Lieferanten final zu verhandeln, so ist es Aufgabe des Verhandlungsteams, die verschiedenen Bieter mit dem jeweils letzten Angebotsstand der Wettbewerber zu konfrontieren und eine Atmosphäre maximalen Preisdruckes vor dem Hintergrund einer unmittelbar bevorstehenden Sourcingentscheidung zu erzeugen. In einer solchen Situation herrscht eine Mischung aus Auktions- und Verhandlungsstimmung, weil einerseits die völlige Fokussierung auf den Preis, ähnlich einer reversen Auktion besteht, es andererseits vom Verhandlungsgeschick und der Überzeugungskraft der Einkäufer abhängt, die Lieferanten zu immer neuen Zugeständnissen zu bewegen.

Verhandlungen bei hoher Abhängigkeit vom Lieferanten: bietet die reverse Auktion eine große Hebelwirkung unter Wettbewerbsbedingungen, helfen strategische Überlegungen gerade in schwierigen, von Lieferanten dominierten Situationen. Bei bestehenden Abhängigkeiten aufgrund technischer Monopole weiß der Lieferant genau, dass der Kunde keine kurzfristigen Auswahl- und Ausweichmöglichkeiten besitzt: er wird vom Lieferanten dominiert.

Sind es zu rund achtzig Prozent aller Fälle nur scheinbare oder vorgeschobene Abhängigkeiten vom Lieferanten, die sich nach genauer Prüfung durch den Einkäufer als nicht haltbar erweisen, so gibt es doch Umfänge, bei denen zumindest eine latente Erpressbarkeit durch den Lieferanten besteht, z. B. durch:

- Rohmateriallieferanten, für deren Produkte gesetzliche Freigabeauflagen bestehen

- Lieferanten von Produkten, bei denen langwierige interne und kundenseitige Freigabeprozesse erforderlich sind

- Lieferanten, die vom Kunden vorgeschrieben werden

- Lieferanten mit aus Kundensicht nachteiliger Vertragsbindung (einseitige Kündigungsklauseln, Ausschluss von Wettbewerbsklauseln etc.)

- Lieferanten, mit denen Abnahmegarantien vereinbart wurden

- Lieferanten, mit denen mengenabhängige Staffelpreise vereinbart wurden

- Lieferanten, die aufgrund ihres technischen Vorsprunges Komponenten oder Systeme liefern, die ein Alleinstellungsmerkmal am Markt haben

- Lieferanten, die patentierte Lösungen liefern

- Lieferanten, die aufgrund ihrer begrenzten finanziellen Ressourcen eine Investitionsabsicherung vom Kunden erhielten

- Lieferanten von Material, bei dem z. B. aufgrund kurzer Restlaufzeiten ein Wechsel nicht mehr sinnvoll ist

- Lieferanten, die aufgrund technologischer oder sonstiger Rahmenbedingungen keine Folgeaufträge mehr erhalten werden.

Die Liste der verschiedenen Abhängigkeiten, in denen sich ein Kunde befinden oder in die er sich bringen kann, ist lang. Ein Lieferant, der seine starke Position kennt und den Kunden dominiert, wird diesen Status nicht freiwillig hergeben - wir befinden uns an einem Punkt, an dem der Partnerschaftsgedanke endgültig in den Hintergrund tritt und die Wahrung egoistischer Machtinteressen offen das Handeln bestimmt.

Jeder kennt aus dem eigenen Umfeld Abhängigkeiten, die eine gleichberechtigte Zusammenarbeit erschweren oder unmöglich machen. In solchen Situationen stehen der Aufwand im Einkauf und das Einkaufsvolumen häufig im umgekehrten Verhältnis zueinander. Dies schafft dem Einkäufer einen doppelten Nachteil, weil er einerseits einen Großteil der Arbeit darauf verwendet werden muss, sich mit den Launen des Monopollieferanten auseinander zu setzen, andererseits wertvolle Zeit zur Erschließung alternativer Kostensenkungsmaßnahmen verliert.

Mit wettbewerbsorientierten Werkzeugen wie Global Sourcing-Anfragen oder reversen Auktionen kann solchen Abhängigkeitsverhältnissen nicht erfolgreich begegnet werden, weil der Lieferant nur zu gut weiß, in welch starker Machtposition er sich befindet und diesen Status niemals freiwillig aufgeben wird. Ansätze, sich aus solch unkomfortablen Situationen zu befreien, existieren jedoch:

Als erste Voraussetzung gilt die *Erkenntnis*, dass man sich kundenseitig in einer erpressbaren Situation befindet. Dies ermöglicht eine Standortbestimmung und beinhaltet die Ursachenfindung: sind die Probleme von außen vorgegeben und damit nur sehr bedingt beeinflussbar oder aufgrund vertraglicher Zugeständnisse selbst verursacht? Die Auseinandersetzung mit der lieferantenseitigen Erpressbarkeit mündet häufig in Aktionismus oder in Kurzschlussreaktionen des Einkaufs, wie z. B. leeren Drohungen. Vielmehr liegt der Schlüssel zum Aufbrechen nachteiliger Machtpositionen darin, die vorhandene Situation zu erkennen, mögliche Ansätze zu einer (wenn auch nur langfristigen) Änderung zu erarbeiten und die *Risiken* der bestehenden Kunden-/ Lieferantenbeziehung zu bewerten und aufzuzeigen. Ein solcher, interner Abstimmungsprozess sensibilisiert auch die Geschäftsführung hinsichtlich einer latent oder offen vorhandenen Situation, die das eigene Unternehmen viele Millionen Euro kosten kann. Damit wird das Bewusstsein geschaffen, die bestehende Situation nicht stillschweigend, billigend oder gar resigniert hinzunehmen, sondern aktiv zu verändern und alle erforderlichen Aktivitäten, und seien sie noch so langfristig angelegt, einzuleiten, um das notwendige Gleichgewicht der Machtverhältnisse wieder herzustellen.

Es ist Aufgabe des Einkaufs, gegebenenfalls unter Teilnahme der Geschäftsführung oder des Vorstandes, den Lieferanten mit der Untragbarkeit der Situation im Gespräch zu konfrontieren. Ein intelligenter Lieferant (und nur solche bringen das eigene Unternehmen voran) wird seine Machtposition klar kennen und jede hohle Drohung in Kenntnis der Situation wie an einer Teflonpfanne abtropfen lassen. Im Gegenteil, auch wenn es auf den ersten Blick paradox erscheinen mag: die schonungslose Beschreibung der Situation und der unbedingte Wille, diesen Zustand zu ändern, schafft die erforderliche Glaubwürdigkeit und platziert den Ball beim Lieferanten, der mit dem Problem und der Bitte um eine Lösungsfindung konfrontiert wird.

Die eigene Position der Schwäche mobilisiert im eigenen Unternehmen und vor allem im Einkauf Kräfte, denen sich der Lieferant nicht entziehen kann. Eine Argumentation kann folgendermaßen formuliert sein:

„Wir wissen, dass wir vor Beginn des Projektes eine feste Abnahmemenge für die ersten drei Jahre nach Produktionsbeginn vereinbart hatten. Nachdem sich jetzt, drei Jahre später gezeigt hat, dass die Stückzahl nicht mal annähernd erreicht wurde, fordern Sie eine rückwirkende Preiserhöhung, die unser Unternehmen mehrere Millionen Euro kosten wird. Wir wissen, dass wir die Vereinbarung gemeinsam trafen und Sie wissen auch, dass wir in den zurückliegenden Gesprächen intensiv forderten, dass wir uns von bisherigen, fest vereinbarten Abnahmegarantien lösen müssen und Preise unabhängig von festen Mengen gelten sollen.

Bei unseren Kunden haben wir keinerlei Ansatzpunkte, Preiserhöhungen bei niedrigen Stückzahlen durchzusetzen. Für uns bedeuten Mengenschwankungen in der Lieferkette eine nicht beeinflussbare Größe und wir müssen dieses Stückzahlrisiko voll tragen. Es ist daher sicherlich für Sie nachvollziehbar, dass wir nicht in der Lage sind, das kundenseitige Risiko tragen und zusätzlich Ihr Stückzahlrisiko voll zu übernehmen. In einer solchen „Sandwichsituation" werden wir auf Dauer kein Kunde sein, auf den Sie setzen sollten, weil unser Ende vorprogrammiert ist.

Es ist uns klar, dass wir eine Vereinbarung haben, die Ihnen das Recht auf feste Abnahmemengen bzw. rückwirkend höhere Preise einräumen mag. Dies bei uns zu platzieren ist legitim und wir wissen gemeinsam, dass ein Lieferantenwechsel zur Zeit nicht möglich ist. Wir wollen dies auch gar nicht, müssen aber klar festhalten:

- *Wir sind, Vertragssituation hin oder her, nicht in der Lage, Kunden- und Lieferantenrisiko gleichzeitig voll zu tragen*

- *Ihre rückwirkende Preisforderung bedeutet für uns eine existenzielle Bedrohung, die nicht nur die gemeinsame Geschäftsbeziehung, sondern unser Unternehmen als ganzes betrifft*

- *Wir haben schlicht das Geld nicht, das Sie von uns fordern.*

Wir bitten Sie, unsere Sichtweise zu verstehen und einzusehen, dass eine Einforderung einer Vertragsklausel keine Lösung darstellen kann. Wir stehen in einer gemeinsamen Geschäftsbeziehung, die auch in einer kritischen Situation für beide Seiten tragbar sein muss und betonen, dass wir nicht vertragsbrüchig werden, aber unser Unternehmen nicht gefährden können. Seien Sie versichert, dass unser gesamter Vorstand über unser Problem informiert ist und von uns erwartet, eine gemeinsame Lösung zu erarbeiten. Dies sollte auch die Grundlage für dieses und alle weiteren Gespräche sein."

In der Argumentation lassen sich alle Inhalte finden, die auch bei einer rechtlich völlig eindeutigen Situation die Lösung eines bestehenden Problems zu einem gemeinsamen Anliegen machen und den Kunden aus seiner prekären Situation befreit:

- Nüchterne Darstellung des juristisch eindeutigen Sachverhaltes

- Klare Kommunikation, dass die Unternehmensleitung in die Problematik voll eingebunden ist

- Darstellung des kundenseitigen Problems im Gesamtrahmen der Risikoverteilung und der Konsequenzen, wenn der Lieferant auf Erfüllung beharrt

- Klarer Hinweis, dass nur eine Lösung, die für beide Parteien innerhalb der bestehenden Geschäftsbeziehung tragbar ist, weiterhilft

- Die unbequeme Wahrheit, dass schlicht kein Geld vorhanden ist

- Die Zusicherung, nicht vertragsbrüchig zu werden und die gleichzeitige Einbeziehung des Lieferanten, die das Problem des Kunden in der bestehenden Situation auch zu einem Problem des Lieferanten macht.

Intern besteht bei der Erarbeitung der Argumentationskette nur *ein* wesentliches Problem: je klarer die rechtliche Position gegen das eigene Unternehmen spricht, um so eher wird ein schwacher Einkäufer auf diese Tatsache verweisen und argumentieren, dass der Lieferant seine Forderung einklagen könne. Es ist aber eine wesentliche Aufgabe des Einkäufers, die juristische Sachlage bewerten zu lassen, daraus Szenarien abzuleiten *und* gleichzeitig das in der Geschäftsbeziehung Machbare zu verhandeln, gerade wenn die rechtliche Ausgangssituation schwach ist. Ein Einkäufer, der aus rechtlichen Gründen gerade die schwierigen Themen unverhandelt lässt, hat seinen Beruf verfehlt. Die Stärke im Sinne der oben aufgeführten Argumentation, das eigene Problem auch zu dem des Lieferanten zu machen und ihm zu signalisieren, das es keine Lösung gibt, die nur einseitig vom Kunden zu tragen ist, sollte ein guter Einkäufer mitbringen, denn:

Bei Verhandlungen, in denen scheinbar alle Argumente auf Seiten des Lieferanten liegen, kann der Einkäufer die Situation nur verbessern und gewinnen.

Was auf den ersten Blick widersprüchlich erscheint, funktioniert in der Realität erstaunlich gut, weil der Einkäufer mit der Sicherheit in die Verhandlung geht, dass *jedes* Zugeständnis des Lieferanten eine Verbesserung der bestehenden Situation darstellt. Dieses Wissen gibt dem Einkäufer Souveränität, Glaubwürdigkeit und Verhandlungsstärke. Die Erfahrung zeigt, dass ein offenes Herangehen an diese scheinbar aussichtslosen Themen wesentliche Potentiale erschließt, vorausgesetzt, man ist bereit, mehrfach in einen solchen Verhandlungsmarathon einzusteigen, um vom Lieferanten *seinen* Beitrag einzufordern. Ist der Lieferant zu Zugeständnissen bereit, ist dies ein klares Signal an das eigene Unternehmen und die weiteren Lieferanten, dass die Einkaufsabteilung durchsetzungsstark ist, was eine nachhaltige Stärkung der Einkaufsfunktion bedeutet.

3.9 Facts & Figures nutzen: Kalkulationstools

War in den vergangenen Abschnitten von der Nutzung schlanker Einkaufsprozesse und überzeugender Verhandlungsargumentation die Rede, so gehört die konsequente Beantwortung der Frage: *„Was sind die Kosten der Lieferanten?"* als integrierter Bestandteil des Materialmanagements dazu. Alle relevanten Informationen zur Erklärung und Plausibilisierung von Preisen bieten einen großen Fundus an Möglichkeiten, Quervergleiche anzustellen, Inkonsistenzen zu erkennen und Kostensenkungsmöglichkeiten anzustoßen. Kostenanalysen helfen, *Kostentreiber* zu erkennen und zu beeinflussen. Leider besitzt der Themenblock Kostenanalyse auch eine Kehrseite der Medaille: nur allzu häufig werden solche Analysen vom Lieferanten dazu benutzt, dem Kunden dazulegen, warum für ein Produkt die Kosten um X% gestiegen sind und die Preise erhöht werden müssen. Dieser Ansatz wird, insbesondere von zahlengläubigen Einkäufern, nur zu gern als Rechtfertigung für „erforderliche" Preiserhöhungen heran gezogen und wirkt daher kontraproduktiv. Das Tabuwort lautet also *Zuschlagskalkulation*. Jeder noch so phantasielose Lieferant wird sofort ungeahnte Kreativität an den Tag legen, wenn es darum geht, Kostensteigerungen zu begründen. Es ist ja auch einfach: Lohnkosten steigen, Energiekosten ebenso. Abschreibungen sind fix, die Gemeinkosten liegen festen Kalkulationsschemata zugrunde. Die Stundensätze in der Fertigung liegen ebenfalls fest, und die Materialkosten: Rohmaterialien sind börsennotiert und steigen; die restlichen Lieferanten drohen bereits mit Preiserhöhungen, zumal man als Mittelständler nicht an die Abnahmemengen der Konzerne heranreicht. All diese Argumente, oder besser gesagt *Schutzbehauptungen* dienen nur dazu, bestehende Kostenstrukturen anzuerkennen und Kosteneinflüsse als unbeeinflussbar hinzunehmen. Wenn dies durch Zahlen vom Lieferanten untermauert werden kann, so hat es ja auch einen vordergründig objektiven Anstrich, weil es ja zumindest mathematisch richtig ist. Diese Vorgehensweise hilft weder dem Einkäufer noch dem Unternehmen, für das er arbeitet. Vielmehr sollte der Anspruch bestehen, Kosteninformationen als argumentative Waffe zur Senkung von Preisen und Kosten heran zu ziehen. Diesbezügliche Zahlen schaffen eine lieferantenseitige Verbindlichkeit, widersprüchliche Zahlen helfen, verdeckte Gewinne offen zulegen und Quervergleiche ermöglichen es den unterschiedlichen, anbietenden Lieferanten, an unterschiedlichen Kostenschrauben ihre Angebote fein zu justieren.

Wesentliche Kostenschrauben und damit Ansatzpunkte für Lieferantengespräche in den Phasen der Angebotsplausibilisierung, der Suche nach Ratiopotentialen und der Preisverhandlung stellen folgende Angebotsinformationen dar:

Direkte preisrelevante Angaben:

- Stückpreis ab Werk in Landeswährung

- Stückpreis frei Haus / DDP (Incoterm: delivered Duty paid)

- Transport- und Verpackungskosten

- Werkzeugkosten und -auslegung (z. B. 2- oder 4-fach)

- Werkzeugstandzeiten

- Laufzeitreduzierung auf jährlicher Basis

- Prototypenwerkzeugkosten und Prototypenkosten

- Entwicklungs- oder sonstige Einmalkosten, die der Lieferant separat geltend macht

Kalkulationsangaben, die den Preis plausibilisieren:

- Materialkosten und Preisangaben für die Hauptmaterialbestandteile

- Einsatzgewicht und Preis in €/ kg für die Hauptmaterialien

- Fertigungskosten incl. Stundensatz und Angabe zur Anzahl der Schichten und Produktionstage

- Gemeinkostenanteil, gegliedert nach Material, Fertigung, F&E und Verwaltung

- Gewinn

Unternehmensinformationen:

- Auslastungsquote

- Umsatz/ Mitarbeiter

- Alternative Fertigungsstandorte (Währungseinfluss!)

- Verhältnis direkte/ indirekte Mitarbeiter

- Umsatzentwicklung des Lieferanten insgesamt/ im jeweiligen Produktsegment/ mit dem eigenen Unternehmen

- Gewinnentwicklung

- Entwicklung des Auftragseinganges

- Falls börsennotiert, Entwicklung des Aktienkurses

- Anteil der F&E-Aufwendungen am Gesamtumsatz

Diese o. a. Informationen des Lieferanten bilden einen umfangreichen Pool an Möglichkeiten dar, Argumente zur Preis- und Kostensenkung zu erarbeiten. Stellt man diese Daten in Relation zu bestehenden, ähnlichen Kaufteilen und in einen zeitlichen Zusammenhang, sind die kombinatorischen Möglichkeiten zum Herausfinden von Kostentreibern und deren Beeinflussung vielfältig, vorausgesetzt, man nutzt diese wertvollen Informationen mit den richtigen Methoden und Werkzeugen:

Erste Plausibilitätsprüfungen:

Bei der Analyse, ob Angebote plausibel sind, lassen sich *grobe Inkonsistenzen* schon mit einfachen Mitteln herausfinden lassen:

Aus der Multiplikation des Einsatzgewichtes in g mit dem angegebenen Material-Hauptanteil in €/ g lassen sich grobe Gewichts- und Kostenabweichungen identifizieren. Dies gilt z. B. bei Druckgusskomponenten oder Kunststoffspritzgießteilen:

Materialkostenanteil in € = Einsatzgewicht in g x Materialkosten in €/ g

Größere Abweichungen innerhalb des Bieterfeldes lassen folgende Rückschlüsse zu:

- Es wurden unterschiedliche Materialien zu unterschiedlichen Preisen angeboten. Es bedarf der Klärung, ob eine eindeutige Materialspezifikation angefragt wurde oder das angebotene Material technisch und qualitativ akzeptabel ist.

- Größere Schwankungen des Einsatzgewichtes lassen darauf schließen, dass die Anfrage einen zu hohen Interpretationsspielraum zulässt. Hier hilft die Vorgabe oder Abschätzung des verantwortlichen Entwicklers.

Schwankungen beim ab-Werk-Teilepreis von bis zu fünfzig Prozent oder mehr lassen den Rückschluss zu, dass die Anfrage vom Lieferanten fehlinterpretiert wurde und gegebenenfalls wichtige Inhalte, Funktionen oder Komponenten vergessen bzw. anders gedeutet wurden. Eine erste telefonische Durchsprache mit dem Anbieter und dem Projektkollegen aus der Entwicklung hilft, dass extrem niedrige oder hohe Angebote nicht über Wochen durch den Prozess getragen und sich erst dann als unhaltbar erweisen.

Hohe Transport- und Verpackungskosten sorgen häufig bei im Grunde wettbewerbsfähigen Lieferanten für eine Verzerrung des Preises. Häufig genügt ein telefonischer Hinweis, dass im Schnitt Logistikkosten in Höhe von z. B. zwei Prozent des Teilepreises angeboten wurden, um diese Schieflage durch Prüfung und Korrektur des Lieferanten beseitigen zu lassen.

Werkzeugkosten sind über die Laufzeit des Teils betrachtet ein wesentlicher Einflussfaktor. Dies gilt ebenfalls für die Bandbreite der angegebenen Werkzeugkosten zwischen den unterschiedlichen Lieferanten im Wettbewerbsfeld. Extrem hohe Standzeiten und unterschiedlichste Werkzeugauslegungen können hierfür die Gründe sein, die von den Lieferanten entsprechend im Nachtragsangebot überarbeitet werden. Allerdings können signifikante Unterschiede bei den lohnintensiven Werkzeugen in Faktorkostenvorteilen durch Erstellung in Niedriglohnländern begründet sein. Dies ist ein Argument, dass der Einkäufer gegenüber den teureren Wettbewerbern nutzen kann und wird.

Prototypen- und Prototypenwerkzeugkosten liegen im Wettbewerbsfeld preislich oft extrem weit auseinander. Dies liegt an unterschiedlichsten Kalkulationsansätzen der Lieferanten, die häufig nur variable Kosten abdecken oder aber auch übermäßig hohe F&E-Anteile beinhalten. Solch große Abweichungen lassen sich in der Regel ebenfalls telefonisch korrigieren.

Häufig vermerken Lieferanten in Ihren Angeboten Einmalkosten wie Entwicklungskosten, Investitionsbeteiligungen oder die Beistellungen von Material durch den Kunden, was zu einer Verzerrung des Angebotsvergleiches und der Wettbewerbspositionierung führt. Der klare und frühzeitige Hinweis des Einkäufers, dass all diese Einmalkosten im Teilepreis einkalkuliert sein müssen, ist daher unerlässlich. Konsequenterweise wird ein solcher Lieferant im Wiederholungsfall von der Vergabe ausgeschlossen, egal wie wettbewerbsfähig das Angebot auch sein mag. Ein seriöser Lieferant wird sich an das Anfrageformular halten und hat verzerrenden Darstellungen nicht nötig.

Jährliche Preisreduzierungen in der Laufzeitbetrachtung sind ein Muss für jeden Bieter; die telefonische Aufforderung eines Nachtragsangebotes mit entsprechenden prozentualen Produktivitätsangaben auf Jahres-, *nicht* auf Stückzahlbasis ist kein Verhandlungsbestandteil, sondern entspricht der Bitte um ein *vollständiges* Angebot.

Die Abgabe des Angebotes in Landeswährung und die Umrechnung auf Eurobasis für den Angebotsvergleich durch den Einkäufer hilft als mögliche Erklärung für größere Preisabweichungen, bedingt durch die bestehenden Wechselkurse. Für die Angabe der Währung ist der *Produktionsstandort* entscheidend.

Ein günstiger Stückpreis im ersten Jahr sagt noch nichts über Wettbewerbsfähigkeit *über Laufzeit* aus. Daher ist die Angabe prozentualen, jährlichen Preisreduzierungen über die Lebenszeit erforderlich. Diese Angaben dienen auch als Grundlage der vom Einkäufer zu erstellenden Barwertbetrachtung.

Ebenso ist die Prüfung des Angebotes auf etwaige *Konditionen* notwendig: knüpft der Lieferant sein Angebot an Abnahmegarantien oder Stückzahlzusagen? Findet eine Kopplung an Folgegeschäfte oder die Anpassung von Preisen bei eventuellen Wechselkursschwankungen statt? Diese und ähnliche Punkte, die nach Vergabe in Vergessenheit geraten und häufig erst nach Jahren greifen, führen später zu Ärger und Verdruss. Der Einkäufer fordert also bei erster Angebotssichtung die Streichung von Bedingungen dieser Art.

Ein weiterer Anhaltspunkt kann ein Quercheck zu bisherigen Preisen für Serienteile sein. Wodurch sind Preisabweichungen begründet? Haben sich Rohstoffpreise erhöht oder ist das Nachfolgeteil schwerer geworden? Dies sind mögliche Anhaltspunkte, die

Preisveränderungen erklären, die nicht durch den Wettbewerbs-druck innerhalb des Bieterpanels verursacht wurden.

Die Aufzählung von Anhaltspunkten zur Plausibilisierung der An-gebote und des Angebotsvergleiches erhebt keinen Anspruch auf Vollständigkeit, sondern soll vielmehr als Anregung dienen und helfen, Kosten und Preise besser zu verstehen und mögliche Irr-läufer frühzeitig zu erkennen. Was nützt dem Projektteam ein ver-meintlich günstiges Angebot, dass sich nach der Entscheidung im Sourcing Committee als unvollständig, inplausibel und unhaltbar herausstellt? Im Gegenteil: die Lieferanten schätzen ein Hinterfra-gen der Angebote, weil sie nun wissen, mit professionellen Einkäu-fern zusammen zu arbeiten, die ihre Angebote ernst nehmen und sich inhaltlich mit ihnen auseinandersetzen.

Die Laufzeitbetrachtung:

Nach Klärung der wichtigsten Angebotsinhalte kann nun im Ange-botsvergleich die Gegenüberstellung anhand von drei Schlüsselkri-terien erfolgen:

- Unterschreiten die Angebote das vorgegebene Cost-Target?

- Wie liegen die Wettbewerber im Stückpreis zueinander?

- Wie liegen die Anbieter in der Laufzeitbetrachtung unter Be-rücksichtigung aller auszahlungswirksamen Kosten im Vergleich zueinander?

Nun lassen sich erste Ableitungen bilden. Liegen alle Bieter ober-halb des Targets, sollte geprüft werden, ob Target und Anfrageun-terlagen auf denselben Spezifikationen beruhen. Falls ja, sollte umgehend im Projektteam die Ausgangssituation besprochen und bereits zu diesem Zeitpunkt adressiert werden, dass die Targeter-reichung bzw. -unterschreitung mit hoher Wahrscheinlichkeit nur durch *konstruktive Anpassungen* realisiert werden kann.

Falls mehrere Anbieter bereits bei der ersten Angebotsabgabe un-terhalb des Targets liegen, bedeutet dies eine hervorragende Aus-gangssituation, um durch mehrere Verhandlungsrunden oder Durchführung einer Reverse Auction einen Preiskampf einzuläu-ten.

Die Bandbreite der angebotenen Preise lässt Rückschlüsse auf die Komplexität des angefragten Systems oder die Freiheitsgrade zu, die die Anfrage bei den Lieferanten zulässt. Unterschiedliche konstruktive oder konzeptionelle Lösungen, der Einsatz unterschiedlicher Materialien oder intelligente, funktionelle Lösungen helfen, sich preislich zu differenzieren. Unterschiedliche Kostenstrukturen, die Nutzung von Lohnkostenvorteilen oder ein hoher Automatisierungsgrad können, je nach Produkt, zu erheblichen Preisunterschieden führen. Das gleiche gilt für Produktivitätsunterschiede oder eine höhere Auslastung durch effektive Schichtmodelle. All diese Punkte sind es, die ein professioneller Einkäufer nutzt, die kostenseitige Wettbewerbsfähigkeit der Lieferanten zu hinterfragen.

Ein weiterer Aspekt ist die *Aggressivität*, mit der ein Lieferant anbietet: welche strategische Bedeutung hat der anfragende Kunde für den Lieferanten? Bei hoher Attraktivität wird der anbietende Lieferant eine andere Gewinnmarge ansetzen bzw. nur einen Deckungsbeitrag erwirtschaften, der ihm eine *Grundauslastung* sichert. Dies ist ein wesentlicher Aspekt, um die Motivation des Lieferanten für die weitergehenden Verhandlungen zu verstehen.

Die Barwertbetrachtung zeigt, ob ein Angebot nur vordergründig wettbewerbsfähig, jedoch über Laufzeit unattraktiv ist. Hierfür können folgende Gründe vorliegen:

- Es werden keine oder minimale jährliche Preisreduzierungen angeboten

- Die wirklich niedrigen Stückpreise werden erst gegen Ende der Laufzeit wirksam (und damit durch die Abzinsung unterproportional berücksichtigt)

- Die Logistikkosten im frei-Haus-Stückpreis liegen zu hoch

- Hohe Einmalkosten kannibalisieren einen wettbewerbsfähigen Stückpreis.

Es ist leicht zu erkennen, dass mit Nutzung der Schlüsselkriterien für eine erste Angebotsanalyse eine Vielzahl an Möglichkeiten vorhanden sind, den Lieferanten durch Hinweise, *nicht durch Verhandlung*, auf mögliche Inkonsistenzen hinzuweisen und allein dadurch Preisreduzierungen zu erzielen. Der Einkäufer erhält mit den Angebotsinhalten und Vergleichsmechanismen eine große Zahl an Justiermöglichkeiten, die besten Laufzeitkonditionen zu erzielen und eine stumpfe Stückpreisdiskussion zu vermeiden.

Der nächste Schritt: die Kalkulationsanalyse:

Nach der Analyse der direkten Angebotsangaben ist der tiefer gehende Schritt die Einholung und Bearbeitung der Produktkalkulation. Die häufige Frage des Einkäufers lautet: *„Warum sollte mir der Lieferant solch sensible Daten zur Verfügung stellen? Außerdem reicht es mir, wenn mir der Lieferant einen attraktiven Preis gibt. Wie er darauf kommt, ist seine Sache."* Dies ist nicht falsch, stellt jedoch nur *eine* Seite der Medaille dar. Ein professioneller Einkäufer wird versuchen, umfassende Informationen über den Lieferanten und seine Angebote zu erhalten, um ein optimales Ergebnis zu erzielen. Selbst wenn ein Lieferant unter Selbstkosten anbietet, so ist es für den Einkäufer wichtig zu wissen, *dass* dies der Fall ist. Ebenso bieten die Daten der Produktkalkulation einen Fundus zur späteren Nutzung in der Verhandlung. Aus diesem Grund gibt der Einkäufer ein festes Kalkulationsschema vor, das vom Lieferanten exakt in dieser Form auszufüllen ist. Damit bestimmt der Einkäufer den von ihm gewünschten oder benötigten Detaillierungsgrad für die nachfolgende Analyse und die erforderliche Vergleichbarkeit.

Ein Instrument zur methodischen Nutzung von Kostenanalysen stellt die *Preisparametrisierung* dar. Darunter versteht man die Ermittlung und Nutzung von Kostentreibern, um dem Lieferanten konkrete Ansatzpunkte zur Kostenreduzierung zu geben. Bei einer Vielzahl von Komponenten und Materialgruppen lässt sich der Preis anhand eines bestimmten Kostenparameters bestimmen: so z. B bei einem Transformator anhand der Wicklungen oder bei einem Aluminiumgehäuse anhand des Gewichts.

Für den Einkäufer bietet das Instrument der Preisparametrisierung die Möglichkeit, aufgrund des bestehenden Teileportfolios einer Materialgruppe und Wettbewerbsvergleichen bei laufenden Anfragen Gesetzmäßigkeiten in der Preisentwicklung zu erkennen und damit quasi „vorherzusehen", was ein Produkt in einer bestimmten technischen Auslegung kosten darf (Abb. 30).

Preisparametrisierung ist ein wertvolles Werkzeug, wenn der Kostentreiber identifiziert wurde

Beispiel: Spulen

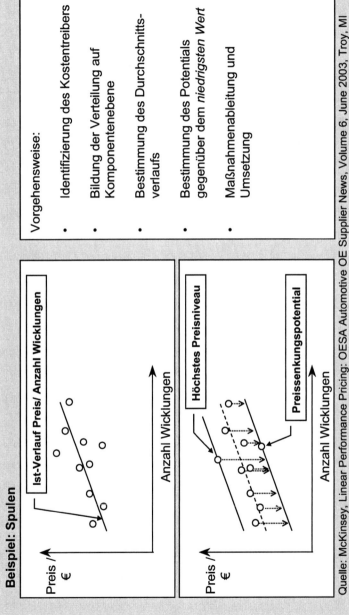

Vorgehensweise:

- Identifizierung des Kostentreibers

- Bildung der Verteilung auf Komponentenebene

- Bestimmung des Durchschnittsverlaufs

- Bestimmung des Potentials gegenüber dem *niedrigsten Wert*

- Maßnahmenableitung und Umsetzung

Ist-Verlauf Preis/ Anzahl Wicklungen

Preis / €

Anzahl Wicklungen

Höchstes Preisniveau

Preissenkungspotential

Preis / €

Anzahl Wicklungen

Quelle: McKinsey, Linear Performance Pricing: OESA Automotive OE Supplier News, Volume 6, June 2003, Troy, MI

Abbildung 30

Der Ansatz zur Ermittlung des bestimmenden Kostentreibers ist im ersten Ansatz Statistik: aus dem bestehenden Teileportfolio werden unterschiedliche Diagramme gebildet, die den jeweiligen Komponentenpreis in Abhängigkeit von einem bestimmten Leistungskriterium zeigen: also bei Trafos der Preis in €/ Anzahl der Wicklungen, der Preis in €/ Kupfer-Einsatzgewicht oder Preis in €/ Gesamtgewicht in g. Der Schlüssel zur Ermittlung des Preisverlaufes liegt in der Auswahl des passenden Kostentreibers. Ein konkretes Beispiel soll dies verdeutlichen:

Für Basisstationen im Telekommunikationsbereich werden Gehäuse, sogenannte Racks, benötigt. Diese bestehen aus Aluminium und einer Vielzahl Einzelkomponenten (Seitenteile, Boden, Deckel, Verstrebungen, Lüftungsgitter, Befestigungselemente, Kabelkanäle etc.), die montiert und verpackt angeliefert werden. Die Volumina umfassen ab ca. dreißig Liter bis hin zu mehreren hundert Litern Fassungsvermögen, die Höhe beträgt zwischen fünfzig cm bis zwei m. In langen Gesprächen mit den Kollegen aus der Entwicklung wurde versucht, anhand von Kalkulationsdaten die Kostentreiber zu ermitteln und einen einfachen Preis-/ Leistungszusammenhang zu ermitteln, was in den ersten Versuchen misslang. Weder über das Gewicht noch über das Fassungsvermögen konnte eine Preis-/ Leistungsfunktion ermittelt werden. Der hohe Fertigungskostenanteil durch die Montage und weitere Kostenbetrachtungen ließen den Schluss zu, dass, anders als bei Wickelgütern oder Aluminiumdruckgusskomponenten, kein einzelner Kostentreiber preisbestimmend ist. Nach mehreren erfolglosen Anläufen wurde der Versuch der Preisparametrisierung bei Racks verworfen. Bei einem Lieferantenbesuch, der aus einem anderen Grund mehrere Wochen später stattfand, standen unterschiedliche Racks in der Entwicklungsabteilung, in gänzlich verschiedenen Größen. Dieses Bild regte zur Überlegung an, ob nicht die *Höhe* eine kostenbestimmende Rolle spielen könnte. Und tatsächlich: das Preis-/ Leistungsdiagramm zeigte eine eindeutige Korrelation zwischen Preis und Höhe, unabhängig vom Materialeinsatz in kg oder anderen Größen.

Mit dieser Erkenntnis lässt sich nicht nur vorhersagen, wieviel ein Rack in €/ kg kosten darf, sondern anhand der statistischen Ausreißer nach unten lässt sich das Preisniveau gezielt beeinflussen und argumentativ bei der Verhandlung bestehender und neuer Racks nutzen. Sicherlich ist es für die Entwickler sowohl beim Lieferanten als auch im eigenen Unternehmen nicht befriedigend, dass entwicklungsspezifische, zeichnungsgebundene Systeme zu austauschbaren Me-too-Produkten „degradiert" werden, aber genau darum geht es bei der Preisparametrisierung: aus scheinbar individuellen Produkten einer Materialgruppe ein zumindest preispolitisch austauschbares Kaufteil zu kreieren. Warum sollten nicht entwicklungsintensive Frontscheinwerfer oder Heckleuchten für PKW in Preisen je €/ kg eingekauft werden? Der Vergleich mit dem Einkauf von Äpfeln auf dem Wochenmarkt liegt zwar nahe, aber was spricht wirklich dagegen? Die Marketinginstrumente zur Produktdifferenzierung sind immens ausgeklügelt; eine einkäuferische Gegenstrategie ist legitim.

Ein weiterer gestalterischer Aspekt wurde bereits genannt: durch die statistische Darstellung der Teilefamilie im Preis-/ Leistungsdiagramm zeigen sich im Streuungsdiagramm statistische Ausreißer sowohl nach oben als auch nach unten. Beide Ausreißerarten sind für den Einkäufer von Interesse, nicht nur statistisch gesehen. Weil die preisgünstigsten Ausreißer den Weg weisen, den die teureren Komponenten einzuschlagen haben, lassen sich argumentativ sowohl die hochpreislichen Ausreißer als auch der Gesamtdurchschnitt aller dargestellten Komponenten nach unten *auf das niedrigste Preisniveau* korrigieren. Der Einkäufer erhält eine weitere Möglichkeit, Preise durch Nutzung des Leistungs-/ Kostentreibers zu erkennen und dies bei Ausschreibungen und Verhandlungen zu nutzen.

Bei zukünftigen Anfragen entfällt mit dieser Vorgehensweise auch eine langwierige Analyse der Produktkostenkalkulation. Mit Hilfe der preislich niedrigsten Komponenten und den wettbewerbsfähigsten Lieferanten lässt sich ein Materialgebiet innerhalb eines Jahres durch Anwendung der Preisparametrisierung signifikant verbessern, und zwar mit nachvollziehbarer Methodik und vertretbarem Analyseaufwand.

Ein weiteres, sehr effektives Tool ist das sogenannte *Best-Price-Principle*. Hierbei handelt es sich wie bei der Preisparametrisierung um eine Methodik zur Nutzung von Produktkostenanalysen, um die Preise nachhaltig zu reduzieren. Der Grundgedanke, der dem Best-Price-Principle (BPP) zugrunde liegt, heißt: durch Analyse der Produktkalkulationen werden die jeweils günstigen Kostenpositionen des Anbieterfeldes ermittelt und zu einem theoretisch günstigsten Preis verknüpft. Diese Vorgehensweise greift insbesondere bei komplexen Systemen bzw. bei komplexen Maschinen, Anlagen oder Werkzeugen.

Hierbei ist es erforderlich, dass die Produktkalkulation, die die Lieferanten vervollständigen, so detailliert und präzise wie nur möglich auf das zu analysierende Produkt zugeschnitten wird. So reicht es nicht aus, nur den Block „Fertigungskosten" zu erfragen, sondern jeden einzelnen Fertigungsschritt im Kalkulationsschema zu berücksichtigen. Erst dann ergibt sich in der späteren Auswertung ein klares Vergleichsbild (Abb. 31).

Das Best Price Principle eröffnet selbst bei preisgleichen Angeboten Kostensenkungspotentiale

Beispiel: Gehäuse aus Aluminium-Druckguss

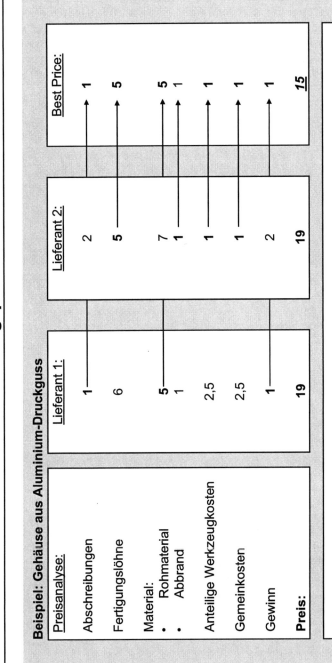

Preisanalyse:	Lieferant 1:	Lieferant 2:	Best Price:
Abschreibungen	1	2	1
Fertigungslöhne	6	5	5
Material:			
• Rohmaterial	5	7	5
• Abbrand	1	1	1
Anteilige Werkzeugkosten	2,5	1	1
Gemeinkosten	2,5	1	1
Gewinn	1	2	1
Preis:	**19**	**19**	**15**

Die niedrigsten Kostenwerte liefern die Ansätze für die Gespräche mit beiden Lieferanten

Quelle: in Anlehnung an The McKinsey Quarterly 2/'97, U. Fincke: No time for lone rangers, S. 27 Purchase Price Benchmarking

Abbildung 31

Werden für ein angefragtes Produkt von z. B. fünf Lieferanten mit der vorgegebenen Produktkalkulation je 25 Kostenangaben an den Einkäufer zurück gegeben, so erhält er in Summe fünf Gesamtpreise und 125 Einzelwerte, die im Preisvergleich zur weiteren Nutzung zur Verfügung stehen: Einzelkomponenten, Fertigungsschritte, Gemeinkosten, Entwicklungskosten, Verpackung und Transport sowie Gewinn.

Aus den erhaltenen Einzelwerten wird nun in jeder Zeile der niedrigste Wert in einer separaten Spalte dargestellt und summiert. Mit hoher Wahrscheinlichkeit liegt dieser theoretische Wert ca. fünfzig Prozent unter dem Durchschnittswert der angebotenen Preise.

Natürlich wird an dieser Stelle der Einspruch erfolgen, dass ein solchermaßen ermittelter Wert keinerlei Aussagekraft hat, weil unterschiedlichste Konzepte miteinander kombiniert und vermischt werden, die in der Praxis kein funktionsfähiges Gesamtprodukt ergeben. Dem sei erwidert, dass eine solche Unschärfe bewusst in Kauf genommen wird und dies dem Lieferanten im Gespräch auch so mitgeteilt werden sollte. Jedoch erlaubt diese Methode einen legitimen Abgleich der Kostenpositionen und erlaubt eindeutige Rückschlüsse, in welchen Material-, Fertigungs- oder sonstigen Kostenpositionen Vor- und Nachteile gegenüber dem Wettbewerb bestehen. Der Lieferant erhält auf diese Weise nicht nur sehr detaillierte Informationen über diejenigen Positionen, bei denen er sich verbessern muss, sondern auch Informationen über jene, in denen er führend ist und somit eine kostenlose und präzise Standortbestimmung seiner Wettbewerbsfähigkeit.

Folgende Vorgehensweise wird beim BPP angewendet:

Unabhängig davon, ob es sich beim anzufragenden Produkt um Produktionsmaterial, ein Druckguss- oder Spritzgießwerkzeug oder eine Maschine bzw. Fertigungsanlage handelt, aus Gesprächen mit den Lieferanten ergibt sich ein detailliertes Kalkulationsschema, in dem die bestimmenden Größen beinhaltet sind und das der Anfrage beigefügt wird. In der Regel werden solche Kalkulationsschemata nicht von allen Anbietern vollständig ausgefüllt. Reges Nachfragen und Mahnen helfen, die Mosaiksteine zusammen zu bringen und einen vollständigen Kalkulationsvergleich im oben beschriebenen Sinne zu erhalten sowie den theoretisch besten Gesamtpreis aus den niedrigsten Einzelpositionen zu bilden.

Mit diesem Zahlengerüst werden nun die anbietenden Lieferanten in Einzelgesprächen konfrontiert. Die Informationen, die die Lieferanten erhalten, zeigen ein objektives Bild für jede Einzelposition gegenüber dem anonymisierten Bestwert. Der Lieferant erfährt e-benfalls, in welchen Bereichen er Bestwerte erzielt oder sich in deren Nähe befindet. Umgekehrt erfährt er aber auch, bei welchen Positionen er weit vom Bestwert entfernt ist und entsprechend nachbessern muss. Ein solches Gespräch (es ist keine Verhandlung) dauert, je nach Komplexität des angefragten Produktes, zwei bis vier Stunden

Nach dieser Durchsprache wird für die Folgewoche ein zweites Gespräch zur Nachbesserung des Angebotes vereinbart, um die weiteren Fortschritte zu diskutieren. Erst nach einer gewissen Annäherung an den niedrigsten Gesamtpreis beginnt die eigentliche Verhandlung unter konsequenter Einbringung der Wettbewerbssituation.

Das Best-Price-Principle eignet sich besonders zur Preisfindung bei Produkten ohne Wiederholcharakter, bei denen keine Vergleichswerte hinsichtlich der Kostenstruktur zur Verfügung stehen.

Entscheidend für die Akzeptanz der Preisparametrisierung und des Best-Price-Principles ist die intensive Kommunikation mit dem Lieferanten. Der Einkäufer erläutert genauestens die Vorgehensweisen und erklärt, *warum* Kalkulationsdaten im geforderten Detaillierungsgrad benötigt werden und was mit ihnen geschieht. Kein Lieferant wird sich an langwierigen Kostendiskussionen beteiligen oder sensible Kalkulationsangaben preisgeben, wenn er das Gefühl hat, dass er sich mit seiner Offenheit dem Kunden gegenüber ausliefert.

Die beschriebenen Vorgehensweisen liefern wertvolle Informationen, um einerseits Preise zu reduzieren, aber andererseits erhalten die teilnehmenden Lieferanten eine präzise Aussage über ihre Wettbewerbsfähigkeit und können somit ihre eigenen Materialkosten, ihre Produktivität etc. dramatisch verbessern. Was normalerweise nur mit Hilfe von externen Unternehmensberatern durchgeführt wird, nämlich Kostenreduzierungsprogramme und Potentialerschließungen zur Verbesserung der eigenen Wettbewerbsfähigkeit, wird nun vom Kunden mit realen Marktinformationen initiiert.

Die Frage „*Was sind meine Kosten?*" wird nicht nur beantwortet, sondern aktiv und argumentativ beeinflusst. So angewendet und an die Lieferanten kommuniziert, sollte auch bei skeptischen Lieferanten die erforderliche Akzeptanz und Teilnahmebereitschaft hergestellt werden können.

Eine Einbringung des Faktors Laufzeit in die Analyse von Angeboten und Preisen ermöglicht die *Barwertbetrachtung*. Diese wurde bereits als Teil der Angebotsauswertung im Sourcing Committee erläutert und bietet erweiterte Möglichkeiten und Stellhebel zur Materialkostensenkung.

3.10 Besser als das eigene Gedächtnis: Verträge und Vereinbarungen

Die nachfolgenden Ausführungen stellen keine vertragsjuristischen Ausführungen dar, sondern sollen als *Anregung* dienen, ob wesentliche Inhalte der Geschäftsbeziehung in bestehenden Verträgen berücksichtigt sind oder eine tiefer gehende Analyse, begleitet von einem Fachanwalt, ratsam erscheint.

Worauf basiert eine funktionierende Geschäftsbeziehung? Sicherlich auf gegenseitigem Nutzen und der Gewissheit, die gewünschten Produkte oder Dienstleistungen gegen einen auskömmlichen Gegenwert zu liefern bzw. für die zu zahlende Rechnung die gewünschte Ware zu erhalten. Unter diesen Voraussetzungen wären schriftliche Vereinbarungen oder Verträge eigentlich gar nicht erforderlich. Jedoch machen schriftliche Vereinbarungen und Verträge aus mindestens zwei Gründen Sinn: zum einen besitzen damit beide Parteien eine solide Beschreibung der Pflichten und Rechte der gemeinsamen Geschäftsbeziehung, zum anderen müssen sich beide Seiten bei der Ausgestaltung der Vertragsinhalte *vor* Beginn der Lieferbeziehung damit auseinanderstzen, welche Punkte für eine reibungslose Zusammenarbeit von Bedeutung sind und welche Konsequenzen eventuelle Abweichungen haben.

Leider ist in der Praxis häufig festzustellen, dass bestehende Verträge und Vereinbarungen im Falle von Störungen wesentliche Punkte unberücksichtigt lassen und/ oder formaljuristisch überladen sind. Aus diesem Grund sollen die folgenden Beschreibungen Anhaltspunkte über mögliche Inhalte geben, die in einer funktionierenden Kunden- /Lieferantenbeziehung vorab geregelt sein sollten:

Die Basis eines Kunden-/ Lieferantenverhältnisses stellen das Angebot und dessen Annahme dar. Lässt man beiseite, dass dies durchaus verbal oder mit Handschlag erfolgen kann, so ist in der Unternehmenswelt die Annahme eines schriftlichen Angebotes der einfachste Weg, eine Geschäftsbeziehung zu fixieren. Dagegen ist auch nichts einzuwenden, wenn die relevanten Informationen über das Produkt und die wesentlichen Rahmenbedingungen ausreichend beschrieben sind.

Im Zulieferbereich hat sich die Trennung zwischen produktspezifischen Vereinbarungen und der Festlegung der generellen Zusammenarbeit zwischen Kunde und Lieferanten mittels eines separaten Rahmenvertrages bewährt. Der Vorteil ist, dass nicht bei jedem hinzukommenden neuen Teil die generelle Zusammenarbeit neu definiert werden muss. Konkret erfordert dies *vor* der Lieferantenauswahl im Sourcing Committee die Unterzeichnung des übergreifenden Lieferantenrahmenvertrages, um zum frühestmöglichen Zeitpunkt eine solide Basis für die zukünftige Zusammenarbeit zu gewährleisten.

Bei Vergaben im Bereich des Produktionsmaterials wird eine *Absichtserklärung*, der sogenannte Letter of Intent (LOI), an den nominierten Lieferanten mit anschließender Bestätigung der Richtigkeit der Inhalte durch diesen übergeben. Ein wesentlicher Teil unserer Volkswirtschaft besteht aus dem automobilen Zuliefergeschäft. Dieser basiert auf LOI's, die keinen Bestellcharakter besitzen. Dies geschieht erst mit der späteren Auslösung der konkreten Bestellung durch den Disponenten des Kunden.

Im Bereich der *Investitionsgüter* ist ein LOI kein anwendbares Instrument: erst mit Auslösung einer konkreten Bestellung beim Lieferanten erhält der Zulieferant bei seiner Bank den erforderlichen Kredit und kann das Material für z. B. eine komplexe Anlage bei seinen Lieferanten ordern. Wer versucht, bei einem Investitionsgüterlieferanten eine Komplettanlage ohne Bestellung und ohne vorhandenes Budget zu verhandeln, wird aus den genannten Gründen sehr schnell an die Grenzen seines Verhandlungsgeschickes stoßen.

Um eine vertragsseitige, inhaltliche Überfrachtung oder das Fehlen wesentlicher, für die zukünftige Zusammenarbeit notwendiger Vereinbarungsinhalte zu vermeiden, sollen die folgenden Punkte als Gerüst für den LOI und die konkrete Vertragsgestaltung verstanden werden:

Produktbezogene Inhalte:

- (vorläufige) Sachzeichnungsnummer

- Produktbezeichnung

- Bezug auf die versandte Anfrage (Anfragenummer, Datum)

- Bezug auf das Angebot (Angebotsnummer, Datum)

- falls erforderlich: Produktbeschreibung

- falls erforderlich: Werkzeuge oder Peripherieumfänge

Preisinformationen:

- Stückpreis und Währung

- Jährliche Preisreduzierung

- Logistikpreise

- Zahlungsbedingungen

- Incoterm (Lieferkondition)

- Bei Investitionen: Höhe und Fälligkeit der Pönale bei Verzöge-rungen

- Sonstige Preise: Werkzeuge, Prototypen, Prototypenwerkzeuge o. ä.

- Ergänzungen wie: Währungssicherung oder Währungsklauseln

Zeitliche Angaben:

- Laufzeit in Jahren, Lebensdauer

- Liefertermine, Abnahmetermine

- Projektmeilensteine (Mustertermine, Start of Production, End of Production)

Mengenangaben:

- *keine* exakte Stückzahlangabe, sondern Angabe eines Lieferanteils in Prozent und Verweis auf die der Anfrage zugrunde liegenden, jährlichen Stückzahlen

- Festlegung einer prozentualen Schwankungsbandbreite (z. B. +/- zwanzig Prozent), basierend auf den der Anfrage zugrunde liegenden Stückzahlen, für die der festgelegte Preis gilt

- *keine* Abnahmegarantie

- Kapazitätsangabe auf Jahresbasis

Fachliche Anforderungen an Lieferant und Produkt:

- Qualitätsanforderungen (z. B. Qualitätssystem, ppm-Vorgabe)

- Entwicklungsservice (z. B. Reaktionszeiten, Inhalte der Zusammenarbeit)

- Logistikanforderungen (z. B. Lieferfrequenz, Konsignationslager)

- Aufrechterhaltung der Lieferfähigkeit

Regelung der gemeinsamen Zusammenarbeit:

- Offenlegung von Kosten- und Kalkulationsangaben

- Verantwortlichkeiten und Aktivitäten zur Kostensenkung

- Ausdrückliche Aufrechterhaltung der Wettbewerbsfähigkeit über Laufzeit entlang Qualität, Service und Preis

- Eigentumsklärung der Entwicklungs- und Spezifikationsinhalte zur vorbehaltlosen Nutzung durch den Kunden

- Vertraulichkeit zum Schutz des gemeinsam erarbeiteten Know Hows

- *Unbedingt* vermeiden: Zusage einer wie auch immer gearteten Investitionsabsicherung durch den Kunden

- Haftung für direkte und indirekte Schäden incl. der Haftungsbegrenzung in €

- Verrechnung von direkten und indirekten, lieferantenverursachten Mehrkosten (sog. Non Conformance Costs)

Auflösung der Geschäftsbeziehung:

- Vertragsdauer und Vertragsende

- Kündigungsfrist

- Regelung zur Weiterführung des Vertrages

- Außergewöhnliche Kündigungsgründe

Allein die Klärung o. a. Vertragspunkte *vor* dem Start der Geschäftsbeziehung hilft, eine möglichst reibungslose Zusammenarbeit zu gewährleisten. Ein Lieferantenrahmenvertrag und der produktbezogene LOI helfen, vom Lieferanten die vereinbarten Leistungen einzufordern, *ohne* einen Anwalt oder gar ein Gericht zu bemühen. Nur eines darf man als Kunde nicht vergessen: dass ein Lieferant, der technische oder sonstige Alleinstellungsmerkmale besitzt, diesen Vorteil auch für sich nutzt und die Grenzen der Zusammenarbeit ausloten wird und diese bei Bedarf auch überschreitet, sprich vertragsbrüchig wird. Was ist einer Mehrpreisforderung entgegen zu setzen, wenn keine Alternative verfügbar ist? Ein Vertrag hilft natürlich dem Einkäufer, auf die Regeln der Zusammenarbeit und die festgelegten Konditionen hinzuweisen. Im realen Geschäftsablauf nützt dies jedoch im Abhängigkeitsfall nur wenig, ebenso der Hinweis auf Branchengepflogenheiten. *In Monopolsituationen wird die Gier größer sein als das Bestreben um partnerschaftliche Kooperation.* Daher kann ein Vertrag auch nicht vor Erpressung schützen. Leider wird diese Tatsache von Einkaufsabteilungen kaum beachtet und die Mehrzahl der Einkaufsleiter betreibt kein Risikomanagement, sondern zieht sich auf den formalen Standpunkt zurück, dass einhundert Prozent der Lieferanten durch Rahmenverträge abgedeckt sind und wiegt sich in falscher Sicherheit, weil juristische Vereinbarungen und geschäftsseitige Abhängigkeiten zwei verschiedene Dinge sind.

Die Verwendung der notwendigen Rahmenverträge und LOI's stellen eine *Basis* der Zusammenarbeit mit den Lieferanten dar; die *Ausgestaltung* der Lieferbeziehung ist eine unternehmerische Aufgabe, die sich nicht auf Verträge reduzieren lässt.

3.11 Abläufe und Methoden zur Zielerreichung nutzen: Zielvereinbarungen

Was bewegt einen Einkäufer, die vorangegangen beschriebenen Instrumente auch zu nutzen? Zunächst gibt eine menschliche und auch menschlich verständliche Grundträgheit, die im Zweifelsfall alle negativen Einflussfaktoren als unabwendbar oder nicht beeinflussbar rechtfertigt. Es gibt immer negative Einflüsse des Marktes, steigende Rohstoffpreise, Firmenpleiten oder Allokation in Boomzeiten. All diese Einflüsse lassen sich, auch noch formaljuristisch abgesichert, zur Akzeptanz von Preiserhöhungen heranführen. Leider geschieht dies auch viel zu häufig. Die Ursache liegt darin begründet, dass die Konsequenzen zwar das eigene Unternehmen trägt, der Einkäufer jedoch so oder so „seinen Job" macht. Häufig sind die Zielstellungen, soweit überhaupt vorhanden, an abwicklungsorientierte Einkaufsabteilungen auch nur administrativer Art:

- Anzahl der ausgelösten Bestellungen

- Abdeckungsgrad des Einkaufsvolumens durch Verträge

- Preisreduzierung gegenüber Vergleichszahlen des Statistischen Bundesamtes.

Diese „Liste der Grausamkeiten" lässt sich beliebig fortsetzen, ist aber nur wenig zielführend. Wirklich betrüblich ist, dass die Mehrzahl der Unternehmen tatsächlich in einem solchen Modus arbeitet. Eine sinnvolle Kopplung der Interessen des Gesamtunternehmens mit den Arbeitsinhalten des Einkäufers lässt sich durch Zielvereinbarungen erreichen, wobei die wesentlichen Erfolgsfaktoren sind:

- Zielinhalte

- Quantitative Festlegung

- Zielvernetzung mit benachbarten Abteilungen.

Die wesentlichen Ziele einer strategisch ausgerichteten Einkaufsabteilung sind bei Neuteilen die Targeterreichung/ - unterschreitung bei niedrigsten Barwerten über Laufzeit, bei Serienteilen die prozentuale Preisreduzierung gegenüber dem vorherigen Geschäftsjahr und bei Investitionsgütern die Erreichung der Targetkosten bzw. die Budgetunterschreitung (ideal: die Erreichung der benötigten, niedrigsten Stückkosten). Parallel ist der Aufbau von mindestens zwei Alternativlieferanten in Ergänzung zum Bestehenden für die wesentlichen Materialgebiete ein sinnvolles Ziel, um Abhängigkeiten nachhaltig zu reduzieren.

Im Bereich der Dienstleistung und des Gemeinkostenmaterials ist die Abdeckung des Einkaufsvolumens durch elektronische Einkaufsplattformen und Wert- bzw. Mengenkontrakten ein sinnvolles Ziel, um die Prozesskosten als primären Kostenfaktor und die Anzahl der Bestellungen drastisch zu reduzieren.

Die Messbarkeit und die Höhe der Ziele sind entscheidend für die Nutzung aller organisatorischen Hebel zu deren Erreichung. Hierbei gilt: was nicht messbar ist, wird auch nicht durchgeführt und die Ziele müssen in ihrer Höhe ambitioniert sein. Entgegen der landläufigen Meinung sind sehr hohe Ziele ein wesentlicher Antrieb, um alle zur Verfügung stehenden Prozesse und Instrumente auch tatsächlich zu *nutzen*. Im Rahmen des bestehenden Umfeldes sind keine Quantensprünge möglich; also müssen die Ziele so ambitioniert sein, dass diese nur durch das Begehen neuer Pfade und Wege erreicht werden können. Jeder Mitarbeiter kommt aus seiner eigenen Erfahrungswelt und wird sich innerhalb dieses limitierten Rahmens bewegen. Die Potentiale und die Kreativität der Mitarbeiter liegen in der Regel weit über den Leistungen, die ihnen von einer durchschnittlichen Einkaufsabteilung abverlangt werden. Nun liegt es an der Geschäfts- und Einkaufsleitung, den Mitarbeitern einen Rahmen zu geben, der Erfolgserlebnisse ermöglicht und die brachliegenden Qualitäten und Fähigkeiten freisetzt. *Dies ist der Schlüssel zur nachhaltigen Verbesserung des Einkaufs und der Materialkostenentwicklung.*

Ein weiter gehender Schritt ist in diesem Zusammenhang die *Vernetzung* des Gesamtzieles „Materialkostenreduzierung" in der Unternehmensorganisation zwischen Einkauf, Entwicklung und Qualitätssicherung mit den Hebeln:

- Preisreduzierung durch Verhandlung

- Aufbau von Second Sources und

- Design to Cost

Was logisch klingt, ist bei der Umsetzung womöglich ein kultureller Wendepunkt, weil die Entwicklung eine Kostenverantwortung nicht unbedingt widerspruchslos akzeptieren wird. Ebenso wird die Qualitätssicherung darauf verweisen, für die Verbesserung der Qualität und nicht für die Kostenreduzierung zuständig zu sein, wahrscheinlich sogar mit dem Hinweis, dass dies konträre Ziele sind (was eingangs erwähnt, einem obsoleten Abwägungsdenken entspricht).

Definiert sich der Einkauf als mitverantwortlich und als Treiber für die gesamten Materialkosten, so ist er darauf *angewiesen*, die Ziele mit der Entwicklung und Qualitätssicherung zu vernetzen, um dieser Rolle auch seriös nachkommen zu können. Ein solcher Ansatz führt zu einer drastischen Verbesserung der Kostensituation, setzt jedoch intensive Vorgespräche, Workshops und den aktiven Support des Vorstandes bzw. der Geschäftsführung voraus, um dies auch tatsächlich und gegen garantiert auftretende Vorbehalte oder Ablehnung durchzusetzen. Hat man diesen Veränderungsprozess ca. drei bis sechs Monaten durchlebt, werden erste Erfolgserlebnisse untermauern, dass der eingeschlagene Weg einen Wettbewerbsvorteil darstellt und Target Costing, Early Involvement und Global Sourcing hervorragende Instrumente zur Verbesserung der Leistung, auch in der Qualitätssicherung und der Entwicklungsabteilung sind, die nun aktiv genutzt werden. Ein Beispiel für eine Zielvereinbarung kann folgendermaßen aussehen:

Zeitraum der Zielvereinbarung:	01. 01. 2005 bis 31. 12. 2005
Verantwortungsumfang:	Das Materialgebiet Leiterplatten für die XY AG mit einem geplanten Einkaufsvolumen von 134 Mio. € (Commodity Manager, weltweite Materialverantwortung)
Ziele:	- *Materialkostenreduzierung* um 5% (entspricht 6,7 Mio. €) - Umsetzung von Maßnahmen zur Steigerung der *Materialproduktivität* in Höhe von 3% (= 4,0 Mio. €) - *Reduzierung der Incidents* für das Materialgebiet Leiterplatten um 50% auf 42 für 2005 (Basis: 84 Incidents in 2004) (zur Erklärung: *Incidents = qualitätsrelevante, lieferantenverursachte Vorfälle: z. B. fehlerhafte Ware, Aussortieraktionen bis hin zur Rückrufaktion*) - Aufbau eines Berichtswesens für das Materialgebiet auf Monatsbasis
Zielerreichungskriterien:	Die Erreichung der drei quantitativen Ziele entspricht einem Zielerreichungsgrad von 100%; eine Überschreitung um weitere 50% entspricht einer Zielerreichung von 200%
Unterschriften:	Commodity Manager: _____ Vorgesetzter: _____

Der o. a. Vorschlag zeigt drei Hauptziele, die Kosten und Qualität in klar messbarer Form abbilden. *Zeitraum, Höhe der Ziele und der Zielerreichungsgrad* lassen am Ende des Jahres keinen Raum für Missverständnisse und geben dem verantwortlichen Commodity Manager die Möglichkeit, seine Ziele nicht nur zu erreichen, sondern zu übertreffen. Darüber hinaus ist mit dem Aufbau eines Berichtswesens ein Ziel vorhanden, dass nicht nur monetärer, sondern auch struktureller Art ist.

Die Zielvereinbarung gibt dem verantwortlichen Einkäufer den Freiraum, die Erreichung der Ziele eigenverantwortlich zu gestalten. Es versteht sich von selbst, dass die Erreichung oder Übererfüllung der vereinbarten Ziele entsprechend finanziell honoriert werden sollte. Dies kann entsprechend einer übergreifenden, mit dem Personalwesen abgestimmten Richtlinie z. B. bei ein bis zu mehreren Monatsgehältern liegen, um einen spürbaren Anreiz zu geben und eine Leistungskultur zu schaffen, von der sowohl die Mitarbeiter als auch das Unternehmen in gleichem Maße profitieren. Zum Vergleich: ein Monatsgehalt Incentive entspricht in obigem Beispiel 6,7 Mio. € Einsparung bei voller Zielerreichung, zwei Monatsgehälter Incentive entsprechen 10 Mio. €. Kaum zu glauben, wie viele Firmen ein Problem haben, ihre Mitarbeiter auf diese Art und Weise zu motivieren und statt dessen ihre Wettbewerbsfähigkeit auf's Spiel setzen.

Ein weitergehender Schritt zur Integration des Einkaufs in die Unternehmensprozesse liefert die Balanced Scorecard mit direkten und einkaufsübergreifenden Zielen (Abb. 32).

Die Balanced Scorecard für den Einkauf geht über den Preissenkungsansatz hinaus

Beispiel einer Balanced Scorecard für eine Einkaufsabteilung, geschäftsjahresbezogen:

Kunde:

- Unterschreitung der Kostentargets um durchschnittlich 5% bei neuen Projekten

Qualität:

- Reduzierung der lieferantenverursachten Incidents und ppm-Werte um 50% im Jahresdurchschnitt

(Basis: 93 Incidents, 112 ppm = Vorjahresdurchschnitt)

Kosten:

- Preisreduzierung von 7% = 35 Mio. €

- Materialkostenproduktivität von 3% = 15 Mio. €

(Basis: Einkaufsvolumen, geplant: 500 Mio. €)

Struktur/ Strategie:

- Aufbau eines standort- und teilebezogenen Berichtswesens

- Aufbau eines standortübergreifenden Materialgruppenmanagements

Abbildung 32

Die erfolgreiche Einführung der im obigen Beispiel dargestellten Scorecard für die Einkaufsleitung setzt zwei wesentliche Bedingungen voraus:

Zum einen muss die Erstellung der Scorecard für *alle* Unternehmensfunktionen durchgeführt werden, und zwar mit entsprechender Vernetzung der abteilungsbezogenen Schnittstellen und unter Berücksichtigung der übergreifenden Unternehmensziele. Zum anderen ist es notwendig, dass der Einkauf den zur Erfüllung der Ziele erforderlichen *organisatorischen Rahmen* erhält. Im Beispiel bedeutet dies die Integration der Funktion Qualitätssicherung Lieferanten/ Kaufteile in den Einkauf, um den Block der lieferantenbezogenen Qualitätsziele auch tatsächlich aussteuern zu können.

Nach der Beschreibung der materialseitigen Kernprozesse und der darin anzuwendenden Methoden und Tools soll im folgenden die Aufbauorganisation des Einkaufs und die Durchführung einer Einkaufs-Reorganisation näher beschrieben werden.

4 Reorganisation von Einkaufsprozessen und -strukturen

Einen schlagkräftigen Einkauf aufbauen, schlanke Prozesse und die zu Verfügung stehenden Werkzeuge nutzen – wenn es nur nicht so schwer wäre, dies in die bestehende Organisation hinein zu bringen. Welche Ansätze sich zur erfolgreichen Einführung eines umfassenden Veränderungsprozesses bewährt haben, wird in diesem Kapitel beschrieben

4.1 Fokussierung des strategischen Einkaufs auf seine Kernaufgaben

Die Um- bzw. Neugestaltung einer Einkaufsfunktion /-abteilung in einem Industrieunternehmen beinhaltet im wesentlichen drei Kernelemente:

- Den Umbau der Aufbauorganisation, die sich zukünftig am Global Sourcing/ Advanced Purchasing-Prozess orientiert

- Die eindeutige Zuordnung von Verantwortlichkeiten hinsichtlich Materialgruppen und Sachzeichnungsnummern auf die Mitarbeiter bzw. Gruppen

- Eine klare Zielsetzung hinsichtlich der zu erreichenden Einsparungen bzw. Targetunterschreitungen für das laufende und die zwei folgenden Geschäftsjahre.

Unterstellen wir, dass der Einkaufsleiter die vorhergehend beschriebenen Kernprozesse verinnerlicht hat und die rückhaltlose Unterstützung der Geschäftsführung genießt (vielleicht ist er selbst Mitglied der Geschäftsführung?), wird er drei Gruppen für seine Umgestaltungsaktivitäten gewinnen müssen:

- Die Mitarbeiter des Einkaufs, die die notwendige Veränderung verstehen, verinnerlichen und mitgestalten müssen

- Die Lieferanten, denen die neuen Abläufe und Forderungen verständlich gemacht werden müssen, soll die Reorganisation nachhaltig erfolgreich verlaufen

- Die Leiter und Mitarbeiter aus Fertigung, Entwicklung, Logistik, Qualität und Controlling, die bei den zu tätigenden Sourcingentscheidungen und bei der Umsetzung eine gleichberechtigt wichtige Rolle spielen.

Die Reihenfolge der Zielgruppen ist bewusst gewählt, weil zuerst die direkten Mitarbeiter der Einkaufsabteilung als *die* Multiplikatoren einbezogen werden müssen. Die normale Reaktion auf die Beschreibung und Präsentation der Sourcing-Prozesse und zu erreichenden Ziele ist normalerweise Verunsicherung, Unglaube und das Gegenargument, dass man derzeit mit Arbeit bereits völlig überlastet sei (mit Aufgaben, die nur am Rande oder gar nicht einkaufsbezogen sind). Gegen Angst und Verunsicherung ist in der Anfangsphase, bis zu den ersten Erfolgserlebnissen, wenig auszurichten. Das Argument der Überlastung ist in der Regel leider wahr, kann jedoch direkt angegangen werden. Eine Bestandsaufnahme der Tätigkeiten des Einkaufs wird mit hoher Wahrscheinlichkeit bestätigen: der Einkauf ist Erfüllungsgehilfe, die Entwicklung fragt an und vergibt Aufträge. Es gilt also abzugrenzen, welche Aufgaben zukünftig im Einkauf verbleiben und worauf die Einkaufsfunktion seine Ressourcen konzentriert.

In den folgenden Übersichtstabellen sind wesentliche Aufgaben und die dazugehörigen Verantwortlichkeiten zusammengefasst und sollen helfen, eine Standortbestimmung der Einkaufsorganisation im eigenen Unternehmen vorzunehmen und Hinweise für mögliche Reorganisationsansätze zu geben.

Grundsätzlich gilt, dass bei Neuteilen die Kostenverantwortung bei jedem Mitglied des Projektteams vorhanden sein muss und bei kritischen Entscheidungen die Eskalationswege durch die fachlichen Hierarchien bis hin zur Geschäftsführung/ zum Vorstand möglich sind. Die Aufgabenübersicht, ohne Anspruch auf Vollständigkeit zu erheben, soll die hauptsächlichen Schwerpunkte der Tätigkeiten zwischen Einkauf und Logistik verdeutlichen. Ebenso soll differenziert werden, welche Verantwortlichkeiten von Advanced Purchasing, Serieneinkauf und Supplier Quality Assurance, also der Qualitätssicherung für Lieferanten und Kaufteile, wahrgenommen werden:

Die Aufgabenverteilung hinsichtlich der Bedarfe, Bestände und der Bestellabwicklung hat einen klaren Logistikschwerpunkt, nichtsdestotrotz hat der Einkauf gegenüber den Lieferanten die Verantwortung der Sicherstellung *langfristiger* Kapazitäten und der Verhandlung von entstandenen Mehrkosten durch verspätete Lieferungen. Wesentlich ist die organisatorische Trennung zwischen

Einkauf und Logistik, also zwischen strategischen und dispositiven Tätigkeiten. Einfach gesagt: *der Einkauf bestellt nicht.*

In der primären Einkaufsverantwortung liegen die Themenfelder Lieferanten- und Materialstrategie inclusive des Anfrage- und Vergabeprozesses sowie das Berichtswesen. Die qualitätsseitige Begleitung obliegt der Supplier Quality Assurance, also der lieferantenseitigen Qualitätssicherung, die Audits bei den Lieferanten durchführt und die Qualitätsverbesserung der Kaufteile proaktiv vorantreibt. Sinnvollerweise ist die Supplier Quality Assurance organisatorischer Bestandteil der Einkaufsorganisation.

Klar muss auch sein, dass *nur* der Einkauf verhandelt, was in der Realität sehr häufig ausgehebelt wird. Anfragen und Angebote, die durch Fertigung oder Entwicklung initiiert werden, können getrost ignoriert werden.

Der Advanced Purchasing Buyer treibt die materialseitigen *Projektbelange* voran. Diese Arbeitsteilung entbindet die Entwicklungsabteilung nicht davon, sich entsprechend mit der Leistungsfähigkeit neuer und bestehender Lieferanten auseinander zu setzen.

Selbstverständlich ist die detaillierte Aufgabenverteilung innerhalb der Einkaufsorganisation *individuell* zu regeln und abhängig von der individuellen Aufbauorganisation des Einkaufs und des Unternehmens. Sind mehrere Werke und Divisionen/ Tochtergesellschaften zu berücksichtigen, die ein übergreifendes Commodity Management erfordern? Existieren regionale Einkaufsbüros? Entsprechend detaillierter müssen dann die direkten Aufgaben definiert und aufgeteilt werden.

Unabhängig von individuellen Gegebenheiten zeigt der skizzierte Aufgabensplit die *grundsätzlichen* Tätigkeitsschwerpunkte und soll dabei helfen, die Verantwortlichkeiten bei den unterschiedlichen Materialfragen zuzuordnen. Wie bereits geschildert, fühlt sich jeder Mitarbeiter außerhalb des Einkaufs berufen, bei Lieferanten anzufragen und mit ihnen zu verhandeln. Alle kritischen, um nicht zu sagen "unangenehmen" Themen werden jedoch sehr gern auf den Einkauf geschoben, weil sie in den Augen der Mitarbeiter Lieferanten- bzw. Materialprobleme darstellen und somit "in den Einkauf" gehören. Dass dies im Sinne klarer Aufgabenteilung differenziert werden sollte, liegt auf der Hand. Welche Schwerpunkte von welcher Fachabteilung wahrgenommen werden sollten, veranschaulicht die folgende Übersicht:

Mengen-sicherung/ Aufgaben	Aufgabeninhalt	Serien-einkauf	Ad-vanced Pur-chasing	Lo-gistik
Bedarfs-planung/ Vorschau	Bedarfsplanung auf Sachzeichnungs-nummernebene als Basis für LOI			X
	Abschluss des LOI	X		
	Rollierende Vorschau der Bedarfe für die kommenden 3 bis 6 Monate (Rolling Order Forecast = ROF)			X
	Übermittlung des ROF an Lieferanten			X
Sicher-stellung Kapazi-täten	Sicherung der benötig-ten Stückzahlen auf Sachzeichnungsebene für das kommende Geschäftsjahr beim Lieferanten	X		
	Schriftliche Kapazitäts-zusagen vom Lieferan-ten einholen	X		
	Ermittlung der Stück-zahlenbedarfe für Neu-teile			X
	Sicherstellung der bei den Lieferanten benö-tigten Kapazitäten bei Neuteilen, insbesonde-re Querschnitt-Teilen	X		
	Kapazitätssicherstel-lung bei Neuprojekten auf *Stücklistenebene* (Koordination der ver-schiedenen Einkäufer erforderlich)		X	
Bestands-manage-ment	Ermittlung der Bestän-de und Einbringung in die Bedarfsplanung			X

Mengen-sicherung/ Aufgaben	Aufgabeninhalt	Serien-einkauf	Advanced Purchasing	Logistik
	Info über Bedarfszahlen an Einkauf als Basis für LOI			X
	Einführung Konsignationslager beim Lieferanten			X
Bestellwesen	Durchführung Bestellabwicklung			X
	Stornierung von Bestellungen			X
	Info an Einkauf bei Stornierung, falls Lieferant Ansprüche erhebt			X
	Sicherstellung zeitgerechter Lieferung			X
	Klärung von Fehlteilen			X
	Verhandlung von Ansprüchen durch Lieferverzug	X		
	Klärung von Mengendifferenzen			X

Verhand-lungen/ Anfrage-prozesse/ Aufgaben	Aufgabeninhalt	Serien-einkauf	Ad-vanced Pur-chasing	Sup-plier Quality Assu-rance
Preisver-handlung	Verhandlung von Neu- und Serienteilen	X		
Vertrags-verein-barung	Verhandlung von Rahmenverträgen	X		
	Verhandlung von Qua-litätssicherungs-vereinbarungen			X
Kosten-klärung	Verhandlung von liefe-rantenverursachten Mehrkosten (in Zu-sammenarbeit mit be-troffener Fachabtei-lung)	X		
Vergabe-vorschlag	Neuteil im Sourcing Committee		X	
	Serienteil im Sourcing Committee	X		
	Erstellung des LOI für Neuteile		X	
Verein-barung von Konditio-nen	Zahlungsbedingungen	X		
	Lieferbedingungen (auf Basis Logistikvorgabe)	X		
	evtl. Bonusvereinba-rungen	X		
	Gewährleistungshöhe	X		
Änderungs-manage-ment	Preisanpassungen aufgrund technischer Änderungen (in Ab-stimmung mit AP)	X		
Anfrage-prozess	Zusammenstellung der Anfrageunterlagen bei Neuteilen		X	

Verhand-lungen/ Anfrage-prozesse/ Aufgaben	Aufgabeninhalt	Serien-einkauf	Ad-vanced Pur-chasing	Sup-plier Quality Assu-rance
	Durchführung der An-frage (Neu- und Se-rienteile)	X		
	Definition von Quali-tätsanforderungen bei Anfragen			X
	Angebotsauswertung bei Serienteilen	X		
	Angebotsauswertung bei Neuteilen		X	
	Plausibilisierung von technischen Alternativ-vorschlägen bei Se-rienteilen	X		
	Plausibilisierung von technischen Alternativ-vorschlägen bei Neu-teilen		X	
Target-erreichung	Veto bei Überschrei-tung		X	
Daten-manage-ment	Sicherstellung der ver-einbarten Konditionen im ERP-System (liefe-ranten- und teilebezo-gene Infosätze)	X		

Strate-gischer Einkauf/ Aufgaben	Aufgabeninhalt	Serien-einkauf	Ad-vanced Pur-chasing	Sup-plier Quality Assu-rance
Beschaf-fungs-marketing	Recherche neuer Lie-feranten	X		
	Projektdurchführung zur Identifizierung von Low Cost-Lieferanten	X		
	Sicherstellung einer wettbewerbs-orientierten Bidders List bei Neuteilen		X	
	Sicherstellung einer wettbewerbs-orientierten Bidders List bei Serienteilen	X		
	Identifizierung von Technology Leaders		X	
	Durchführung von Pre-Audits und Pro-zessaudits bei neuen Lieferanten			X
	Controlling von Maß-nahmen der Auditer-gebnisse			X
Strategie	Festlegung der Materi-algruppenstrategie	X		
	Festlegung der Liefe-rantenstrategie	X		
	Treiber zur Targeter-reichung bei Neuteilen		X	
	Durchsetzung der Preisreduzierungsziele	X		
	Treiber der Material-produktivitätsziele	X		
	Treiber Make or Buy-Entscheidungen bei Serienteilen	X		

Strate- gischer Einkauf/ Aufgaben	Aufgabeninhalt	Serien- einkauf	Ad- vanced Pur- chasing	Sup- plier Quality Assu- rance
	Treiber Make or Buy- Entscheidungen bei Neuteilen		X	
	Erarbeitung von Verhandlungs- strategien und – taktiken	X		
	Risikomanagement bezogen auf Teile und Lieferanten (Bonität, technische Risiken etc.)	X		
	Währungsmanage- ment für das bestehen- de Einkaufsvolumen	X		
Lieferan- tenbewer- tung	Durchführung der Lie- ferantenbewertung	X		
	Ableitung von erforder- lichen Maßnahmen (in Abstimmung mit betrof- fenen Fachabteilun- gen)	X		
	Maßnahmencontrolling	X		

Strate-gischer Einkauf/ Aufgaben	Aufgabeninhalt	Serien-einkauf	Ad-vanced Pur-chasing	Sup-plier Quality Assu-rance
Reporting	Monatliches Berichts-wesen hinsichtlich Preisreduzierung und Materialproduktivität auf Sachzeichnungs-nummernebene	X		
	Monatliches Berichts-wesen zur Targeterrei-chung der Projekte auf Sachzeichnungs-nummernebene		X	
	Monatliches Reporting der Qualitätsleistung auf Lieferanten- und Sachzeichnungs-nummernebene (z. B. ppm und Incidents)			X
	Berichtswesen zu Füll-ständen der Härtegra-de bei Potentialer-schließungsprojekten (Preisreduzierung und Materialproduktivität)	X		
Lieferan-tentage	Durchführung von Lie-ferantentagen unter Einbeziehung der Ge-schäftsführung (jähr-lich)	X		

Early Involvement/ Aufgaben	Aufgabeninhalt	Serieneinkauf	Advanced Purchasing	Entwicklung
Lieferanteneinbindung	Technische Plausibilisierung der Angebote			X
	Prüfung des benötigten Entwicklungsservices potentieller Lieferanten			X
	Technische Machbarkeit von Alternativvorschlägen			X
	Durchführung von Lieferantenworkshops vor Vergabe von Neuteilen		X	
Lieferantenauswahl	Zusammenfassen aller finalen Angebote für Neuteile in den Sourcing Sheets		X	
	Sicherstellung der Lieferanten- und Materialgruppenstrategie im Sourcing Committee	X		
	Sicherstellung der materialbezogenen Ziele des Projektes im Sourcing Committee		X	
	Vetorecht bei der Vergrößerung der Teilevielfalt		X	

4.2 Aufbauorganisation des strategischen Einkaufs und seine Schnittstellen

Mit der grundsätzlichen Bestimmung der Aufgaben des strategischen Einkaufs stellt sich die Frage nach einer adäquaten Form der Aufbauorganisation. Es gibt nicht die *eine* richtige Organisationsform, jedoch existieren grundsätzliche Anforderungen an die Aufbauorganisation:

- Die Aufbauorganisation gewährleistet einen reibungslosen Ablauf des Global Sourcing/ Advanced Purching- Prozesses

- Sie berücksichtigt die Ziele der Materialgruppen und unternehmerisch eigenverantwortlicher Einheiten und verknüpft diese sinnvoll miteinander

- Sie ermöglicht die Einbindung der weltweiten Lieferantenbasis für jede Materialgruppe

Der Umbau der Aufbauorganisation leitet sich also aus den strategischen Einkaufsprozessen ab und kann folgendermaßen in einer Matrixorganisation abgebildet werden (Abb. 33).

Die Matrixorganisation im Einkauf kombiniert Materialgruppen, Regionen und Divisionen, gesteuert durch das Sourcing Committee

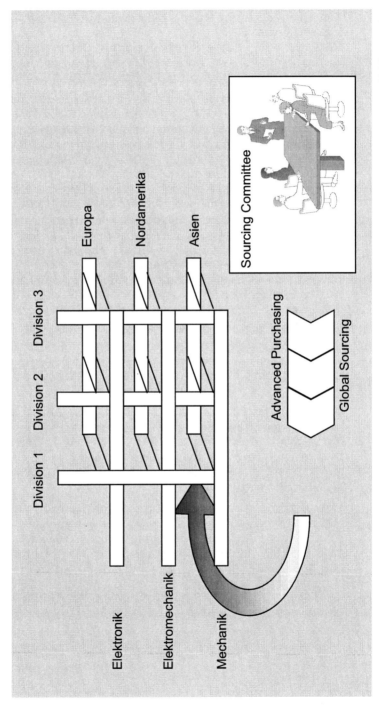

Division 1   Division 2   Division 3

Europa

Nordamerika

Asien

Elektronik

Elektromechanik

Mechanik

Advanced Purchasing

Global Sourcing

Sourcing Committee

Abbildung 33

Diese auf den ersten Blick komplexe und komplizierte Form der Einkaufsorganisation ist sehr effektiv gestaltbar, wenn sich die Verantwortlichen der Materialgruppen, der Divisionen und Regionen an den konkreten, anstehenden Anfragen und Vergaben im Global Sourcing- und Advanced Purchasing-Ablauf orientieren:

Bei Neuteilen steuert der Advanced Purchasing-Buyer den Anfrage- und Vergabeprozess bis hin zum Sourcing Committee. Er stellt über die materialgruppenverantwortlichen Einkäufer sicher, dass die global relevanten Lieferanten eingebunden werden. Diese materialverantwortlichen Einkäufer (Commodity Manager) nutzen wiederum die Expertise der regionalen Einkaufsbüros, um die jeweils anzufragenden Lieferanten aus jeder Region der Erde einzubinden. Es ist es durchaus möglich, die regionale Einkaufsstruktur nicht selbst aufzubauen, sondern über einen Dienstleister abzubilden. Zusammengeführt werden die anzufragen Lieferanten und deren Angebote in den Sourcing-Unterlagen analog dem beschriebenen Anfrage- und Vergabeprozess. Der Advanced Purchasing Buyer hat die wichtige und anspruchsvolle Funktion, in diesem Ablauf die Belange des Projektteams, der Divisionen und der Commodity Manager für seinen Vergabevorschlag abzustimmen.

Bei Serienteilen ist der Commodity-Manager Treiber des Anfrage- und Vergabeprozesses, entsprechend dem Global Sourcing-Ablauf. Auch hier wird über die Regionalverantwortlichen sichergestellt, dass auch *alle* relevanten Lieferanten eingebunden und im Vergabeprozess adäquat berücksichtigt werden.

Die Matrixorganisation kann natürlich hinsichtlich ihrer Aufteilung nach Regionen, Divisionen und Materialgruppen individuell gegliedert werden und wird nicht hinfällig, wenn z. B. ein neu erworbenes Unternehmen in die Einkaufsorganisation integriert werden muss. Im Gegenteil: die Ablauf- und Aufbauorganisation *hilft* nun, eine neue Division einzubinden.

Was allerdings in der Anfangsphase zu Problemen in der Zusammenarbeit führt, sind die Schnittstellen und Aufgabenteilung zwischen Commodity Management und Advanced Purchasing, wenn diese nicht klar beschrieben sind. Die *grundsätzliche Arbeitsteilung* und die wesentlichen Profile sind in Abb. 34 dargestellt.

Die grundsätzliche Aufgabenteilung innerhalb des Einkaufs ist klar geregelt

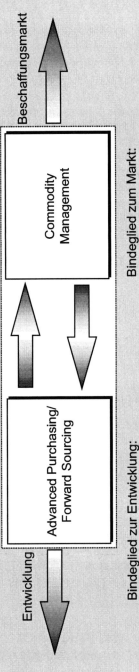

Aufgabenabgrenzung des Entwicklungseinkaufs gegenüber dem Commodity Management

Beschaffungsmarkt

Commodity Management

Advanced Purchasing/ Forward Sourcing

Entwicklung

Bindeglied zur Entwicklung:

- Ansprechpartner der Entwicklung
- Stößt Anfragen an
- Abstimmung der Angebote
- Einbringung des Lieferanten - Know Hows

Bindeglied zum Markt:

- Einbringung der Markt- und Lieferantenkenntnis
- Verhandler
- Konsolidiert die Material- und Lieferantenstrategie

Abbildung 34

Im Global Sourcing-Prozess tritt der Advanced Purchasing-Buyer nicht in Erscheinung, daher existiert in diesem Ablauf auch keine Schnittstelle zwischen beiden Einkaufsfunktionen. Es ist jedoch Aufgabe des Commodity Managers, sicherzustellen, dass sowohl Neuvergaben als auch Anfragen des laufenden Seriengeschäftes sinnvoll gekoppelt und gebündelt werden.

Was auf den ersten Blick sehr kompliziert und schwerfällig aussieht, ist in Wirklichkeit kurzfristig gestaltbar und robust. Im Sinne einer lernenden Organisation versteht es der Einkauf immer besser, die Abläufe und die Zusammenarbeit mit zunehmender Anzahl der Anfragen und Vergaben zu verbessern. In anderen Worten: es ist davon abzuraten, erst die Aufbauorganisation erst perfektionieren zu wollen und *danach* die Advanced Purchasing/ Global Sourcing-Vergaben durchzuführen. Wesentlich effektiver ist es, die verantwortlichen Mitarbeiter der Materialgruppen, Divisionen, Regionen und den Advanced Purchasing Buyer zu bestimmen und entlang konkreter Anfragen und Vergaben ihr Rollenverständnis finden zu lassen. Die Zusammenführung der individuellen Tätigkeiten und Verantwortlichkeiten geschieht zielgerichtet im Sourcing Committee. Dort kann anhand der Präsentation der Sourcing Sheets durch den Einkäufer "nachjustiert" werden:

- Sind wirklich alle global relevanten Lieferanten angefragt worden?

- Wurden die regionalen Einkaufsbüros/ der regionale Einkaufsdienstleister eingebunden?

- Ist das Cost Target erreicht/ unterschritten worden?

- Wurden alle Angebote inhaltlich plausibilisiert?

- Wurden die Angebote adäquat verhandelt?

Die Ausgestaltung der Aufbauorganisation in Form der beschriebenen Matrix geschieht in einem Zeitraum von ca. drei Monaten. Erste Resultate in Form von Targeterreichungen/ -unterschreitungen und signifikanten Einsparungen im Serienmaterial sind nach diesem Zeitraum erkennbar.

4.3 Potentialerschließung als Anschubprojekt

Auf Basis der definierten Kernaufgaben des strategischen Einkaufs können nun, verantwortlich begleitet von der Einkaufsleitung, die ersten Gespräche mit den Nachbarabteilungen zur Neuaufteilung auszulagernder Umfänge und den Verzicht auf liebgewordene Hobbies wie die Lieferantenauswahl durch die Entwicklung (Stehvermögen und gute Nerven sollte die Einkaufsleitung hierzu mitbringen!) beginnen.

Um keine Zeit zu verlieren und den erforderlichen Druck zur Veränderung in der Einkaufsorganisation aufzubauen, sind Gespräche mit den zwanzig bis dreißig wichtigsten Lieferanten erforderlich, um ihnen die neuen Prozesse zu erläutern. In der Regel werden die Lieferanten die Transparenz des Global Sourcing/ Advanced Purchasing-Prozesses begrüßen und abwarten, was geschieht. Um diese Passivität zu überwinden, ist es entscheidend, umgehend mit der Anfrage von Neu- und Serienteilen zu beginnen. Nun ist der Ablauf in der eigenen Mannschaft und gegenüber Dritten, den Lieferanten, kommuniziert worden und „der Geist aus der Flasche".

Allerdings wird sich erfahrungsgemäß die Bereitschaft in der eigenen Organisation zur *aktiven* Unterstützung in Grenzen halten. Aus diesem Grund hat es sich bewährt, mit Hilfe der Geschäftsführung in einem *Anschubprojekt* Unterstützung zu leisten. Parallel zur Umgestaltung der Aufbauorganisation ist es sinnvoll, ein Potentialerschließungsprogramm aufzusetzen, dass den Weg für den Global Sourcing-Prozess ebnet und crossfunktionale Teams ermöglicht, im Rahmen von Design-to-cost-Maßnahmen Ideen für Materialkostenreduzierungen zu generieren und auszuführen (Abb. 35).

Beispiel einer Projektstruktur zur Einkaufsreorganisation

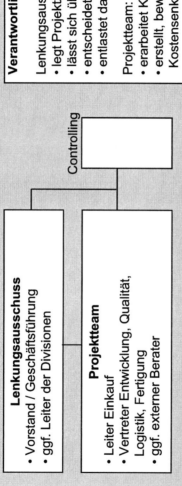

Verantwortlichkeiten und Aufgaben:

Lenkungsausschuss:
- legt Projektziele fest
- lässt sich über Fortschritt berichten
- entscheidet bei Richtungskonflikten
- entlastet das Projektteam

Projektteam:
- erarbeitet Kernprozesse
- erstellt, bewertet und initiiert Kostensenkungsmaßnahmen

Controlling:
- begleitet die Bewertung der Kostensenkungsmaßnahmen
- Monitoring der Umsetzung und der Meilensteine

Lenkungsausschuss
- Vorstand / Geschäftsführung
- ggf. Leiter der Divisionen

Controlling

Projektteam
- Leiter Einkauf
- Vertreter Entwicklung, Qualität, Logistik, Fertigung
- ggf. externer Berater

- **Definiert und koordiniert Kernprozesse des Einkaufs**

- **Erstellt und begleitet die Umsetzung von Maßnahmen zur Kostensenkung**

Abbildung 35

Welchen Wert hat eine Restrukturierung, wenn das konkrete Verbesserungspotential fehlt? Die Verbesserung der Organisation käme einer Fingerübung gleich, weil kein nachvollziehbarer Nutzen entsteht, ganz zu schweigen von ergebniswirksamen Einsparungen. Der Effekt eines solchen Potentialerschließungsprojektes, bestehend aus dem Kernteam, den crossfunktional besetzten Teilprojekten sowie dem Lenkungskreis, der für die erforderliche "Awareness" und Allokation von Ressourcen sorgt, besteht in der *Erzeugung der notwendigen Schwungmasse* zur Kostensenkung:

- Etablierung des Global Sourcing-Prozesses (Preisreduzierung bei Serienumfängen) unter Einbeziehung von Entwicklung und Qualitätssicherung

- Die Gewinnung der Nachbarabteilungen zur Einbeziehung in die erforderlichen Prozessschritte zur Kostenreduzierung: technische Entfeinerung, also konstruktive Maßnahmen, interne und kundenbezogene Freigabebegleitung durch die Qualitätssicherung, logistische Verbesserungen etc.

Die Geschäftsführung legt gemeinsam mit der Einkaufsleitung die Mitglieder des Kernteams sowie die Teilprojekte und deren Mitglieder fest. Im Kernteam dominiert die Einkaufsfunktion; in den Teilprojektgruppen besteht paritätische fachliche Besetzung, um Kostensenkungspotentiale hinsichtlich Produktfunktionen, Material, Logistik, Spezifikationen etc. zu sammeln und umzusetzen.

Das erste Treffen zwischen Leitungskreis und Kernteam dient, um Sinn und Zweck des Projektes, Ablauf und den Umsetzungswillen der Geschäftsführung zu vermitteln. Das Einbeziehen der Abteilungsleiter oder Bereichsleiter bei Ressourcenproblemen bzw. die Eskalation bis zur Geschäftsführung bei schwierigen Konflikten ist wesentlich, denn die Umsetzung von Kostensenkungsmaßnahmen im Alltag kollidiert permanent mit dem normalen Tagesgeschäft und die Gefahr besteht, dass das Projekt ins Leere läuft. Darüber hinaus ist es sinnvoll, ein solches Potentialerschließungsprogramm von einem externen Unternehmensberater begleiten zu lassen, der *das erforderliche Methodenwissen für* die *erfolgreiche Projektierung* als auch die *erforderliche Moderationsexpertise* beisteuert. Eines wird man jedoch nicht erwarten können: das Finden von Ideen und deren Umsetzung allein durch den Berater. Häufig wird genau dies erwartet und die Enttäuschung bei Geschäftsführung und Belegschaft ist groß, warum nicht *der Berater* die Einsparungen realisiert. Ein solches Rollenverständnis zeigt wenig Vertrauen in die Kenntnisse und Kreativität der eigenen Mitarbeiter, die ihre Produkte besser kennen als eine dritte Person. Darüber sollte man sich im Klaren sein, bevor ein Berater eingeschaltet wird.

Lenkungskreis und Kernteam sollten in regelmäßigen Abständen tagen, z. B. monatlich. Das Kernteam besteht aus Mitgliedern der Teilprojektgruppen und sollte permanent über den Umsetzungsstand der Maßnahmen auf dem Laufenden sein. Typische Hürden, die es zu überwinden gilt, um die Teilprojektgruppen zu integrieren, sind:

- mangelnde Akzeptanz der Fachabteilungsleiter, die ihre Mitarbeiter vollständig für das Tagesgeschäft benötigen

- Unterschätzung der Notwendigkeit von Moderation und Teamsitzungen außerhalb des Tagesgeschäfts

- unklar definierte Zielsetzung bzw. unklare Vermittlung des Anspruches an das Team und deren Mitglieder

- fehlende Methodenkenntnisse zur Ideenfindung und der Maßnahmenrealisierung

- fehlendes Controlling.

Diese unvollständige Auswahl von Hürden, die es zur erfolgreichen Projektumsetzung zu nehmen gilt, zeigt zwei kritische Erfolgsfaktoren zur erfolgreichen Bewältigung des Projektes: einerseits das Schaffen von kreativem Freiraum, um neue Wege zu erschließen und „den Stein wirklich weit zu werfen", andererseits den erforderlichen Ordnungsrahmen, um Ideen zu erfassen, den Projektfortschritt zu verfolgen und die angestrebten Einsparungen auch tatsächlich ergebniswirksam umzusetzen.

Mit der beschriebenen Projektstruktur ist ein solcher Rahmen geschaffen, und mit der vereinbarten Zielsetzung, die sich z. B. aus der Scorecard ableiten kann, ist die Richtung definiert. Jedoch ist die Gefahr immer noch groß, das Projekt auf halber Wegstrecke aus dem Auge zu verlieren. Hier hilft ein simples Blatt zur Verfolgung der Maßnahmen, das sogenannte Measure-Sheet (Maßnahmenblatt), das die Kostensenkungsidee, die Einsparung und Umsetzungszeiträume beschreibt und damit ermöglicht, die Umsetzungsschritte vor dem Einleiten der hierzu erforderlichen Aktivitäten vom Team eindeutig und rückverfolgbar festzulegen.

Leider mangelt es in der Mehrzahl der Fälle an der Umsetzung, was auf der Arbeitsebene zu Frustration führt und das „Alles bleibt beim Alten"-Gefühl erzeugt. Hier hat sich die *Härtegrad-Systematik* bewährt, die sowohl den Weg über die verschiedenen *Teilschritte* hin zur ergebniswirksamen Implementierung beschreibt als auch *Implementierungsfortschritt* der jeweiligen Kostensenkungsmaßnahme anzeigt. Die größten Gefahren bei der Durchführung eines Kostensenkungsprojektes lassen sich somit auf relativ einfache Weise vermeiden bzw. schon im Vorfeld erkennen:

- unrealistisch hohe Einsparungspotentiale bei Maßnahmen, die im Laufe der Zeit wegbrechen werden

- unstrukturierte oder nicht vorhandene Umsetzungsplanung

- mangelnde Einbindung der erforderlichen Funktionen und Nachbarabteilungen

- fehlender Gesamtüberblick über den Stand des Kostensenkungsprojektes.

Das Maßnahmenblatt (Measure Sheet) hat darüber hinaus, genau so wie das Recommendation Sheet im Sourcing Committee, eine wichtige organisatorische Funktion: mit der Unterschrift des Maßnahmenverantwortlichen und der jeweiligen Verantwortlichen für die einzelnen Teilprozessschritte wird eine hohe Verbindlichkeit geschaffen. Auftretende Ressourcenprobleme und Unstimmigkeiten über die Art und Weise, wie die Kostensenkungsmaßnahme umgesetzt werden soll, lassen sich zu Beginn, ggf. auch mit dem Lenkungskreis, klären.

Die Härtegrade (Degree of Implementation = DI) für die verschiedenen Maßnahmen decken die Schritte von der Ideenfindung bis zur ergebniswirksamen Umsetzung ab:

- *Härtegrad 1*: eine unbewertete Idee, z. B. Ersatz einer spezifischen Schraube durch eine Normschraube

- *Härtegrad 2*: eine bewertete Idee, z. B. Ersatz der spezifischen Schraube XYZ durch die Normschraube abc in den Projekten 1 bis 4 mit einer möglichen Einsparung 660.000 EUR

- *Härtegrad 3*: eine monetäre Abschätzung wird durch eine Kalkulation und/ oder durch konkrete *Lieferantenangebote* gefestigt

- *Härtegrad 4*: die Maßnahme wird konstruktiv umgesetzt, der Lieferant befindet sich in der Freigabe, eventuelle Kundenfreigaben sind in Klärung, jedoch ist noch keine Bestellung erfolgt; d. h. die Maßnahme ist noch nicht ergebniswirksam

- *Härtgrad 5*: alle erforderlichen Teilschritte wurden erledigt, die erste Bestellung der Normschraube ist erfolgt und damit die Ergebniswirksamkeit sichergestellt.

Zusammengefasst in einem einzelnen Maßnahmenblatt (siehe Beispiel in Anhang 5) wird den unmittelbar an der Umsetzung beteiligten Personen ein Kompass zur Verfügung gestellt, der den Weg bis zur Umsetzung weist und gleichzeitig ein Früherkennungssystem zur Überwindung bestehender Hürden bietet. Auch wenn es auf den ersten Blick formalistisch wirkt: mit diesem simplen Instrument kann mit einem Minimalaufwand ein Höchstmaß an Verbindlichkeit und Transparenz geschaffen werden (Abb. 36).

Das Measure Sheet bildet die erforderlichen Umsetzungsschritte für jede relevante Kostensenkungsmaßnahme ab

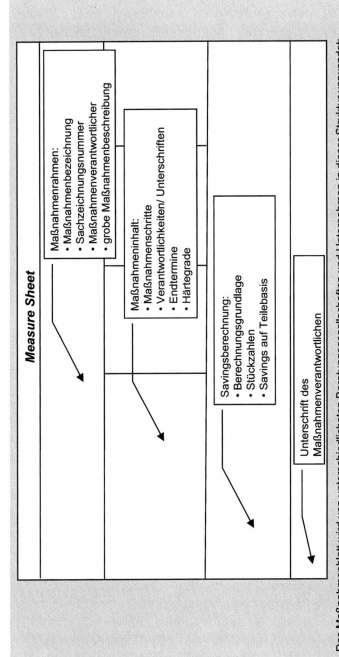

Measure Sheet

Maßnahmenrahmen:
- Maßnahmenbezeichnung
- Sachzeichnungsnummer
- Maßnahmenverantwortlicher
- grobe Maßnahmenbeschreibung

Maßnahmeninhalt:
- Maßnahmenschritte
- Verantwortlichkeiten/ Unterschriften
- Endtermine
- Härtegrade

Savingsberechnung:
- Berechnungsgrundlage
- Stückzahlen
- Savings auf Teilebasis

Unterschrift des Maßnahmenverantwortlichen

Das Maßnahmenblatt wird von unterschiedlichsten Beratungsgesellschaften und Unternehmen in dieser Struktur verwendet: Beschreibung der Kostensenkungsmaßnahme, Höhe der Einsparung, Implementierungsschritte, Meilensteine und Verantwortlichkeiten

Abbildung 36

Mit dem Aufsetzen des Projektes, mit der vorhergehend beschriebenen Projektstruktur und der Nutzung der Measure Sheets zum Festhalten der Ideen sowie der Beschreibung der Realisierungsschritte können nun auf Teil- und Gesamtprojektebene Zielsetzung und Umsetzungsstand verglichen und gesteuert werden.

Das Kernteam verfolgt sowohl die Fortschritte in den Teilprojektteams als auch des Gesamtprojektes und ist somit in der Lage, Maßnahmen zu priorisieren und zu steuern. Hinsichtlich der Zusammenarbeit in den Projektteams ist es ratsam, kreative Techniken einzubringen, um die erforderliche Gruppendynamik zu erzeugen und bestehende Denkmuster aufzubrechen. Dies ist insbesondere in Krisenzeiten kein leichtes Unterfangen, geht es doch darum, alle Hebel zur Materialkostensenkung zu erkennen und anzuwenden. Einen Leitfaden können die vorher beschriebenen Methoden zur Materialkostensenkung darstellen, die Design-to-Cost, Bündelung, Reduzierung der Teilevielfalt, Global Sourcing etc. umfassen (Abb. 37).

Alle materialrelevanten Themen laufen zusammen und geben der Einkaufsorganisation den erforderlichen Anschub

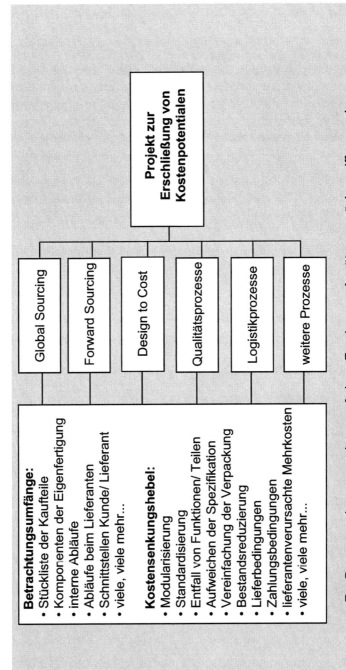

Projekt zur Erschließung von Kostenpotentialen

- Global Sourcing
- Forward Sourcing
- Design to Cost
- Qualitätsprozesse
- Logistikprozesse
- weitere Prozesse

Betrachtungsumfänge:
- Stückliste der Kaufteile
- Komponenten der Eigenfertigung
- interne Abläufe
- Abläufe beim Lieferanten
- Schnittstellen Kunde/ Lieferant
- viele, viele mehr...

Kostensenkungshebel:
- Modularisierung
- Standardisierung
- Entfall von Funktionen/ Teilen
- Aufweichen der Spezifikation
- Vereinfachung der Verpackung
- Bestandsreduzierung
- Lieferbedingungen
- Zahlungsbedingungen
- lieferantenverursachte Mehrkosten
- viele, viele mehr...

Zur Prozessverbesserung kann auf einen Fundus von Ansätzen zurückgegriffen werden

Abbildung 37

Es bietet sich also an, sowohl die Reorganisation des Einkaufs als auch die Generierung konkreter Materialkostensenkungsmaßnahmen im Rahmen eines Potenzialerschließungsprojektes zu begleiten und über die Härtegradsystematik abzudecken. Mit dieser Vorgehensweise kann sichergestellt werden, dass sowohl die als kritisch zu betrachtende *Umsetzung von Maßnahmen* als auch der *Start der neuen Einkaufsorganisation* das erforderliche Anschubmoment erhalten.

Die Fortschritte bei der Maßnahmenimplementierung ermöglichen einen Rückschluss auf die Intensität, mit der die gesamte Organisation an den Themen arbeitet und die organisatorischen und methodischen Hebel nutzt. Durch Konsolidierung der einzelnen Kostensenkungsmaßnahmen kann der jeweils aktuelle Stand der Gesamtzielerreichung stets abgerufen werden (Abb. 38).

Der Füllstand der Maßnahmen nach Härtegraden zeigt den Umsetzungsstatus des Kostensenkungsprojektes an

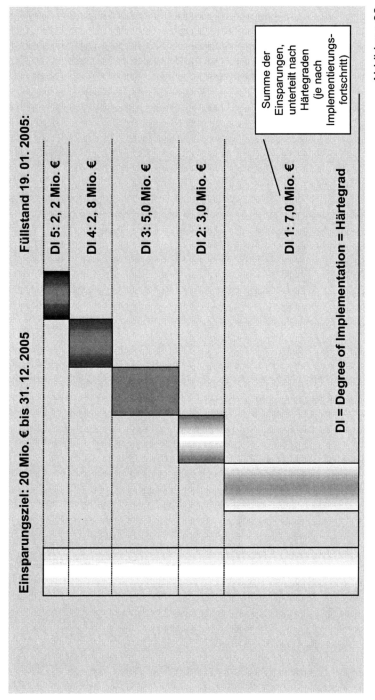

Einsparungsziel: 20 Mio. € bis 31. 12. 2005

Füllstand 19. 01. 2005:

DI 5: 2, 2 Mio. €

DI 4: 2, 8 Mio. €

DI 3: 5,0 Mio. €

DI 2: 3,0 Mio. €

DI 1: 7,0 Mio. €

DI = Degree of Implementation = Härtegrad

Summe der Einsparungen, unterteilt nach Härtegraden (je nach Implementierungs-fortschritt)

Abbildung 38

Über ein solchermaßen strukturiertes Anschubprojekt kann nicht nur eine erhebliche Verbesserung der Ergebnissituation erzielt werden, sondern ermöglicht der Einkaufsfunktion darüber hinaus, sich langfristig und nachhaltig als *Unternehmer in Sachen Materialkosten* zu positionieren.

Anhang

Anhang 1   Neuteile-Informationsblatt (New Parts Information
                  Sheet)

Anhang 2   Anfrageformular (Request for Quotation RFQ)

Anhang 3   Beispiel einer Kostenanalyse im Anfrageprozess
                  (bei deutschsprachigen Lieferanten angefragte
                  Werkzeuge)

Anhang 4   Sourcing-Unterlagen:

Anhang 4.1   Anfrageformular (Bidderslist)

Anhang 4.2   Angebotsvergleich (Comparison Sheet)

Anhang 4.3   Laufzeitvergleich (Lifetime Sheet)

Anhang 4.4   Vergabevorschlag (Recommendation Sheet)

Anhang 5   Beispiel eines Maßnahmenblattes (Measure
                  Sheet)

New Parts Information Sheet:
1. *Preliminary* Part Information

Part name:		Milestone:	Date:	
Part number:		SOP		
		Preseries		
		First samples		

Prototype data:

Steps:	Date:	Quantity/pcs.:
1. samples		
2. samples		
series samples		

Annual volume:	
Lifetime in years:	

Attached specifications, drawings and technical norms:

Description of part / component / system:

Please take into consideration: material, preliminary parts list, dimensions, weight etc.

Please send this New Parts Information Sheet to your responsible Buyer.
Without completing and distributing this sheet, no inquiry or sourcing decision will be taken.

Preliminary date of sourcing committee: (in accordance with responsible project leader)	

Contact person:	Name:	Tel. extension:	e-mail:
R&D:			

Anhang 1 – Neuteile-Informationsblatt

REQUEST FOR QUOTATION:

1. Part Information　　　　　　　　　　Inquiry-Number:

Part name:		Milestone:	Date:	
Part number:		SOP		
		Preseries		
		First samples		

Prototype data:

Steps:	Date:	Quantity/pcs.:
1. samples		
2. samples		
series samples		

Contact persons:	Name:	Tel. extension:	e-mail:
Advanced Purchasing:			
Commodity Management:			
R&D:			

2. Price Breakdown:

All prices in local currency. Local currency is:	
Offer valid until:	
Production costs:	

Raw material:		Raw material price per kg.:	
Labour:		Gross weight (kg.):	
Overhead:		Machined weight (kg.):	
Prototype costs:		Tooling costs:	
Sample costs:			

Share of volumes:					* +/- 15%
User plant:	Quantity*:	SOP:	Piece price ex works:	Piece price DDP:	flexibility on series delivery and spare parts

Lifetime conditions:	Oct. 2005	
Percental net price reductions	2006	
	2007	
	2008	
	2009	

3. Supplier information:

Production capacity for inquired part (1.000 units):	
Location of production (country & city):	
Location of development facilities (country & city):	
Lead time for first prototypes (weeks):	
Lead time for tooling (weeks):	
Required time "order to delivery" for series parts (days):	

This offer is based on our purchasing conditions (see separate sheet) incl. 90 days net payment terms.
Before nomination, signature of our supplier frame contract and general quality agreement is mandatory.
Your offer can only be considered if sent to us on this RFQ-form sheet. Seperate offers will not be considered.
You are requested to offer also alternative solutions that lead to cost improvement. In case, please send us **in addition**
your alternative offer with a description of your approach.

Company stamp and signature:	Company contact person: Tel.-extension: e-mail:

Anhang 2 – Anfrageformular (RFQ)

Anfrage für Werkzeuge:

1. Werkzeuginformationen

Anfrage-Nr.:

Bezeichnung:		Meilensteine	Datum:	
Sachzeichnungsnummer:		Planung		
		Konstruktion		
		Bemusterung		

Kontaktperson Kunde	Name:	Tel.-Nr.	e-mail:
Einkauf:			
Fertigung			
Entwicklung			

2. Kostenaufschlüsselung

Alle Angaben in Landeswährung, falls abweichend von EUR:

Konstruktion:	Stundensatz €/ h	Stunden h	Fremdleistung Anteil %	Summe €

Material:				€
Normteile				
Halbfabrikate				
Werkzeugstahl				
Elektroden				
Summe Material				
				€
Materialgemeinkosten				

Fertigung:	Stundensatz €/ h	Stunden h	Fremdleistung Anteil %	Summe €
Programmierung				
Elektrodenanfertigung				
Spanende Bearbeitung				
Erodieren				
Bemusterung				
Summe Fertigung				
				€
Fertigungsgemeinkosten				
Verpackung & Versand				
Transportversicherung				
Verwaltung & Vertrieb				
Summe Werkzeugkosten				
Angebotspreis				

Dieses Angebot basiert auf unseren Einkaufskonditionen.
Um im Sourcingprozess berücksichtigt zu werden ist es notwendig, unseren Lieferantenrahmenvertrag und unsere Qualitätsanforderungen durch Ihre Unterschrift zu akzeptieren.
Ihr Angebot wird nur berücksichtigt, wenn es in diesem elektronischen Formular an uns zurückgesendet wird.
Zudem sind sie angehalten, uns alternative Lösungen, welche zu Verbesserungen der Kostenstruktur führen, anzubieten.
In einem solchen Falle senden Sie uns bitte zusätzlich Ihr Alternativangebot mit einer Beschreibung zu.

Firmenstempel:
Unterschrift:

Kontaktperson:
Rufnummer:
e-mail:

Anhang 3 – Beispiel einer Kostenanalyse im Anfrageprozess

Bidderslist

		Projekt:	Scheinwerfer BC	SOP:	Apr 06
		Teile-Bezeichnung:	ABS-Gehäuse	Laufzeit/Jahre:	5
		Teile-Nr.:	XXX 765 03	Jahresbedarf:	400.000
		Zeichnungsstand:	17.11.2004	Anzahl Prototypen:	250

Lieferant	Land	Angebot erhalten	Abgelehnt	keine Antwort
Müller	D	O		
Meyer	D	O		
Schmidt	D		X	
Olé	E	O		
Smith	USA	O		
Pierrot	F	O		
Kim	KOR	O		
Jaeggi	CH	O		
Kobe	J			X
Brno	CZ	O		

Anhang 4.1 – Anfrageformular (Bidderslist)

Angebotsvergleich

Projekt:	Scheinwerfer BC	SOP:	Apr 06
Teile-Bezeichnung:	ABS-Gehäuse	Laufzeit/Jahre:	5
Teile-Nr.:	XXX 765 03	Jahresbedarf:	400.000
Zeichnungsstand:	17.11.2004	Anzahl Prototypen:	250

		Target/€	
		1,50	200.000

Lieferant	Land	Teilepreis €	Invest €	Einsparung € p.a.	Tooling Wrkzg.€	Tooling Muster €/Stck.	Material €/kg	Material Gewicht kg	Material-kosten/Stck. €
Müller	D	1,75	256.000	-100.000	20.000	12	2,50	0,33	0,84
Meyer	D	1,80	230.000	-120.000	10.000	25	2,45	0,35	0,86
Olé	E	1,65	220.000	-60.000	0	24	2,50	0,40	1,00
Smith	USA	1,90	310.000	-160.000	15.000	34	2,70	0,32	0,86
Pierrot	F	1,64	276.000	-56.000	10.000	12	2,30	0,39	0,90
Kim	KOR	1,20	80.000	120.000	5.000	15	2,20	0,30	0,66
Jaeggi	CH	2,00	260.000	-200.000	15.000	42	2,70	0,32	0,86
Brno	CZ	1,23	75.000	108.000	10.000	11	2,40	0,31	0,74

Anhang 4.2 – Angebotsvergleich (Comparison Sheet)

Laufzeitvereinbarung

Projekt:	Scheinwerfer BC	SOP:	Apr 06
Teile-Bezeichnung:	ABS-Gehäuse	Laufzeit/Jahre:	5
Teile-Nr.:	XXX 765 03	Jahresbedarf:	400.000
Zeichnungsstand:	17.11.2004	Anzahl Prototypen:	250

Lieferant		1. Jahr	2. Jahr	3. Jahr	4. Jahr	5. Jahr	6. Jahr	7. Jahr	Gesamtumsatz inkl. Invest und Muster/€	Kapitalwert* €
Müller	Reduzierung%	-	2,00%	0,00%	0,00%	0,00%	0,00%	0,00%	3.723.000	3.166.097
	Preis/€	1,75	1,72	1,72	1,72	1,72				
Meyer		-	0,00%	0,00%	0,00%	0,00%	0,00%	0,00%	3.846.250	3.265.213
		1,80	1,80	1,80	1,80	1,80				
Olé		-	0,00%	5,00%	5,00%	5,00%	0,00%	0,00%	3.334.518	2.844.348
		1,65	1,65	1,57	1,49	1,41				
Smith		-	0,00%	0,00%	0,00%	0,00%	0,00%	0,00%	4.133.500	3.516.019
		1,90	1,90	1,90	1,90	1,90				
Pierrot		-	0,00%	0,00%	0,00%	0,00%	0,00%	0,00%	3.569.000	3.035.952
		1,64	1,64	1,64	1,64	1,64				
Kim		-	0,00%	0,00%	0,00%	0,00%	0,00%	0,00%	2.488.750	2.105.661
		1,20	1,20	1,20	1,20	1,20				
Jaeggi		-	0,00%	0,00%	0,00%	0,00%	0,00%	0,00%	4.285.500	3.639.231
		2,00	2,00	2,00	2,00	2,00				
Brno		-	0,00%	0,00%	0,00%	0,00%	0,00%	0,00%	2.547.750	2.155.266
		1,23	1,23	1,23	1,23	1,23				

*Kalkulationszinssatz: 6,00%

Anhang 4.3 – Laufzeitvereinbarung (Lifetime Sheet)

Vergabevorschlag

Projekt:	Scheinwerfer BC	SOP:	Apr 06
Teile-Bezeichnung:	ABS-Gehäuse	Laufzeit/Jahre:	5
Teile-Nr.:	XXX 765 03	Jahresbedarf:	400.000
Zeichnungsstand:	17.11.2004	Anzahl Prototypen:	250

Target/€				Ziel/€				
1,50				200.000				

Lieferant	Teilepreis	Einsparung		Umsatz	Invest	Einsparung		Lieferzeit	Rating
	€	€	%	€ p.a.	€	€	%	KW	Q
Brno	1,20	0,30	20	480.000	120.000	80.000	40	23	A-

Projektleiter:	Logistik:	Einkauf:	Entwicklung:
Controlling:	Qualitätssicherung:	Vertrieb:	

Ergänzungen:	Maßnahmen:	Verantwortlich:	Termin:

Anhang 4.4 – Vergabevorschlag (Recommendation Sheet)

Measure-Sheet

Measure-Nr.: SCOPE 001 EXAMPLE!	Measure title: Identification and implementation of new supplier for rubber parts	Responsible:	Name: Mr. Meier Department: Purchasing Tel.: XXXXX E-Mail: YYYY@DDD.com

Description (application, involved part(s), turnover, lifetime, suppliers, leverages, potential risks):

- Purchasing volume for rubber parts for fiscal year 03/04: ca. 12 Mio. €
- Price reduction due to involvement of new suppliers and negotiations with current suppliers
- Parts to inquire: abc13, abc 14, abc15, abc 16 (high chance of supplier switch and A-parts)

Action steps and degree of implementation:

Action step:	Responsible:	Due Date:	DI:	Signature:	Explanation: DI =
1. Initiate inquiry	Meier, Purchasing	15.08.2005	2		Degree of implementation
2. Identify potentials and set up meetings with suppliers	Meier, Purchasing with Schulz, R&D	15.02.	2		Example:
3. Get revised offers	Meier, Purchasing	10.03.	3		DI 1= Idea
4. Negotiations	Meier, Purchasing	30.03.	3		DI 2= Idea, evaluated in €
5. Supplier audits	Schmidt, Quality Assurance	15.04.	3		DI 3= valid supplier offer
6. Sourcing Committee for selected rubber parts	Meier, Purchasing	30.04.	4		DI 4= measure realized
7. Release process	Schmidt, Quality Assurance	30.07.	4		DI 5= optimized parts
8. First deliveries	Meier, Purchasing	15.08.2005	5		ordered, EBIT-effective

Savings calculation:	Fiscal year:	Savings per part in €:	Plan volume in pieces:	Implementation cost €:	Absolute savings in €:
	2005	1,09	50.000	30.000	24.500
	2006	1,12	300.000		336.000
	2007	1,45	350.000		507.500
	2008	1,55	350.000		542.500
	2009	1,55	300.000		465.000
	Total:		1.350.000 PIECES		1.875.500 €

Signature of measure responsible person: Date:

Anhang 5 – Maßnahmenblatt (Measure Sheet)

Literaturhinweise

Im Rahmen dieser Veröffentlichung sind die Gedanken und Ausführungen folgender Bücher und Aufsätze eingeflossen:

Adam, D.: Produktionsmanagement. Wiesbaden (9. Aufl. 1998)

Arnold, U.: Beschaffungsmanagement. Stuttgart (2. Aufl. 1997)

Berning, R./ Wierdemann, W.: (Wandel) Beständig ist nur der
Wandel, in: Beschaffung aktuell, 8/95

Bochtler/ Laufenberg/ Ludger: Beschaffungsmarketing. Berlin 1995

Bouteillier, R./ Locker, A.: Beschaffungslogistik. Carl Hanser Verlag, München 1998

Comelli, G.: (OE) Organisationsentwicklung, in: Rosenstiel, von L.
u.a. (Hrsg.) Führung von Mitarbeitern, Stuttgart 1995

Dixit, A. K./ Nalebuff, B. J.: Spieltheorie für Einsteiger. Verlag
Schäffer Poeschel, Stuttgart 1997

Doppler, K./ Lauterburg, C.: (Change) Change Management: Den
Unternehmenswandel gestalten, 10. Aufl. Frankfurt a. M. 2002

Doppler, K.: Der Change Manager, Frankfurt a. M./ New York 2003

Eyholzer, K./ Kuhlmann, W./ Münger, T.: Wirtschaftlichkeitsaspekte
eines partnerschaftlichen Lieferantenmanagements, Heidelberg
2002

Fincke, U: No time for lone rangers, The McKinsey Quarterly, Vol.
2, 1997

Hammann, P./ Lohrberg, W.: (Beschaffungsmarketing) Beschaffungsmarketing, Stuttgart 1986

Heimbrock, K. J.: Kompetenzpartnermanagement, Wiesbaden
2001

Heimbrock, K. J.: Dynamisches Unternehmen, Bd. 1 Management, 2. Aufl., Frechen b. Köln 2003

Heimbrock, K. J.: Der Projektleiter, Aachen 2004

Heimbrock, K. J.: Human Resource Management, Dynamisches Unternehmen Bd. 2, Frechen b. Köln 2005

Hill, W./ Fehlbaum, R./ Ulrich, P.: (Organisationslehre, Bd. 2) "Organisationslehre", Bd. 2, 4. Aufl., Bern/Stuttgart 1992

Kerkhoff, G.: Milliardengrab Einkauf. 4. Aufl., Weinheim 2004

Koppelmann, U.: (Beschaffung) Beschaffungsmarketing, in: Tietz, B./Köhler. R./Zentes, J. (Hrsg.) Handwörterbuch des Marketing, 2. Aufl., Stuttgart l995

Timothy M. Laseter/ Booz, Allen & Hamilton: Balanced Sourcing. Jossey-Bass Publishers, San Francisco, 1998

Lubritz, S.: Internationale strategische Allianzen mittelständischer Unternehmen Frankfurt a. M. 1998

Monden, Y.: Wege zur Kostensenkung. Verlag Vahlen, München 1999

OESA Automotive OE Supplier News: McKinsey & Company Details/ Linear Performance Pricing, Vol. 6, June 2003

Reck, R. F./ Landeros, R./ Lyth, D. M.: (Supply Management) Integrated Supply Management: The Basis for Professional Development, in: International Journal of Purchasing and Materials Management, Vol. 28, No. 3, Summer 1992

Porter, M. E.: Wettbewerbsvorteile: Spitzenleistungen erreichen und behaupten, Frankfurt a. M. 1999

Roth. P./ Fieten, R.: (Beschaffung) Organisation der Beschaffung im Konzern - dargestellt an einem praktischen Beispiel. in: Szyperski, N./ Roth, P.(Hrsg.): Beschaffung und Unternehmensführung, Stuttgart 1982

Schneider, D./ Pflaumer, P. (Hrsg.): Power Tools. Gabler Verlag, Wiesbaden 2001 (hier insbesondere das Kapitel Target Costing – Konsequente Marktorientierung durch Zielkostenmanagement)

Schulte, G.: Material- und Logistikmanagement, München 2001

Sydow, J.: Strategische Netzwerke, Wiesbaden, 1992

Szyperski, N.: (Beschaffung) Die Beschaffung als eine Herausforderung an die Unternehmensführung, in: Szyperski, N./Roth, P (Hrsg.): Beschaffung und Unternehmensführung, Stuttgart 1982

Thom, N.: (Organisationsentwicklung) Organisationsentwicklung, in: Frese, E. (Hrsg.) Handwörterbuch der Organisation, 3. Aufl., Stuttgart 1992

Versteeg, A.: Revolution im Einkauf. Campus Verlag, Frankfurt a. M./ New York 1999

Wannewetsch, H.: Integrierte Materialwirtschaft und Logistik, Berlin, Heidelberg 2001

Zentes, J./ Swoboda, B./ Morschett, D.: Kooperationen, Allianzen und Netzwerke, Wiesbaden 2003

Stichwortverzeichnis